U0932532

序

陈炽是晚清史上一位有影响的人物。他官位不高，仅任户部郎中，兼职军机章京。但在戊戌维新运动期间，却颇为活跃，往来于军机大臣、户部尚书翁同龢与维新运动领袖康有为之间。强学会成立时，被举为提调，其著述《庸书》、《续富国策》有相当影响。翁同龢视其为“国士”、“奇士”，梁启超誉其“气魄绝伦”、“异才”，马建忠称其为“通西法者”，宋育仁则将其比作“贾谊、王符”，可见时人对他的尊重。

对于这样一位具有维新思想的历史人物，无疑会受到研究者的关注。还在20世纪30年代，就有学者撰文论述陈炽的经济思想。新中国成立后的50多年来，对陈炽的研究有了较大的进展，不仅一些经济史著作中阐述了陈炽的经济思想，而且有约30篇论文，从经济、政治、教育及其思想体系等加以探讨，其中尤以经济思想为重点。

张登德同志在北京师范大学历史系攻读中国近现代史专业博士学位期间，有志于研究陈炽。他在认真阅读陈炽的著述及有关的文献，在吸收已有研究成果的基础上，撰写了博士论文，有所创获。大致有以下几点：

梳理了陈炽的思想渊源和发展脉络，揭示其思想特点。作者将陈炽的思想特点归纳为：湛深的经世之学，科学知识的广博性，强烈的忧患意识和真诚的爱国心，“开新”与“卫道”的双重奏，侧重于经济的维新思想。可以说这是符合陈炽的思想实际的。

探讨了《富国策》与《续富国策》之间的关系。“富国策”在近代中国有两种含义：一是中国人对西方在华传播的经济学的称呼；一是英国经济学家法思德的《政治经济学提要》的中文译名。1867 年京师同文馆仿照西方设置的课程表中即有“富国策”的课程，1880 年京师同文馆总教习丁韪良督率汪凤藻翻译的法思德的《政治经济学提要》一书的中文译名也称为《富国策》。1896 年陈炽与友人合译法思德该书，名为《重译富国策》。作者以法思德该书的英文原本与两种中译本进行了对照比较，对两种中译本是否准确地译述原文作出了合理的结论：《富国策》更详尽准确地表达了原文之意，但也存在深奥难懂之处，而《重译富国策》在行文上比前者更简洁流畅易懂，但内容删减较多。由于“富国策”在近代中国的特殊含义，陈炽的《续富国策》是续《富国策》还是续“富国策”，容易使人混淆。作者通过对清末流传的几种西方经济学中译本的比勘分析，证明了《续富国策》主要是续的《富国策》，也不排除受其他经济学译书的影响。

考订翔实，论证细密。例如《陈炽集》编入《电气利于园圃》和《矿务琐言》两篇文章，作者通过对当时的报刊和各种经济文编有关文章的研读，并结合原文进行了分析，判定其并非陈炽所作。关于《重译富国策》与《续富国策》出版先后的问题，以往论者居多认为《续富国策》是陈炽在《重译富国策》的基础上写成的。作者通过对《续富国策》的内容、《重译富国策》的序言、陈炽与汪康年的书信等的分析，认为《续富国策》出版在先，《重译富国策》在后。此外，对《富国策》与《重译富国策》的异同、《富国策》与《富国须知》之间的关系，也加以考辨。

通过对陈炽与郑观应、汤寿潜的经济思想的比较研究，揭示出陈炽区别于他们的理论特质和性格发展逻辑。

张登德同志的博士学位论文经认真修改后，即将出版，撰此以为之序。

龚书铎

2004年10月3日

目　录

绪 论

以往史学界在研究思潮时，更多的是把一些主流、牵动全局的人物放在其中进行考察，而对那些敢于弄潮却不太知名的次要人物相对重视得不够。如在对早期维新思潮研究中，总体研究出现了一些成果，如李泽厚在《中国近代思想史论》中有《十九世纪改良派变法思想研究》专文，胡滨有《中国近代改良主义思想》① 一书。在个案研究中，学者对王韬、薛福成、郑观应、马建忠等人着力尤多，② 对陈炽的研究则略显薄弱。其实陈炽是值得研究的历史人物，他虽没有像康、梁那样轰轰烈烈，叱咤风云，但却以思想的独特性与深刻性在中国近代史上占应有的位置。

---

① 中华书局 1964 年版。

② 王韬研究有四本专著，分别是忻平：《王韬评传》，华东师范大学出版社 1990 年版；张海林：《王韬评传》，南京大学出版社 1993 年版；［美］柯文：《在传统与现代性之间：王韬与晚清改革》（中译本），江苏人民出版社 1994 年版；姚海奇：《王韬的政治思想》，台湾文镜文化事业有限公司 1981 年版；另有王立群：《王韬研究：中国早期“口岸知识分子”形成的文化特征》，北京大学 2003 届博士论文未刊本。薛福成的研究成果主要有丁凤麟：《薛福成评传》，南京大学出版社 1998 年版；刘悦斌：《薛福成外交思想研究》，中国社会科学院近代史所 1996 届博士论文未刊本；夏东元：《郑观应传》，上海人民出版社 1982 年版；易惠莉：《郑观应评传》，南京大学出版社 1998 年版；薛玉琴：《经世救国　一代俊才：马建忠研究》，华东师范大学历史系 2002 届博士论文未刊本。相关文章暂略。

陈炽出生于第二次鸦片战争前一年，卒于八国联军侵华之际。这是中国历史发生巨变的半个世纪，在这个非常时代中，陈炽追踪时代潮流，承继传统经世之学，深究天下利病，探求经国要术，勤奋著述，留下了《庸书》、《续富国策》等反映时代脉搏跳动的传世之作。这些都是有待进一步挖掘的丰富矿藏。当时洋务运动由求强转向求富后，各种富国方案层见叠出。《万国公报》曾以“富国策”为题征文，并刊登多篇富国要策。同时代人中陈虬已有富国之策十四条，郑观应也在《盛世危言》（十四卷本）中将有关富国的文章放在篇首，这既反映了郑氏本人的思想变化轨迹，也是19世纪末国人发展资本主义，追求国富民强的良好愿望与时代要求。但从理论上系统阐发富国主张的，当属陈炽的《续富国策》。他的发展经济的宏伟构想及对中国经济近代化的理论探索，不仅时人首肯，而且为后人提供养料，成为康有为《物质救国论》的先声和五四时期“赛先生”传入的催化剂。① 另外，其教育思想中的集资办学，选择僻静之地为校区，不拘一格选拔人才，倡导妇女教育，加强边疆地区教育，派人出国考察留学以借鉴西方先进经验等；政治思想中的惩治腐败官吏，简化机构，以民为本等思想，也有现实借鉴意义。

陈炽颇受时人器重，同许多名人保持着友好交往。翁同龢以“国士”、“奇士”、“通才”待之；梁启超誉其“气魄绝伦”、“甚聪明”、“异才”；马建忠颂其为“通西法者”；陈三立赞其“才雅达时变”；宋育仁把其比作“贾谊、王符”等。通过对陈

① 萧公权著，汪荣祖译：《近代中国与新世界：康有为变法与大同思想研究》，江苏人民出版社1997年版，第286—287页。

炽交游的考察，可以使我们更深入地认识陈炽，同时也可更深入地剖析这段时期的历史。

因此，选择陈炽作为研究对象，不仅有学术价值，也有现实借鉴意义。

一、研究现状

陈炽去世后，在相当长时间内备受冷落，不仅《清史列传》、《清史稿》中没有他，就是连《清代七百名人传》中也看不见他的身影。他死后，最先对其进行评价的是陈三立在1901年所写的挽诗。而他的生前好友赵炳麟最早为他写传《陈农部传》，短短几百字，算是对陈炽一生的总的简单的概括。① 1922年，陈炽之弟陈焘主修的《白溪陈氏十一修族谱》中有其所作《陈炽传》。这些都还谈不上对陈炽的研究，而真正对其进行研究，大约是从20世纪30年代开始的。最早的研究者是时任北京大学教授的唐庆增，他在教学与科研过程中，撰写了《清季陈炽之劳工学说》一文，这是目前所知最早关注陈炽思想的论文。唐庆增指出撰此文的目的是“表扬我国先哲有价值之劳工学说，使不致埋没无闻；援古证今，藉使今日研究国中劳工问题者，得以参考而有所借镜”。他认为关于劳工学说的资料，“以清季为最发达”，而在“清季经济思想之关于劳工一部份者，实以陈炽氏所言为最详尽”。所以作者选择陈炽为研究对象，“专论陈氏学说，不及他人”。文中对陈炽作了高度评价：“为人富有观察能力，眼光甚远大。著有《庸书》、

① 黄遵宪在《人境庐诗草》中缅怀陈炽的诗中注释里提到赵炳麟的《陈农部传》，而黄遵宪卒于1905年，故可推知该传写于1905年以前。

《续富国策》二书行于世，皆系重要之作。内中文字，曾陆续转载于《皇朝经世文统编》、《皇朝经世文新编》、《皇朝经济文新编》诸书中。”虽然陈炽在“清代名作家中为晚出”，但“其所作文字，思想精密，见解高超，在当时确为不可多得之人材”。接着从五个方面对其重工思想进行了论述：一是劳工问题的重要性；二是重工的方法；三是工之种类；四是工资论；五是移民与劳动阶级。他认为陈炽对劳工问题“致力之深”，是“清代思想家对于劳工问题最有心得之一人”。唐氏的文章，开陈炽研究之先河。不足的是作者对陈炽的身世未能弄清楚，而误认为陈炽是“四川人，清光绪年间进士，官至内阁中书”，“尚在世”。①

20 世纪 30 年代，涉及陈炽的尚有金梁的《近世人物志》②，只是摘记《翁同龢日记》中对陈炽的记载。赵丰田所写的《晚清五十年经济思想史》③中，对包括陈炽在内的十几位人物的经济思想进行了总体考察。在论及陈炽时，赵指出陈氏在当时即负经世之名，《庸书》和《续富国策》中的许多经济论点皆为当时该问题的集大成者。但因作者重点考察的是晚清五十年的经济思想史，对陈炽的研究也只是取其所需，使我们仍不能从整体上了解陈炽的思想体系。

1944 年郑鹤声在《八十年来官办编译事业之检讨》文中论及学部图书局时代的编译事业时提到陈炽与马建忠、李端棻对翻译的看法：“陈次亮之建议翻译西书，但迄未能见诸实

---

① 唐庆增：《清季陈炽之劳工学说》，《经济学季刊》1930 年第 1 卷第 1 期。
② 1934 年编者自刊本。
③ 哈佛燕京学社 1939 年版。

施”，同时提到“陈次亮农部感念时变，乃探综古今中外全局，发愤著《庸书》内外篇，其论译西书云：比年使命往来……事半而功倍者也”①。

萧公权在《中国政治思想史》② 中，也对陈炽进行了评价。书中对晚清以来中国人所喜爱的比附臆说之谈进行了批驳。其中他对陈炽的《庸书》做了如此评价：“当时尚有一种言论取西法而附会古书，以为乃吾中国之所固有，足为变法之障碍。其最荒谬者为陈炽之《庸书》。”

新中国成立后，学术界对陈炽的研究渐渐增多。截至目前，报刊杂志上发表的有关陈炽的研究文章共有30余篇。这些文章涵盖面广，内容涉及经济、政治、民权、教育、海防、生平考辨等各个方面。1990年冬，在陈炽家乡江西瑞金召开了“陈炽与戊戌维新运动”学术讨论会，与会者就陈炽的生卒年月、维新思想及实践等问题进行了热烈的讨论。在此过程中，1997年《陈炽集》的问世，进一步推动了对陈炽研究的深入探索。现就学术界关注较多的经济、政治、思想总论等方面归纳评述。

1. 经济思想

陈炽的经济思想是研究者最为关注的，现有研究他的30余篇文章中，有13篇即为剖析其经济思想的，此外一些经济史专著也辟专章专节给予阐述。其中有代表性的专著是赵靖与易梦虹主编的《中国近代经济思想史》③，书中将陈炽单列一

① 《说文月刊》1944年第4卷。

② 上海国立编译馆1946年版。

③ 中华书局1964年版。

节，指出其经济思想有自己的特点，即比较广泛地谈到在国民经济各部门中发展资本主义的问题，而且开始探讨国民经济各部门之间的联系，提出了生产是富国之源的观点。同时作者也指出了陈氏作为初期资产阶级改良派共有的局限性。赵著之后，又相继出版了一些论著，对陈炽经济思想进行探研。令人感到不足的是，这些论述大都因袭赵著论点，而缺乏对陈氏思想内在特质的把握。

学者们还从不同方面对陈炽经济思想进行探讨，他们或从农业思想立论，或从商业、工业等角度分别剖析。马金科在《陈炽的生平及其〈续富国策〉》文中指出，陈炽认为“经济学说为国家富强之本学”，故他根据多年心得写出《续富国策》以促进国家富强。作者指出陈炽的经济思想中除对农业改造比其他早期维新派认识更深刻和全面外，其有关农工商矿之间的关系立论也是突出特点。① 戴金珊探讨了陈炽《续富国策》的经济思想体系后指出该书论述的国民经济问题，基本上克服了前期改良主义者的重商倾向，从而开始了向生产决定流通领域阶段的转化。② 以农业思想立论的作者指出陈炽具有近代农业经营意识，主张发展商品性农业，参与国际竞争，同时重视人与生产的作用。③ 对于其商业观，学者们分析得更为具体，陈勇勤从《茶务条陈》折中研讨了陈炽的茶业近代化改革方案；

---

① 《光明日报》1989年7月19日。

② 戴金珊：《陈炽〈续富国策〉经济思想体系初探》，《经济科学》1984年第4期。

③ 参见万振凡、黄细嘉：《陈炽农业思想初探》，《赣南社会科学》1991年第3期；张良俊：《陈炽农业思想述论》，《中国农史》1997年第2期；刘穷志、帅冬云：《陈炽的农业集约经营思想》，《社会科学》1997年第9期；李江珉、李自茂：《论陈炽的生产观》，《江西教育学院学报》1998年第5期。

蔡晓荣则从《续富国策》中提炼了陈炽的保险思想；李正中则在考察了陈炽的商业思想后，明确指出他是近代中国重商思想的开拓者；何云鹏扼要评述了陈炽的变法护商思想。① 工业思想论者则主要是研究了陈炽的发展进口替代工业思想。② 这些具体的思想解剖，进一步丰富了对陈炽的研究。

值得一提的是，在对陈氏经济思想的研究中，有的学者另辟蹊径，从灾荒与民生的角度进行探讨，形成了一种新的视角。徐妍在《灾荒与民生：考察陈炽经济思想的新视角》文中，指出了陈氏经济思想和出发点多是因灾荒而起，以救治民生为中心，并在中国经济思想史上第一次从环境变迁的角度分析了近代中国特别是北方地区地瘠民贫、灾荒迭起的原因，进而提出了一系列人口的、环境的、经济的、社会的救治措施，为近代中国经济发展提供了一条新的思路，也给后来的经济思想家们以特殊意义的借鉴。这种重新审视，使我们对陈氏思想有了新的认识和启发。

2. 政治改革思想

学者们关注的主要是陈炽对议院和民权的认识。孔祥吉认为政治改革思想是陈炽整个思想体系中最精彩的部分，陈炽根据自己对西方政权制度的看法，提出了自己独特的见解，并在甲午战后与众不同地向清廷建议向西方学习，改革政体，设立

① 陈勇勤：《陈炽茶业近代化改革方案》，《江西社会科学》1996 年第 8 期；蔡晓荣：《陈炽的保险思想探略》，《江西社会科学》2001 年第 6 期；李正中：《近代中国重商思想的开拓者陈炽》，《齐鲁学刊》1989 年第 2 期；何云鹏：《陈炽变法护商思想述评》，《当代法学》2003 年第 1 期。

② 苏全有：《论陈炽的发展进口替代工业思想》，《河南师范大学学报》2000 年第 3 期。

议院，从而成为当时众多京官中“思想最敏锐、西学最通达的佼佼者”。① 熊月之则从三个方面考察了陈炽的民权思想：一是批评君主专制，要求开设议院；二是批评文化专制主义，要求开通言路；三是反对压迫妇女，倡导妇女教育，并特别称赞陈氏的乡官民选的主张及妇女与富国之间关系论点的进步意义。② 针对有的学者提出的陈炽明白指出了用资产阶级议会制来改变中国封建君主专制的观点，郑享清撰文进行了反驳。他认为上述主张不符合陈炽本身思想内容，指出陈炽并没有真正理解资本主义国家的议会制度，他所要求设立的议院既没有立法权，也不悖于君权，故它们仍是供皇帝咨询以通上下之情的机构。③

对陈炽政治思想的研究取得的一定进展，为进一步研讨提供了借鉴，但总的来说有一缺点是缺乏对比研究和历史背景的介入。

3. 关于对陈炽维新思想的评价

因陈炽思想内涵丰富，涉及政治、经济、教育、宗教、军事、国防等方面。所以有的学者从整体上对其进行研究。周辅成考察了陈炽思想的来源、内容后，指出陈氏是介于冯桂芬和郑观应之间的一位思想家，既有积极进步的一面，也有消极落后之处。④ 张锡勤著文对陈炽思想作了进一步探讨，特别评价了其经济近代化与政治改革的设想，并称赞陈氏不愧为甲午中日

---

① 孔祥吉：《晚清政治改革家的困境——陈炽〈上清帝万言书〉的发现及其意义》，《广东社会科学》2000 年第 2 期。

② 熊月之：《中国近代民主思想史》，上海人民出版社 1986 年版，第 183—187 页。

③ 郑享清：《陈炽是否提出用西方议会制代替封建君主专制》，《赣南师范学院学报》1991 年第 4 期。

④ 周辅成：《陈炽的思想》，载《中国近代思想史论文集》，上海人民出版社 1958 年版，第 92—98 页。

战争前后一个"具有近代眼光，能从时代潮流历史趋势的高度思考、规划中国经济变革的先进思想家"。同时指出陈炽因过世较早及极端的西学中源说阻碍了其思想认识的深化，同康、梁维新派拉开了距离，故仍属早期维新派行列。① 评价中肯，因受篇幅限制，仅谈其经济、政治改革，并没能涵盖其整个思想。刘君在《陈炽维新思想散论》中认为陈炽的经济思想是其整个思想体系的精髓，同时是维新人士发展资本主义经济的典型代表，具有独特的个性与鲜明的时代特征；但是陈炽言必称上古、秦汉，说明他对现实矛盾与激变的特殊回应，其中包含着传统思想的束缚，他们这种"借助传统思想的工具为资产阶级维新活动服务"的理念，"致使他们不能提出更为彻底的资本主义改革主张，削弱了他们的思想影响力"。② 熊学文从陈炽的生平、政治理念、经济思想等方面对陈炽进行了简单评述。③

另外，有的学者对陈炽的《庸书》、人才观、海防观、维新实践进行了研究。④

海外史学界对陈炽也有过不同程度的探索。萧公权在解剖康有为变法与大同思想时，谈及陈氏是与康同时代人中具有代表性的有经济现代化构想的一位思想家。⑤ 王尔敏在谈到19

---

① 张锡勤：《陈炽思想简论》，《北方论丛》1999年第4期。

② 《历史教学问题》2001年第4期。

③ 熊学文：《略评陈炽》，《江西社会科学》2001年第6期。

④ 曾丽雅：《陈炽的人才思想》，《争鸣》1985年第2期；《从〈庸书〉看陈炽的改良主义思想》，《江西社会科学》1984年第4期。方世藻：《陈炽与台湾海防浅谈》，《赣南师范学院学报》1991年第4期。周晋、钟建安：《陈炽与戊戌维新运动》，《南昌职业技术师范学院学报》1992年第2期。

⑤ 萧公权著，汪荣祖译：《近代中国与新世界：康有为变法与大同思想研究》，第284—287页。

世纪中国士大夫对西方观念的吸收和融会时，提出在1880—1895年间求富思想有了新的转向，即出现了“步趋西化，而非沿承传统”的农业改良观念。而陈炽在1893年前后撰写了《庸书》，广泛讨论改良中国农业农政问题，举凡西方植物、土壤、肥料、机械等知识，养殖、畜牧、造林等技术，以及农业资本与展览和农学书刊的翻译，均有论及，确为“农业现代化的理论体系”的代表。[①] 日本学者三石善吉则从中国的千年王国的角度剖析了陈炽。他指出陈炽与王韬、何启、胡礼垣等人都是“在某种意义上作为接受西欧思想洗礼者”，具有明确的儒教的千年王国立场，提倡唐虞三代孔孟之道，认为秦以后一直堕落，“具有将今日看作‘未有之创局’的终末的思考，描绘以君民共主的议会制度为基础的近未来的理想国家图景，持有在遥远将来大同（基于孔教的世界单一政府）将出现的思想结构”，最后作者指出近代中国以儒教的千年王国的抬头为契机，“终于唤起了真正的近代的保守主义”[②]。

综上所述，在不同历史阶段即有人从不同的角度关注陈炽，这在一定程度上丰富了中国近代人物研究和思想史研究，为进一步研究打下了良好的基础。综览以往的研究成果，我们可以看出对陈炽的研究尚待深入。这些论著大都着眼陈炽思想的一个个层面，抓住某个问题进行阐释，缺乏对其整个思想的系统研究。而且由于陈炽长期任职于户部，久植枢垣，对某些社会问题有独特的见解，《庸书》的百篇文论，《续富国策》中

---

① 王尔敏：《中国近代思想史论》，社会科学文献出版社2003年版，第24—25页。

② ［日］三石善吉著，李遇玫译：《中国的千年王国》，上海三联书店1997年版，第171—172页。

的论说以及维新运动时期其关注时局的文章，都是有感而发，对具体问题需要具体分析，史学界对此研究还不够深入。以往的研究基本上是就陈炽论陈炽，没有将陈炽放在整个晚清社会大背景下进行考察，同时也没有将陈炽与前代改革家，同时代的维新思想家作比较研究。另外在材料的使用上，史学界运用的主要是《庸书》或《续富国策》，对其他记载陈炽事迹的文献挖掘不够。其实陈炽一生虽然短暂，但他勤于著述，留给后人数十万字的精神遗产，现已由赵树贵等人多方搜集，辑为《陈炽集》公开出版，极大地方便了对陈炽的进一步研究。但是陈炽的著述并非所辑的那些，许多文章遗失①。陈炽的《上清帝万言书》就很有价值，史学界除孔祥吉先生撰文予以考证和阐述其意义外，还未引起足够重视。另外，与陈炽同时代的有关学者文集中也有关于陈炽的论述，也值得注意。陈炽作为近代一著名思想家，他的思想渊源在哪里？有何特点？与同时代人相比，他处于怎样的位置等问题，都是亟待研究的问题。基于此，笔者力图在吸收前人研究成果的基础上，对陈炽的生平与思想作进一步考察和研究，以揭示其历史意义。

二、研究思路与方法

笔者在研究陈炽时，并非就人论人，而是将他的经历、活动、著作、思想放在整个社会时代背景下进行考察，并尽可能将其思想与所涉及的历史环境相联系，围绕近代中西文化冲突和中国近代化问题，探讨陈炽思想发展的脉络与内在底蕴。同时在研究过程中，注意与其他派别如洋务派、顽固派、清流派

① 见《陈炽集》附录。

的联系与区别，以及与其他维新思想家的比较研究，力求从共性中发现其个性，以确定其在中国近代思想史上的地位和价值。

同时在几个具体问题上向纵深推进。(1) 对陈炽的交游群体的考察。陈炽一生交游颇广，包括年轻时的诗友、维新运动时的同僚、上级及洋务大吏。探讨陈炽与他们之间的关系，不仅能够更好地把握陈炽的思想性格，对深入研究这段时期的历史也有重要帮助。(2) 陈炽经世思想研究。陈炽作为一个经世思想家，[①] 以往的研究多局限于其关注的某个问题，而没有对其思想来源作一梳理。笔者试图从明清之际思想家的影响，阅读出国考察人员的游记和西书中译本，以及朋友的影响等方面，对其思想进行深入研究，同时在研究过程中，挖掘出陈炽经世思想的特征。(3) 对清末流传的《富国策》问题的考辨。利用英文原本与译本的对照比较，揭示出陈炽对西方政治经济学的认识和批判，探讨《续富国策》与《富国策》之间的关系。(4) 以前史学界把陈炽作为早期维新派代表人物进行研究时，多是利用他们之间的共性来说明问题，而对他们之间的异同的综合性研究尚未多见。本文通过对陈炽与郑观应、汤寿潜三人的经济思想的比较研究，揭示出中国近代面临西方文化挑战的背景下，由于生活经历、接触和接受西方文化途径和社会地位不同等原因而存在的区别，以揭示陈炽区别于其他思想家的理论特质以及性格发展逻辑。

---

① 赵迺抟在《披沙录》(一) 中即把陈炽作为经世学者看待（北京大学出版社 1980 年版）；宋育仁在为《庸书》作序时也称陈炽“湛深经世之学”；余镈为 1898 时务学堂校刊本《庸书》作序称赞陈炽“经世功深”。

在研究方法上，主要是微观与宏观的结合、点面结合、以点带面的方法，从纵横两方面去贴近思想家所处的时代，揣摩其思想产生的背景，重视其关注的重要问题，注意运用比较研究法。

在资料运用上，因陈炽本人材料有限，笔者在充分吸收其原始资料的基础上，注意从他交往的友朋关系或相关档案材料、文集、日记、报刊中去捕捉有关信息，进行综合考察和科学归纳，坚持以整体、系统的观点出发，对陈炽的思想进行客观、实事求是的评价。

需要指出的是，对陈炽的研究理应包含其思想的方方面面，特别是他的富国思想内容非常广泛，包括经济、政治、军事、教育等，而本书主要侧重的是其经济思想与富国之间的关系。

第一章　陈炽的生平与交往

陈炽（1855—1900）[①]，原名克昌，改名炽，字家瑶，号次亮，又号用絜，称瑶林馆主、通正斋生。[②] 江西瑞金人。光绪八年（1882年）壬午科举人，官至户部员外郎、军机处章京、户部郎中等职。有《裒春林屋诗》、《庸书》、《续富国策》等书传世。陈炽是中国近代著名的早期维新思想家之一，这已为大家所熟知。然而陈炽家世与早年生活以及交游情况，并不太为人注意。兹根据资料进行简要考察。

---

① 关于陈炽的生卒年代，学术界说法不一。有的人定为"？—1890"（李光灿、张国华主编：《中国法律思想通史》四，山西人民出版社2001年版，第167页）；有的定为"？—1899"（胡寄窗：《中国经济思想史简编》，立信会计出版社1997年版，第462页）。对于这种模糊认识，赵树贵、曹春荣两先生撰文给予澄清。他们根据陈炽后人所保留的陈炽之弟陈焘主修的《白溪陈氏十一修族谱》中所载陈炽"清咸丰乙卯四月初七日吉时生，光绪庚子五月十三日午时殁于京都赣宁新馆"，断定陈炽当生于1855年，卒于1900年（分别见赵树贵等：《有关维新志士陈炽几个问题的考辨》，《江西社会科学》1987年第1期；曹春荣：《陈炽生卒年新证》，《争鸣》1987年第2期）。另外陈三立在辛丑年即1901年为陈炽病逝所作的《陈次亮户部以去岁五月卒于京师追哭一首》亦可推知陈炽的卒年是1900年（《散原精舍诗》卷上，1926年上海商务印书馆本，第2—3页）。

② 张静庐等的《戊戌变法前后报刊作者字号笔名录》（《文史》第4辑，中华书局1965年版，第234页）谈到陈炽时有"次基"之称，误。

第一节　家　世

1855 年，为解除清军对太平天国都城天京的围困，太平军第三次克复武昌，清廷震动。同年太平军北伐失败，但是太平军力量并未受到大损失，依然在南方拥有较大势力，与清王朝分庭抗礼。

同年，全国灾害严重。黄河在河南省下北厅兰阳汛铜瓦厢决口，滔滔河水荡没了河南、山东、直隶三省，成为近代黄灾史上的重大事件。江苏、江西、湖北等均有水旱灾害；直隶静海、新乐，江苏无锡，河南南阳等地，发生蝗虫灾害，以致“米珠薪桂，民不聊生”。①

英、法、美等西方列强迫使清政府签订不平等条约已十多年，为了获得更多的权益，他们要求改约，使清统治者面临太平军冲击的同时，又要纠缠于列强的无理要求。内忧外患，令统治者头疼不已，面临前所未有的压力。

陈炽便出生在这一年。

清咸丰五年四月初七（1855 年 5 月 22 日），陈炽出生在江西省瑞金县瑞林乡和塘村。瑞金，位于江西省南部，“界闽粤，丛山刺天”，“为贡水发源之区，齐云连峰，铜钵诸山，峥嵘霄汉”。② 原属赣州，乾隆十九年，赣州升为直隶州，“并割瑞金、石城隶之”，瑞金在该“州东南一百七十里”③。鸦片战

① 李文海等：《中国近代十大灾荒》，上海人民出版社 1994 年版，第 308 页。

② 陈炽：《瑞金合邑宾兴谱序》，《陈炽集》，中华书局 1997 年版，第 301—302 页。

③ 《清史稿》第 8 册，卷 66，志 41，地理 13，中华书局 1976 年版，第 2167 页。

争的炮火虽然没有波及地处内陆的瑞金，但是时隔十几年后，太平军和清军的炮火先后冲击过该城。

陈炽的先辈是从宋、元时开始定居瑞金的。到陈炽出生之时，距其先辈定居瑞金已有八百多年。根据现有文献推知，陈炽并没有显赫的家世，家族中没有什么高官显贵，都是皓首穷经，以诗礼传家的封建士子，世代“以孝弟力田为本，以读书为善为宗”①，走的是“学而优则仕”的科举进身之途。但是陈氏家族在科举道路上并不十分走运。陈炽说过其家族在“康雍之际，名贤辈出，富厚殷实”，但是“吾族诸公，虽复采藻掇芹”，而“科名未显”，“科第无闻”。不过他们有良好的家风，“制行均有本末，为学具有渊源”。所以当时地方官绅都乐意与之往来，“阀阅缙绅，授赠往来，推襟送抱，识与不识，称为望族长者”②。据现有文献记载，其曾祖奋斗一生，只是一个岁贡生，晚年“例赐举人”，世称“陶轩先生”，有诗文集若干卷问世。当时“以文学屈一世”的瑞金知县恽敬③，做官时“以法治下，处事严肃”，“为人强项负气，所至时与上官不合”④，但就是这样一个人，却对“陶轩先生”佩服直至，“独从之游”⑤，两人经常在一起切磋学问。

封建时代耕读传家的传统深深影响着陈炽的祖上。陈炽祖

---

① 转引曾广玉、夏宏根主编：《江西100名人》，江西高校出版社1993年版，第58页。

② 陈炽：《宁都州城内白溪陈氏俊卿翁祠堂记》，《陈炽集》，第299—300页。

③ 恽敬（1757—1817），字子居，号简堂，江苏阳湖人，乾隆四十八年（1783年）癸卯举人，1807年在江西瑞金任知县，有《大云山房集》传世，其文章格调，世称为阳湖派。

④ 张舜徽：《清儒学记》，齐鲁书社1991年版，第491页。

⑤ 陈三立：《清故候选教谕瑞金陈君墓志铭》，《陈炽集》，第384页。

父见自己在仕途上已无多大作为，就对儿子陈蔚堂寄予很高的期望。陈蔚堂（1831－1891）从小即学习勤奋，通读四书五经，“敏毅质强，覃精六籍，研披渟涵，英英挺振”。大约二十岁左右，陈蔚堂拟“应有司试”。1853 年太平军进攻到江西瑞金，使陈氏族人为士子建立的寓舍被大火付之一炬，每几年一度的有司考试亦被迫中断。陈蔚堂在乱世之中东跑西藏，“转徙厓谷，凡数岁”。正是在战乱纷飞年代，陈炽呱呱坠地，来到世间。

陈蔚堂深知自己的家庭情况，既无经济实力为后盾，又无祖上荫封以持续，只得通过科举考试谋一官半职，以维持沉重的生活负担。他在战乱期间，仍未放弃学业，“手卷吟哦，不辍所学”。当时虽然有诸多有识之士对科举制度进行过抨击，但科举考试对传统士人仍旧有无穷的诱惑力。洋务运动中的大员曾国藩因自己是“赐同进士出身”而引为耻辱，左宗棠也常以终身为“举人”头衔而遗憾。“本朝最重科目，咸、同时俗尚未变，士由异途进者，乡里耻之。”① 在这种氛围下，他的举动也就不难理解了。

1864 年，太平军起义失败。同年，“抚军沈幼丹奏请举行乡试”②；同时，童试也恢复正常。功夫不负有心人，1865 年，陈蔚堂考中生员，“入县庠食饩”。1873 年癸酉乡试中举，“以誊录案牵引”。美好的前程似乎驾临到这位为生计奔波的人身上，他自己也跃跃欲试，准备继续奋进，因为中了举的人还想

---

① 胡思敬：《国闻备乘·科目盛衰》，见荣孟源、章伯锋主编《近代稗海》第 1 辑，四川人民出版社 1985 年版，第 252 页。

② 张集馨：《道咸宦海见闻录》，中华书局 1981 年版，第 327 页。沈幼丹即沈葆桢。

进一步中进士，入翰林，以图荣华富贵，光宗耀祖，[①] 但“停礼部试三科后，计偕三上，仍不第”，于是不得不“就教谕候选”这类正八品的微职。由于“军兴而后，保举滋纷，一案多至数千人，一官升至三四级”[②]，“捐例日广而捐数日微，内外需次各员，增至数倍或数十倍”[③]，故正式任职的期限也是遥遥无期。陈蔚堂心灰意冷，从此“罢归不复出”，闲居在家，终生未仕。

陈蔚堂虽然没正式担任官职[④]，但因其为人“廉公好义，善平纷难”，又“旁通医术”而名声远扬。当时瑞金县由于地处偏远，土瘠民贫，民风“尚桀悍”，“仇杀械斗，日月有闻”。这种情形令地方官也头痛不已。而陈蔚堂所居的瑞林乡，由于他“渐摩德让”，以致“终君之世，无冤结巨狱”。邻近乡人感到非常惊讶，纷纷拥集到瑞林乡，“争归服焉”。他四处为乡邻治病，“晚岁退闲，闵物观化，四方造诊，盈接门闾，所起活无算”。当初，陈炽祖父由于患“风痹，久卧床箦”，陈蔚堂亲身“营权方剂，精枯魄挫”，以致于劳累得“羸非人”，不过“医亦锐进”。[⑤] 这种家学渊源，使陈炽日后也受益匪浅（他曾

① 参见张仲礼著，李荣昌译：《中国绅士》，上海社会科学院出版社 1991 年版，第 168—169 页。

② 陈炽：《庸书·名器》，《陈炽集》，第 71 页。

③ 《庸书·停捐》，《陈炽集》，第 13 页。

④ 马金科在《清代人物传稿·陈炽》中提到陈炽的父亲曾担任过户部员外郎、郎中等职；周红兵在《寻求兴邦之道——清末维新派陈炽》（《文史知识》1992 年第 8 期）中指出陈炽之父曾任军机章京、户部四川司员外朗、福建清吏司郎中等职。今查吴孝铭编《枢垣题名》（光绪甲申重修），无陈炽父亲之名，故他应未担任军机章京，而且陈三立为其所撰墓志铭中也未说其担任过上述职务，墓志铭的撰写为其人一生的总结和颂扬，如果他任过该职的话，陈三立不会不写，故疑前说有误。

⑤ 陈三立：《清故候选教谕瑞金陈君墓志铭》，《陈炽集》，第 384 页。

写过《论病论药说》、《血去无咎说》两文）。

陈蔚堂最好的朋友是陈为理。因两家为邻居，“里闬相接”，“几无一日不相往来，有无相通，缓急相济，盖数十年如一日”。二人也是“尔汝忘形，相视莫逆”，“严如宾友，亲如弟昆”。陈炽尊称其为“长者”、“盛德君子”。陈为理（1813—1891），字贵明，“世为智乡之里坑人”，初家境比较贫困，“穷居贫刺”，靠祖先遗留下的几亩薄田度日，“自食其力”，中年后稍微富裕，晚年“入资，诰为九品”，但平生不喜交际，“无多知己”，与陈炽之父为莫逆之交，直至两人同年去世。①

第二节 陈炽生平事迹

陈炽自小受到严格而系统的封建家庭教育。对大多数人来说，科举考试仍然是功名利禄之途，“得之则荣，失之则辱”②。陈炽的祖父、父亲皆为举人，在这样的环境中，他的父亲把希望寄托在他身上，围绕着科举考试的指挥棒进行悉心教育，希望他能承继家学，光宗耀祖。陈炽弟兄两人，弟弟为陈焘③，均受到父亲的言传身教。陈炽“从小力学，聪颖超群”，经常与弟弟“雪屋深灯，伊吾对读”。6岁时开始到私塾

---

① 陈炽：《陈长者墓志铭》，《陈炽集》，第302—303页。

② 宋伯鲁：《掌山东道监察御史宋伯鲁折》，《戊戌变法档案史料》，沈云龙主编：《近代中国史料丛刊》续编第32辑，台北文海出版社1976年版，第216页。

③ 陈三立为陈炽之父所撰的墓志铭中说有两个儿子，即陈炽与陈焘。陈焘比陈炽小两岁，1885年考取江西乙酉科拔贡，1891年前为候选知县，后考充方略馆誊录，民国年间当选过第一届江西省议会议员、第二届众议院众议员，做过参议院秘书厅秘书等职（见赵树贵等：《有关维新志士陈炽几个问题的考辨》，《江西社会科学》1987年第1期）。

受业，“以聪敏享誉乡里”。有一天，在去私塾途中，陈炽之父爱子心切将幼小的陈炽跨伏在自己颈脖上，路人笑陈炽“骑父当马”，陈炽未加思索，当即回答“望子成龙”。短短四字，可见陈炽小时才思敏捷，聪明卓异，乡人誉之为“神童”。① 1867 年，12 岁的陈炽赴宁都州参加院试，得中秀才。1873 年，陈炽 19 岁时，以生员身份，由江西学政许庚身择优保送入京参加全省科考拔贡，以优异成绩取为拔贡生。第二年，他风尘仆仆赶往北京参加朝考，录为一等第四名，授七品京官，签分户部山东清吏司见习。这是陈炽正式踏上仕途的开始。这年他刚刚 20 岁，从闭塞的山村来到人文荟萃的京师后，他的眼界为之大开，并很快结识了许多名儒硕学之士。

1875 年正是光绪帝承嗣帝位之年，也是清朝较稳定时期。朝廷继续从事自强运动的努力，下诏博采群言，“用资治理”。也是这一年，薛福成上《应诏陈言疏》，名震朝野，为自己的仕途立下基础。王韬在香港为“佣书”生涯，而陈炽却在同年实习未满即回家省亲去了。陈炽南返回家不久，接二连三的事即相继涌来。这是对他的身份的认可，也是一种鞭策。一是文韫山欣羡陈炽的才识，得知陈炽归家后，即让其题写条屏。文韫山，江西萍乡人，晚清书法家，与文廷式的父亲年龄相当，也“素相善”。② 陈炽不好推辞，为其题写了吴匏庵的《赤壁诗》：“西飞孤鹤记河洋，有客吹箫扬世昌，当日赋成谁与注，数行石刻意曾藏”。二是慕名而来之士。如欧阳元斋，江西丰

① 赵树贵等：《有关维新志士陈炽几个问题的考辨》，《江西社会科学》1987 年第 1 期。

② 《陈炽集》，第 296 页。

城人，小有诗名，得知瑞金出了个年轻的京官，便前来拜访，两人遂“叙情谈诗”，结为知音。① 后两人的诗均载《四子诗录》出版。三是乡人让其为家族乡贤写序作跋。1878 年春天，同邑里坑陈氏族人为重修其族谱，派人携带起先所存的《源流考》，请陈炽作序。陈炽遂在从叔高祖第三次修谱的基础上，“序其与予族之同异，并慨支谱之不能无弊也，如此书于简首而归之”。② 1881 年，刺史韩聪甫，“政事余闲，汲汲焉表章先哲”，打算重新镌刻乾隆年间的瑞金先贤罗有高的遗著《尊闻居士集》。适逢陈炽在家，于是请陈炽作跋。陈炽对离自己家仅七十里之远的罗有高先生的事迹早有耳闻，自己也经常去其所居之处凭吊瞻仰，每每有一股崇敬之意涌上心头。正如他所说：“先生所居曰密溪，山水奇秀，甲一邑，去余居七十里而近。每至邑，必道密溪，望凤凰山顶云气，郁然徘徊，久之不能去。太史公所谓‘高山仰止，景行行止，虽不能至，心向往之’者，非耶?”③

时光荏苒，转眼到了 1882 年。这一年为乡试之年。虽然举人与贡生都为正途，但是举人的社会地位高于贡生，所以“许多贡生为提高自己的威望和改善出任官职的机会而参加乡试”，贡生大都希望中个举人。④ 陈炽也不例外。他 1873 年即成为拔贡生，至今已经九年了，自然不想错过三年一遇的中举机会，恰好他在家休假，就参加了壬午科江西省乡试。对于陈炽的举动，与同时代的其他人略作比较就很容易理解了。1866

① 赵树贵：《陈炽年谱简编》，《陈炽集》，第 387 页。

② 陈炽：《里坑陈氏四修谱序》，《陈炽集》，第 297 页。

③ 陈炽：《〈尊闻居士集〉跋》，《陈炽集》，第 297—298 页。

④ 张仲礼著，李荣昌译：《中国绅士》，第 22 页。

年，曾指责过科举制的种种弊端的薛福成，虽入曾国藩幕府已备受器重，但仍然不愿放弃通过科举正途进入政界，而在“进学”近十年后参加乡试，考取副榜。1885－1893年间，严复从英回国后已经升任天津水师学堂总办，却仍然感到作为“局外人”的尴尬，四次参加乡试，可惜均成泡影。可见当时中国的科举氛围对士人的影响力。

壬午科江西乡试正主考官为江西学政陈宝琛，副考官是翰林院编修黄彝年。这次乡试，陈炽中了第四十六名举人。[①] 全省中举的一共104名，其中陈三立中21名举人。其他省份中举的有文廷式、皮锡瑞、刘镐仲、汪凤藻、刘光第、郑孝胥、陈衍、林纾、高凤岐等。[②] 这些人中有日后陈炽的好朋友，其中许多人在中国近现代史上扮演过重要角色。

陈炽自出仕后，一直在户部供职。户部下设十四个清吏司，分别掌核所辖省钱粮收支数目。陈炽曾担任过山东清吏司(兼东三省，管盐课、参课及八旗官兵养廉银)、陕西清吏司主事（掌核陕、甘、新疆三布政司及粮储道之钱粮，兼管理各省茶课及京中各项动支款)、四川清吏司员外郎（掌核四川的钱粮及夔关、打箭炉等地关税，以及管理各地麦禾收成分数)、福建清吏司郎中（掌核直隶、福建两省的钱粮与天津的海税、直隶的杂项开支并兼管赈济与官房之事)。[③] 正是由于在户部

---

① 据《光绪壬午科十八省乡试同年录》载：“陈家瑶，年二十七岁，瑞金县拔贡生户部七品小京官。”(该书藏北京师范大学图书馆，出版时间、地点未详)

② 见《光绪壬午科十八省乡试同年录》。

③ 见张德泽：《清代国家机关考略》，中国人民大学出版社1981年版，第44页；李鹏年等：《清代中央国家机关概述》，黑龙江人民出版社1983年版，第147－149页。

工作的经历，陈炽才能够更加熟悉清王朝的国库空虚、财政困难的情况，以至对国家的落后贫穷有更深刻的认识和迫切的危机感。

中举后，陈炽回到京师任职。自1884年起，他曾外出游历沿海及港澳地区，翻阅过大量西书译本。1886年他参加军机章京考试，夺得八人中首名，这使得他有机会接触军机大臣和档案材料，为其认识国家经济生活提供了便利条件。第二年任户部额外主事，1889年转为户部主事。这段时间内陈炽与上司翁同龢关系较为密切，曾就黄河改道、筹饷问题向翁同龢呈送说帖，发表己见。同时广交友朋，如刘镐仲、文廷式、毛实君、王伯恭、陈三立、康有为、梁启超、汪康年、杨锐等均是陈炽交好的对象。他曾为好友郑观应参定论著，又为其写序，同时自己撰写《庸书》阐述富强之道。甲午战争爆发后，陈炽对时事非常关注，积极上书献策，在致翁同龢书中评论当时战局，翁同龢阅后赞其为“通才”。甲午战争清政府败于日本，为救亡图存，全国各地掀起变法的热潮。康有为等会试举人联合上书，要求废约、迁都、变法。陈炽痛感时艰，上清帝万言书，提出战后善后十条章程，并大胆地提出设议院的主张。同时，他认为改变中国贫弱之原的途径之一是发展经济，先后上《茶务条陈》、《铸银条陈》等，就有关国家利权问题陈述己见，并写《续富国策》提出了具体的一套富国方案。

当时，维新运动如火如荼。翁同龢受形势影响倾向于变法，而康有为也想通过他推动变法事业。陈炽作为翁同龢的亲信僚属，在康有为与翁同龢之间，穿针引线，积极为变法奔走。后来强学会成立，陈炽被推选为会长。《时务报》创刊后，陈炽积极参与，除撰稿外，在北京代收捐款、发行等事。戊戌变法最终还是失败了，陈炽虽然没有受到追究，不过也遭到很大打击，“往往酒前灯下，高歌痛哭，若痴若狂”，1900 年病逝于北京城。

第三节　陈炽交游述略

陈炽平生喜交际，“遍交志士”①，与当时许多人士皆有友好来往。对陈炽交游群体进行考察，既可对陈炽个人的思想性格有更深的了解，② 亦可更深入地研究这个时期的历史。

陈炽所接触和交往的人物广泛而又复杂，根据《陈炽集》中提供的线索，有 40 人之多。其中包括年轻时的诗友、维新运动时的朋僚、中举时的同年以及上司与洋务大臣，如翁同龢、郑观应、郑孝胥、宋育仁、黄遵宪、陈三立、文廷式、康有为、梁启超、汪康年、汪大燮、赵炳麟、毛实君、勒深之、陶福祖、陶福祝、欧阳熙、杨锐、胡铁庚、郝延龄、蒋公颇、金公稚、钟菁生、李啸峰、吴子静、周简可、魏菘园、陈竹香、李佩秋、刘镐仲、陈宝箴、袁世凯、沈曾植、王伯恭、叶昌炽、李盛铎、李提摩太、孙家鼐、吴樵、陈季同、张之洞、洪述祖、刘坤一、盛宣怀、张元济、徐绩臣等。

陈炽交游的第一类人物，是返家省亲时期的诗友和任职户部时所识的乡谊。江西是“物华天宝、人杰地灵”之地，地缘关系作为感情纽带无形中将江西籍的士子联系在一起。陈炽早

---

① 赵树贵等：《有关维新志士陈炽几个问题的考辨》，《江西社会科学》1987 年第 1 期。

② 《管子·权修》中即有“观其交游，则其贤不肖可察也”之说。

年交往的主要圈子便是江西同乡。当时与陈炽交往甚密者主要有陶福祖、欧阳元斋、勒深之、陶福祝、毛实君等人，他们情趣相投，很快结为挚友。陶福祖（1848－1912），字刚伯，号浦孙，江西新建人。光绪九年进士，官户部主事，先后主白鹿洞、鹅湖、友教、洪都诸书院讲习，著有《酒禅诗隐吟草》。陈炽与其初识在 1874 年。当时陈炽以拔贡进京参加朝考后，分在户部山东清吏司。陶福祖任户部主事，两人结识后“数为文酒之会，甚欢洽”[1]。1881 年，陈炽、勒深之、陶福祝在一起切磋诗词，后汇成诗集《四子诗录》，陶福祖为该书作序。陶福祝（1853－1911），字华峰，一字稚箕，江西新建人，曾任湖南慈利、沅江、益阳知县，“所至有声，工诗文，致力经世之学，并搜求江西先哲遗著，不遗余力”。主要著作有《远堂文集》、《稚箕远堂诗录》等。[2] 他与陈炽 1881 年结识于省城南昌。

陈炽的诗友欧阳元斋，名熙，字元斋（又字元熙）。江西丰城人。曾任瑞金县训导、军机章京。“读书无师承，自学求进，长于说文校勘。为文善骈体散文，于诗尤有功”，著有《荣雅堂诗》。[3] 陈炽与欧阳元斋最初相识在 1875 年。当时陈炽已由拔贡通过朝考后，次年回家省亲，在故乡与其结识。二人一见如故，经常在一起切磋诗词。陈炽的诗集中有《酬欧阳

① 赵树贵：《陈炽年谱简编》，《陈炽集》，第 387 页。

② 江西省社科院情报资料研究所编：《江西地方文献索引》（下），1985 年印刷本，北京师范大学史学所资料室藏。

③ 陈荣华等：《江西历代人物辞典》，江西人民出版社 1990 年版，第 237 页。关于欧阳熙的事迹另见高树《金銮琐记》（见《近代稗海》第 1 辑，第 62 页）。

元斋》一首："长剑不得意，萧然归旧林。故人惠思我，见枉瑶华音。岁莫此为别，前期行可寻。西山夜雪满，独立知君心。"不过，以诗负有盛名，且能在诗中反映现实社会，表现积极思想的，当属勒深之。

勒深之（1857－1898），字省旃，号元侠，江西新建人。1885年拔贡，曾任某部小京官。其父勒方琦（字少仲），曾任江苏按察使、广西布政使、福建巡抚，与郭嵩焘等人接触较多，文学颇有成就，"采藻妍丽，声律谐婉，亦不愧为近代名家"①。勒深之承其父之严教，年少多才，工诗和书画。王伯恭高度评价他"惊才绝艳，同辈推伏"，诗"风格雅近黄仲则、龚定庵"；② 徐世昌认为他"少有异才，出语类龚定庵"；③ 柯愈春说其书"作瘦金体，双钩水仙，风至嫣然"④。有《梦余草》、《蕉鹿吟》等。陈炽1881年赴南昌时与其相识，因意气相投，遂订为莫逆之交。勒深之的诗有许多是反映其忧国忧民的思想感情的，如《至福州》云："巨镇东南气象开，嵯峨城堞倚星台。无情岁月闽王老，残喘河山胜国哀。地接夷蛮资控制，天生沧海走喧豗。我行自慰趋庭愿，不为兴亡浪费猜。"⑤陈炽的《褢春林屋诗》中有两首送给勒深之的诗：其一，《偶作呈元侠》："远忆将何益，孤飞病未能。诗心缘事减，酒过逐年增。未老已如此，长贫自可憎。生平知己泪，悽绝夜窗灯。"

① 无觉：《疎篁馆杂缀》，1941年8月《同声月刊》第1卷第9号。

② 王伯恭：《蜷庐随笔·勒省旃明经》，无冰阁铅印本（时间未详），第52页。

③⑤ 徐世昌辑：《晚晴簃诗汇》（四）卷175，中国书店1988年影印，第388页。

④ 柯愈春：《清人诗文集总目提要》，北京古籍出版社2001年版，第1852页。

其二，《九日瓜步夜宿忆元侠》："沧波南望海云凉，遥夜羁鸿又北翔。客路相思满江水，秋情今日是重阳。山川高啸客吾辈，琴剑分携怅异乡。惟有青天半轮月，孤辉能照两人床。"1886年，勒深之到京城参加朝考。陈炽见家乡好友来京，遂尽地主之谊，约王伯恭、刘镐仲与勒深之等"征歌选胜，游宴极谐"。[①] 勒深之的《蕉鹿吟》诗集中亦有送给陈炽之诗。足见两人交谊之深。

同时，陈炽的诗集中尚有《留别胡铁庚》、《留别郝七延龄》、《别金公稚》、《答李啸峰》、《赠吴子静》、《喜周大简可魏二菘园至》、《送钟莆生北上》、《舟行即事示钟子乾》、《闻竹香丈南旋却寄》、《寄林若木》、《闻李子佩秋将往豫章寄赠》等，可以看出陈炽在家时与这些人也有交往。

与上述几位相比，毛实君则是陈炽在户部为官时认识的乡谊。毛实君（1845－1924），字庆蕃，江西丰城人。光绪己丑进士，在户部任职。甲午战争期间曾为两江总督刘坤一筹划粮草事宜，擘画精详，被刘坤一称为"自军兴转饷诸僚吏罕有其比也"。[②] 著有《江苏学务公牍》、《古文学余》等。郭嵩焘称其"积累厚矣，所学尤有根柢，亦今日不易得之人才"，"有志之士"，"气概非凡，所成就必远且大"。[③] 翁同龢称其"通才"，为官"极清"[④]。陈炽与其相识在1890年的京师，[⑤] 当时

① 王伯恭：《蜷庐随笔·潘文勤师》，第40页。

② 陈三立：《清故护理陕甘总督甘肃布政使毛公墓志铭》，《散原精舍文集》卷16，辽宁教育出版社1998年版，第232页。

③ 《郭嵩焘日记》第4卷，湖南人民出版社1983年版，第50－51页。

④ 分别见《翁同龢日记》（五），中华书局1997年版，第2371、2901页。

⑤ 赵树贵：《陈炽年谱简编》，《陈炽集》，第389页。

两人都在户部任职，毛实君为山东司，陈炽是户部额外主事，同为江西籍京官，自然有一种亲近感。后毛实君与陈竹香、刘镐仲在家乡开厂办赈，因款项不足，陈炽曾上书陈宝箴请求赞助。关于毛实君的具体生平家世，参见陈三立为毛氏父子撰写的墓志铭。①

陈炽交往的第二类人物是与他同时中举的壬午科同年。主要有文廷式、陈三立、郑孝胥，其中前两者又为江西人，这为陈炽与他们的关系增加了重要的砝码。

古代士人之间比较重视同年同窗的关系，这是维系交往的一条重要纽带。陈炽与陈三立在 1882 年江西省城乡试中举。同年，郑孝胥在福建乡试中举。江西萍乡人文廷式则应顺天乡试中举，“文誉噪京师，名公卿争与之纳交”。沈曾植评价文廷式“才于史部为尤长，穷其所至，亭林、竹汀，不难鼎足”，所论学术“儒佛元理，东西教本，人材升降，政治强弱之故，演奇而归本，积微以稽著，于古学无所附，今学无所阿”，从“九州百世以观之”，应为“有清元儒、东洲先觉者”。② 甲午战争后，文廷式高喊“变则存，不变则亡”，“古之所是，今以为非；今之所是，后亦或非之。时异久暂，而是非递改矣”。批判封建专制制度：“中国政非三代，教非孔子，特美其名而托言耳。实则秦法愚民，至今用之，锢蔽日深，苛刻日甚”，“其弊固不可胜言”。官场上盛行阿谀奉承、贿赂公行之风，特别是靠捐纳为官者，更是“无耻”，“国家终受其病”。③ 陈炽

① 见《散原精舍文集》，第 94、232、100 页。

② 沈曾植：《文君云阁墓表》，转引汤志钧为《文廷式集》所作序言，中华书局 1993 年版。

③ 文廷式：《罗霄山人醉语》，《文廷式集》（下），第 809、825、828、829 页。

在1885年春与文廷式结识，当时文廷式从广东经上海到京师，与陈炽、盛昱、袁昶、沈曾植、曾桐兄弟、张孝谦、杨锐等“都中胜流”交游。[①] 第二年，郑孝胥、文廷式、陈炽等在义胜居聚会[②]。1890年，陈炽与文廷式、毛实君、陈竹香、刘镐仲诸友又在京聚会。[③] 1895年甲午战争失败后，文廷式与陈炽、沈曾植、康有为等在京都倡议兴学会，开风气，讲变法，“聚会于陶然亭，谈论朝政”[④]。强学会成立后，陈炽任会长、总董；文廷式为副会长、副董，两人合作共事。1896年3月，文廷式与陈炽、李盛铎同被御史杨崇伊弹劾，“遇事生风，常于松筠庵广集同类，互相标榜，议论时政”。文廷式被革职回乡，陈炽未追究。后文廷式在家乡仍惦记着陈炽，他在光绪二十二年腊月二十四日给采兄的信中说：“弟出京后，身心泰然。……陈次亮请假出京，闻于枢署有未洽，未知信否。”[⑤] 他与陈炽不仅在行动上联系较为密切，思想上也有相似之处。他在1896年所上的《条陈养民事宜折》中指出：“法国百年以前，上下贫窘；后乃兴种树之利，严伐树之禁，立劝民栽树之官，遂富甲欧洲、纵横四海。故英、美擅工商之利，而法、德、奥、意诸国，其大利皆在于农。中国从古重农，自应以农事为急。而农政之要，则以开渠种树为先”，在此基础上尚有“四大利”可立致富强，一是蚕桑之利，二是棉花纺织之利，三是

① 汪叔子：《文廷式年表稿》，《文廷式集》（下），第1487页。

② 《郑孝胥日记》（一），中华书局1993年版，第85页。

③ 赵树贵：《陈炽年谱简编》，《陈炽集》，第389页。

④ 刘桂生、岳升阳：《北京宣南士人文化空间的形成与戊戌维新》，载王晓秋主编：《戊戌维新与近代中国的改革》，社会科学文献出版社2000年版，第337页。

⑤ 《文廷式集》（下），第1221—1222页。

葡萄酿酒之利，四是畜牧之利。观点与陈炽《续富国策》中的《水利富国说》、《种树富民说》、《种桑育蚕说》、《葡萄酿酒说》、《畜牧养民说》、《种棉轧花说》等所述内容基本一致，有的地方词句也相同。政治思想方面，文廷式认为“今为中国计，惟君民共主”，“君民共主之政，可以长治久安”，与陈炽所赞赏的“君民共主”的主张相同，这很可能是受到陈炽思想的影响。

与文廷式相比，陈三立与陈炽的关系似乎更密切一些。陈三立（1853－1937），字伯严，江西义宁州（今修水县）人，湖南巡抚陈宝箴之子。1882 年中举，1886 年中进士，授吏部主事。维新运动时，协助其父在湖南推行新政，颇得时誉。戊戌政变后，与其父同被革职。有《散原精舍诗》、《散原精舍文集》问世。陈三立年轻时即以才识自负，“尝醉后感时事，讥议得失辄自负，诋诸公贵人，自以才识当出诸公贵人上”。① 他对吏部腐败之情形深恶痛绝，曾愤激言曰：“举五千年之帝统、三百年之本朝、四万万人之性命，而送于三数昏妄大臣之手，从古及今未有可痛如此者”。② 受其父影响，三立也有经世之志，并常常跟随其父左右，“多所赞画，籍与当世贤士大夫交游，讲学论文，慨然思维新变法，以改革天下”③。陈三立的诗也有其特点。郑孝胥在《散原精舍诗·序》中说：“莽苍排奡之意态，卓然大家”，陈衍认为“其诗之精，自不待言，

---

① 陈三立：《故妻罗孺人状》，《散原精舍文集》卷 1，第 7 页。

② 文廷式：《闻尘偶记》，《文廷式集》（下），第 753 页。

③ 吴宗慈：《陈三立传略》，转引钱文忠：《神州袖手人陈三立（代说明）》，载《散原精舍文集》。

其诗思之快捷贴切亦使人瞠目”。[1] 陈三立与陈炽的最早结识是在文廷式举办的义胜居聚会上。根据郑孝胥光绪十一年十二月初七（1886 年 1 月 11 日）日记载：“午后，往季直寓，芸阁亦在。偕听三庆戏，未毕，芸阁固邀至义胜居饮，同席十一人：二陈伯严、次亮、二张昆仲、华、乔、毛、方、文、季直及余也”[2]，推知两人相识当在此年。1891 年 1 月 24 日陈炽在上陈宝箴书中问及“伯严同年曾否到鄂”[3]，第二年，陈炽因父亲病逝，请假回籍为父营葬，曾致书陈三立，请其为父亲撰墓志铭。陈三立在《散原精舍文集》中提及“炽书来督铭”。两人再次见面是在 1894 年 3 月，有庐阜之游，并相约卜筑偕隐事。维新运动时期，陈三立在湖南帮助其父推行新政，曾有意请陈炽来湘共举大事。戊戌政变后，陈炽虽未被追究，但也受到很大打击，“郁郁不得志”，于 1900 年在京都赣宁新馆病逝。陈三立闻此噩耗后，在 1901 年写挽诗一首，以示哀悼。诗的全文为：“亘古伤心剩不归，谁怜此士死长饥。罪言杜牧佯狂废，遗行东方世俗非。下榻琴尊来旧梦，买山徒侣泣先几。料难瞑目烽烟外，定有羁魂逐六飞。”[4]可见其对陈炽了解至深。

陈炽与郑孝胥则是外省同年。郑孝胥（1860—1938），号太夷，福建闽县人。1882 年（光绪八年）中举。1885 年赴天津入李鸿章幕府，筹办洋务。1889 年考取内阁中书，始供职于北京。郑孝胥“早岁奋发有为，深思力学，一时以干略称，

---

① 转引钱文忠：《神州袖手人陈三立（代说明）》，载《散原精舍文集》。

② 《郑孝胥日记》（一），第 85 页。

③ 陈炽：《上陈宝箴书》，《陈炽集》，第 354 页。

④ 《散原精舍诗》卷上，上海商务印书馆 1926 年版，第 2—3 页。

晚清所谓名督抚者争相延揽，士林亦谓其旧学精邃，洋务谙练，直谅相与，事功可期”。[①] 翁同龢曾称其“通达非常”。[②] 陈炽早年与其的交往可见郑氏日记：一是义胜居聚会；一是1890年与文廷式拜访陈炽，“不遇”；一是在方略馆“晤陈次亮同年，谈数语，知王伯恭、王寿芝皆已出京矣”[③]。

自1891年起郑孝胥充任驻日使馆书记，甲午战争后回国，入张之洞幕府。因对战争与清政府的丧权辱国表示不满，维新运动兴起后，他赞成中国改革政治，实行变法图强。1895年10月赴京，在张之洞授意下，和帝党联系，了解京都政界动态。因陈炽为帝党中坚，故他赴京后颇与其往还。他曾在日记中记载了与陈炽交往的情况。[④]

这三位同年与陈炽一样具有变法思想，所以在维新运动期间，他们与其他维新志士一样成为陈炽交好的对象。

陈炽交游的第三类人为维新运动时的朋僚，赞同维新之士。甲午战后，形势危急，变法维新成为时代共识。陈炽与康有为、梁启超、汪康年、宋育仁、赵炳麟、郑观应、杨锐、汪大燮、张元济、沈曾植、黄遵宪等皆是力主变法维新、变革旧政之士，虽然他们的经历和具体见解并不相同，但共同的使命感将他们联系在一起。

---

① 《〈郑孝胥日记〉整理说明》，《郑孝胥日记》（一），第3—4页。

② 《郑孝胥日记》（一），光绪二十一年十月十一日（1895年11月27日），第528页。

③ 分别见《郑孝胥日记》（一），光绪十一年十二月初七（1886年1月11日），第85页；光绪十六年三月初三（1890年4月21日），第172—173页；光绪十六年八月初五（1890年9月18日），第194页。

④ 《郑孝胥日记》（一）光绪二十一年十月，第528页。一是“晤陈次亮”，一是“赴陈次亮之邀于粤东馆”。

维新运动期间，陈炽与康有为“关系密切，过从频繁”①，“私交极密”②。1895年，康有为因上书皇帝不达闷闷不乐，决心离京返粤，从事办学著述事业。陈炽与沈曾植力为挽留，并劝说“时有可为，非仅讲学著书之时”。以后两人经常在一起探讨时务，“泛论当时人物”③。为“广联人才，创通风气”，以挽时变，康有为指出：“思开风气，开知识，非合大群不可，且必合大群而后力厚也，合群非开会不可，在外省开会，则一地方官足以制之，非合士大夫开之于京师不可”④。陈炽亦认为“京师者，天下之首善也。移风易俗，必自根本起”⑤。康有为在“公车上书”后，即“日以开会之义号之于同志”。陈炽给予了及时指导，“办事有先后，当以报先通其耳目，而后可举会”。康氏听从陈炽之言，并在陈炽等人的资助下，在京创办《万国公报》（后改为《中外纪闻》），遍送士夫贵人。待“报开两月，舆论渐明”，“渐知新法之益”后，陈炽与康有为等频集通才，游宴鼓动，“告以开会之故”。当强学会影响渐

① 孔祥吉：《康有为变法奏议研究》，辽宁教育出版社1988年版，第101页。

② 王栻：《维新运动》，上海人民出版社1986年版，第269页。

③ 王伯恭在《蜷庐随笔·康有为》中记载了详细经过：“是年秋间（1895年），余遇有为于陈次亮座上，闻两人相对妄谈，疾掩耳而去。……乙未之秋，余访陈次亮于西珠市口，坐未定，忽有冠服者昂然而入，主人略一欠身，客便就坐。问其姓字，则新科部曹康有为也。次亮手摩其首曰：头痛。康叹曰：时事不可为矣，先生何必自苦乃尔。陈亦咨嗟不已。因言两江曾帅又出缺，今任何人为宜乎？因泛论当时人物，既而曰刘岘庄似可，且曾督两江，固当不至蹉跌，康抚掌称善。陈言遍可决计，无用游移。两人问答如此，直忘其一为员外而章京，一为新进之主事，乃妄人耳。余亟掩耳而去。已而两江一席果属刘公，亦可谓善于揣摩者矣。”

④ 《康南海自编年谱》，沈云龙主编《近代中国史料丛刊》第2辑，台北文海出版社1966年版，第34页。

⑤ 赵炳麟：《陈农部传》，《陈炽集》，第385页。

大，谣传将有劾康之举，陈炽“乃以告康氏，促其即行”，并与同会诸人给康有为饯行，并且赠其盘费。康有为于1895年9月赋诗一首，前有记事曰：“割台行成后，与陈次亮郎中炽……同开强学会于京师，以为政党嚆矢，士夫云从。御史褚成博与大学士徐桐恶而议劾，有夜走告劝解散者。……即席赋此呈诸公：山河已割国抢攘，忧国诸公欲自强。复社东林开大会，甘陵北部预飞章。鸿飞冥冥天将黑，龙战沉沉血又黄。一曲欷歔挥涕别，金牌招岳最堪伤。”① 反映了当时的形势以及康有为对时局的愤懑。筹议京师大学堂时，管学大臣孙家鼐请康有为为总教习，康有为面辞之，陈炽等出面劝其就任。

康有为与陈炽的结交，除去政治上的原因（因陈炽是翁同龢的亲信僚属，而康有为的变法希望得到翁同龢的支持）外，两人的变法方案并无根本歧异也是一个原因。王栻认为在强学会中，陈炽的重要仅次于康有为，属于康有为派系，并说会中“真正属于维新派的人物，只有康有为、梁启超、陈炽三人”。在思想上，陈炽与康有为“更为接近”。而且王氏将陈炽作为翁氏对康有为的态度的比较对象，他指出：“翁同龢对于另一个维新派人物陈炽的态度，也可以帮助了解翁同龢对康有为的态度。陈炽的思想作风与康有为略同，与康有为的来往也最密。在翁同龢的眼里，陈炽是一个仅次于康有为的人才。……如果了解翁同龢对陈炽的‘爱’与‘恨’、‘信赖’与‘畏惧’的矛盾心理，便也了解翁同龢对康有为的态度。”② 可见陈炽与康有为思想上确有一致的地方。

---

① 《康有为政论集》（上），中华书局1981年版，第163页。

② 王栻：《维新运动》，第59、129、279、280页。

王氏之说并非毫无依据。陈炽对康有为的影响非止一端。康有为创办《万国公报》即是听从陈炽建议。1896年，李端棻上奏要求设立京师大学堂，康有为在《日本书目志》中说，现在必要的首先是小学而不是大学，这即是受陈炽的影响。“李苾园侍郎请立大学于国，户部郎中瑞金陈炽次亮告康有为曰，小学无基，无以为大学之才也，何不编小学之书也，康有为……乃为编幼学一书”。① 康有为与陈炽有关农、工、商、矿的建议也“非常类似”，② 不排除受陈炽的影响。

康有为之高足梁启超也与陈炽有密切联系。1895年，梁启超与康有为入京参加会试。感于时愤，他与康有为联合各省举人上书条陈时局，同时筹划建立强学会。他与陈炽的结识即于此时。当时梁启超22岁，陈炽40岁。他在八月初二日给夏穗卿的信中说到：“弟在此新交陈君次亮炽，此君由西学入，气魄绝伦，能任事，甚聪明，与之言，无不悬解，洵异才也。”③ 有“旷世奇才”（黄遵宪语）之称的梁启超能对陈炽评价如此之高，可见陈炽给他的印象之深。强学会成立时，梁启超主持会刊《中外纪闻》的编务。④ 梁启超对科举制度的批判和专制制度腐朽的揭露，对顽固派因循保守的抨击，以及提出的开风气、育人才和学校改革的设想都与陈炽基本相同。在维

---

① 转引竹内弘行：《关于梁启超师从康有为的问题》，载［日］狭间直树编：《梁启超·明治日本·西方》（中译本），社会科学文献出版社2001年版，第30页。

② 萧公权著，杨肃献译：《翁同龢与戊戌维新》，台北联经出版事业公司1983年版，第75页。

③ 《戊戌变法》（二），上海人民出版社1957年版，第539页。“无不悬解，洵异才也”句，前书无标点，今从中断开。

④ 汤志钧：《戊戌变法史》，人民出版社1984年版，第132页。

新运动期间，两人经常书信往来。光绪二十二年九月下旬，梁启超在湖北途中有自香江寄致陈炽一函，托当时正在上海的汪大燮代为转邮。[①] 光绪二十二年十月初九日，梁启超在老家广东，陈炽给汪康年信中问“卓如不来，何意?”挂念着梁启超的情况。同年十一月初四日，梁启超在澳门舟中致汪康年信中说：“次亮尚在沪否？请为我慰之，并道我淹留之由。金陵密迩，相见殊易，独惜吾辈在京师断一右臂耳。”[②] 同年十一月下旬，梁启超计划联合同志捐金，分馈台官，请连上折以变科举，即托陈炽明春入京时办理此事。光绪二十三年三月，陈炽与李盛铎劝说梁启超在《时务报》之外，再开日报。梁启超的“我辈在京师断一右臂”与康有为的“君维持旧国，吾开辟新国”之语，贴切地说明了他们之间的关系以及陈炽在维新运动中的重要性。

陈炽所交维新之士也有未参加变法实践的，郑观应即是一例。郑观应（1842—1922），广东香山人。“日与西人游，足迹半天下。考究各国政治得失利病，凡有关安内攘外者随手笔录，积年累月，成若干篇，皆时务切要之言。”是书即《盛世危言》，曾呈进光绪帝阅览，“天子嘉叹，海内传诵。当世贤豪士夫无不知陶斋其人”，影响颇大。1892 年，郑观应在《盛世危言·自序》中提及“所论洋务五十五篇，请家玉轩京卿、陈次亮部郎、吴瀚涛大令、杨然青茂才，先后参定，付诸手民，定名曰《盛世危言》”。推知郑观应与陈炽最初交往当为此年，

① 1896 年梁启超到湖北时致汪康年、云、颂兄策弟的信中提到“有一二事应告者列后”，其中包括“次亮一书，乞代寄”。见《梁启超全集》第 10 册，北京出版社 1999 年版，第 6081—6082 页。

② 《汪康年师友书札》(二)，上海古籍出版社 1986 年版，第 1848 页。

而且是通过吴瀚涛结识的。[1] 第二年陈炽为《盛世危言》（五卷本）作序，陈炽的《庸书》即是在此书影响下完成的。这一点陈炽自己说过，郑观应"所著《盛世危言》，淹雅翔实，先得我心。世有此书，而余亦可以无作矣"。不过陈炽并没有"无作"，而是发愤著成《庸书》百篇，其中可见郑氏思想的痕迹。

由于陈炽与郑观应皆是留心时务之人，所以对于甲午战争的突发，两人分别做出了反应。陈炽从上海发电给翁同龢，谈论时事。郑观应也是忧心忡忡，"蒿目呼天，伤心斫地"，"痛苦流涕长太息"，[2] 恨不能上战场杀敌。他称赞吴瀚涛的战时活动："早知东瀛欲犯顺，上书请讨毋徘徊。相公笑呼为狂士，割地求和酿祸胎。热血喷激东海水，英雄无力随波颓。"而对比自己，谓"抚年五十四，旅食沪江滨。淮勇羞降敌，台湾恨属人。鬓斑心益壮，血热语嫌频。棋局因循误，枢垣粉饰新。忠贞怀邓、左（邓世昌、左宝贵血战阵亡），豪气羞吴、陈（吴剑华、陈次亮）"[3]。维新运动兴起后，爱国志士成立了强学会。对于强学会之设，陈炽反应强烈，积极筹划并担任会长。郑观应则未列名，不过也表示过关心。他曾在给陈炽与文廷式的信中表达了自己对康有为在沪所设强学会排斥商人的不满："沪上强学会，南省士大夫多列名捐款相助。惜办事者未允选举沪上殷商为董事，所举者多政界中人，故《强学报》未能畅销也。昨江督闻京都书局被封，即嘱强学会停办矣。京都

① 易惠莉：《郑观应评传》，南京大学出版社 1998 年版，第 461 页。

② 郑观应：《与文芸阁学士书》，《郑观应集》（下册），上海人民出版社 1988 年版，第 483—484 页。

③ 郑观应：《题吴剑华准今论》、《乙未元旦作》，《郑观应集》（下册），第 1358—1359 页。

书局因何被封尚未详悉，然弟不禁窃有感矣。”① 强学会被禁后，陈炽留官书局任事，仍对郑观应寄予厚望，两人经常书信来往，或委托他动员传教士李提摩太、林乐知帮助官书局译书，或希望他联络王韬、吴瀚涛“将外洋有用之书次第译刊”，同时送其《地球各国新政考》等书。郑观应也对陈炽信任有加，对陈炽的指点及对时局的认识“佩服无任”；同时把自己与人合译“不愿轻以示人”的有关泰西刑律、学校、官制、兵制、国用等方面之书，“拟择其要者汇寄”陈炽“斧正”，并告知“《盛世危言》现将续集附入……约中秋节后可成，容当多寄以副雅望”②。郑观应在1896年9月18日从汉阳给盛宣怀的电报中称：“弟托陈次亮送公增订《危言》十部，俾转赠人。”③ 他还托陈炽寄呈孙家鼐书信以及《时事急务条陈》、日本《大学一览》、《教育法规类钞》、《文部年报》、《学校规则》等书。④

在维新运动期间，郑观应曾多次写信给陈炽谈论自己对时局的看法，共同探讨中国的改革和自强之路。郑观应在给陈炽的信中说：

“昔拟藏书楼议，费巨难成，不如公报之可大可小，或日报、或旬报、或月报均无不可。转移风俗，联络同志，以通各省风气，达上下之情，莫善于此。”⑤

“今世风日下，假公济私，不顾大局者多。宜开日报馆、

① 郑观应：《致京都文学士道希陈部郎次亮书》，《郑观应集》（下册），第369页。

②⑤ 郑观应：《与陈次亮部郎书》，《郑观应集》（下册），第368页。

③ 《盛宣怀致郑官应函》，《盛宣怀档案资料选辑之四・汉冶萍公司》（一），上海人民出版社1984年版，第219页。

④ 郑观应：《上孙燮臣师相论出洋肄业生书》，《郑观应集》（下册），第190页。

设藏书楼并选译东西洋有用之书。弟近译《英国报律》一书，俟译成拟请当道酌定出奏。择日报主笔，公正者奖之，奸邪者罚之，毋虑一言不慎辄为当道封禁，亦不致任主笔乱说也。”①

陈炽在这之前对报馆的作用与郑观应有同样的看法。他在《庸书·报馆》中认为：“泰西报馆之设，其国初亦禁之，后见其公是公非，实足达君民之隔阂，遂听其开设，以广见闻，迄今数十年，风气日开，功效日著”，对兴工作、辟商途、彰公道均有“明效”。对于主笔的选择，陈炽与郑观应的认识基本一致。他说：“主笔者公明谅直，三年无过，地方官吏据实保荐，予以出身。其或颠倒是非，不知自爱，亦宜檄令易人，一切均仿泰西报馆章程办理。”对于日报，陈炽在《续富国策·畅行日报说》指出其作用可以“合众人之心以为心”，“合众人之力以为力”，能够“宣上德、达下情、察地形、开民智、尽物理之第一事，而各国之君光荣安富，国用益饶，国势益振”，与郑观应所见略同。

郑观应在信中又说：

“是世之所谓群者植党营私，甚而党同伐异，入室操戈，只知有利，不知有义……假公济私，不求工商之发达、实业之振兴，以致国计民生日就贫弱。所以鄙人所著《盛世危言》一书大声疾呼，使政界中人猛省知爱国保民之道也。……公素怀干济，必有挽狂澜于既倒者，尚祈示悉，以慰杞忧为荷。”②

“所谓红匪虽平，元气未复，党患迭起，同室操戈，满汉

---

① 郑观应：《与陈次亮部郎书》，《郑观应集》（下册），第359—360页。

② 郑观应：《致京都文学士道希陈部郎次亮书》，《郑观应集》（下册），第370页。

到处不和，时闻冲突，乡愚动辄械斗，不知合群，罔顾公益，只顾私利，怯于公敌，勇于私斗，可见教化未敷，绝无爱国思想。所谓物腐而后虫生，家必自侮而后人侮之，国必自伐而后人伐之是也。印度、缅甸、朝鲜亡国均坐此病，非效法、德、日维新变政不可。”①

这是郑观应对社会现状的批评和国家贫弱原因的探讨。陈炽也有类似观点。他在《庸书》中对现状的揭露比之郑观应有过之而无不及。他对内忧与外患的认识与郑观应基本相同，认为“外患之与内忧，其事常相因，其势常相积。……木必先腐也，而后虫生之，则外患之来，必由于内政之尚有所阙也”。正是由于对社会现状具有共同的认识，使两人之间的交往直至陈炽病逝前未曾间断。

陈炽年轻时即“深究天下利病”，“深研经济学”，“喜谈时务”（徐世昌语）。在与其交往的朋辈中，不少人即是致力于经世之学的，除上述康有为、梁启超、郑观应等人外，杨锐、汪康年、张元济、黄遵宪、宋育仁、沈曾植、汪康年皆以通时务著称于世。其中汪康年是“通达洋务”的“经世之才”（梁启超语），创办《时务报》，发表《中国自强策》、《商战论》等论说鼓吹变法。陈炽在维新运动中与其通过四封信。沈曾植任刑部主事兼军机章京，“思想开通，力主变法”②，与陈炽同为强学会发起者。黄遵宪与陈炽相识在1890年，后黄氏在出使时曾有缅怀陈炽诗。维新运动期间，因形势对维新派不利，陈炽曾劝黄遵宪少谈民权。

---

① 郑观应：《与陈次亮部郎书》，《郑观应集》（下册），第360－361页。

② 孔祥吉：《晚清史探微》，巴蜀书社2001年版，第108页。

陈炽交游的第四类人物是其上级与洋务大吏。如翁同龢、张之洞、刘坤一。其中陈炽与翁同龢长期保持联系。陈与翁从1887年正式接触，至翁氏被黜，一直保持着密切关系，相互之间的影响自然是很深的。

翁同龢（1830－1904），江苏常熟人。曾为“两朝帝师，十载枢臣”。甲午战后，他“撼于割台事”，倾向于变法。“士大夫立身不能济天下之变，徒以区区苟免为幸，亦可耻已”①，“不变法，不大举，吾知无成”。因此他多次向光绪帝条陈变法主张，又与维新派人士交往，交换变法意见，成为“中国维新第一导师”。虽翁氏赞成维新派变法，但对他们的某些主张并不赞同，如将康有为的《孔子改制考》斥之为“说经家之野狐禅”。同时也强调“西法不可不讲，圣贤义理之学尤不可忘”②。最好做法是“以圣贤义理之学植其根本，又须博采西学之切于时务者实力讲求”，同时变法要持稳妥平和的步骤。

由于他的身份尊贵，又善于招贤纳士，所以许多中下层京官都成其门客。陈炽恰好在户部任职，兼军机章京，在总署值班，“当时翁同龢正以户部尚书兼军机大臣，为这两个衙门的主管官。他们两人的关系很密切。”③ 只要翻阅一下翁同龢的日记，便可以找出两人交往的许多资料。据现有资料推知，陈炽与翁氏发生联系最早是在光绪十三年（1887年），此时翁同龢57岁，刚刚调补户部尚书，而陈炽为户部主事，33岁，为

---

① 翁同龢：《灵飞经书后》，《瓶庐丛稿》卷2，上海商务印书馆1935年影印本。

② 《翁同龢日记》，光绪二十四年四月二十三日（六），中华书局1998年版，第3132页。

③ 王栻：《维新运动》，第59页。

翁下属。当年黄河从郑州决口，改道入淮，灾及三省，朝野震惊。翁氏于当年八月二十二日记道："河决郑州下汛十堡，宽三四十丈。……闻黄水冲至洪泽湖，淮甸震恐矣，如何如何!"黄河决口的第二天，西太后谕旨翁同龢筹措堵塞决口经费。陈炽也是忧心忡忡，遂于九月初向翁同龢送议河说帖一件，管陈己见，得到翁氏赞赏。翁氏此后三天日记中均有记载。如九月初七日"夜得阎公函，以司员陈炽用挈议河说帖见示，此士不凡"。第二天，翁氏入总署上班，打算与其他大臣商讨，未果。"入署，曾、福、孙三君皆到，陈说帖在福公处，仍未得商，薄暮散。"翌日，翁氏"入署，以稿付北档房，并陈炽说帖"。这是陈炽与翁氏第一次正式交往。从此以后，两人关系更加密切。兹将翁、陈炽两人的交往情况列表如下：

内容 时间	翁同龢与陈炽交往情况
光绪十五年十月朔十六日 （1889 年 11 月 8 日）	"访陈次亮未见。"
光绪十七年二月初七、八日 （1891 年 3 月 16、17 日）	"阴，晨起积雪寸余，大风动地，寒甚，黎明雪止。……冒风入，照常退，下徙台阶数级，石滑倾跌，赖孙兄及一匠掖起，未大伤也。"二月初八日"陈君炽送跌打方来"。
光绪三月朔初九日 （1891 年 4 月 17 日）	"入署事烦。陈炽递说帖筹饷，言绝大，恐难行。"
光绪十八年二月初三日 （1892 年 3 月 1 日）	"出城吊陈次亮炽丁外艰。"（按：陈炽因父亲于 1891 年冬去世，丁忧，遂请假回籍。）

续表

时间＼内容	翁同龢与陈炽交往情况
光绪二十一年正月十三日（1895年2月7日）	“得陈炽电，上海发，昨日到。宋育仁信，英国来。皆论时事。二君皆通才也。”
光绪二十一年四月十八日（1895年5月12日）	“陈次亮，以封事送看，八条皆善后当办者，文亦雄。”
光绪二十一年五月朔三十日（1895年6月22日）	“陈次亮炽来见，吾以国士遇之，故倾吐无遗，其实纵横家也。”
同年七月朔二十一日（1895年9月9日）	“得陈次亮函，责余因循，其言痛切，此君有识力，特不醇耳，然醇则儒缓矣。”（日记中将“陈”误写为“陆”）
同年十一月朔十六日（1895年12月31日）	“连日得陈次亮信，此君诚奇士，然阅其书令人不怿。”
同年十一月二十五日（1896年1月9日）	“明日代递陈炽条陈茶务，所司未备封套，又引摺与原呈一大一小，不合式，只得撤下。”
光绪二十一年十二月初三日（1896年1月17日）	“连日为李木斋借款事颇扰攘，今晨与二邸、荣君及同人发一电致木斋，悉照所请，欲杜旁人阻挠也，交陈次亮发。次亮复函千言，论年限须宽，及本息不可并算，余愦愦不能省也。”

续表

时间 \ 内容	翁同龢与陈炽交往情况
光绪二十一年十二月十五日（1896年1月29日）	“申初施使偕二翻译来，直至上灯始去，所要挟者教案巴塘。会哨云、两广。电线思茂。铁路龙州。最后问西江通商，虽刁难而不愤激。又复乃及英德借款，翻悔前日俄、法代借之说，归过于许使在巴黎先扬言，惟劝我缓定，谆复不已。归后得陈次亮函，李电前议亦动摇，次亮则责余以复绝英、德，词极厉。”
光绪二十一年十二月二十二日（1896年2月3日）	“阴，微风，晚露月光矣。照常入，封奏二，电一。卯正诣懋勤殿，偕南斋诸公跪进春贴子词，词皆章京所拟，余用陈次亮作，甘大璋写，小黄摺，六人连书。”
光绪二十二年正月十四日（1896年2月26日）	“饭后到总署商法款事。归后致书樵野，以法多要挟，拟照会复绝之，答以为然也。陈次亮又以英商奥都满行来说，烦潰不可当。”
光绪二十二年正月十九日（1896年3月2日）	“法使施来谈借款，欲先定紧接俄款，然后说折扣用钱，直至酉初始去。同时宝克乐来，敬、张两君见之，咆哮恣肆，为借款也。此等恶趣，我何以堪。酉正归。陈次亮书来，撮合奥都满款，作书复绝之。”
光绪二十二年七月初三日（1896年8月11日）	“五更大雾，竟日阴，尤郁热。事不多……又接李电，因抄二分，俟明日再议递否。此等要件耽搁不办，奈何！晨入，与陈次亮谈。”

续表

内 容 时 间	翁同龢与陈炽交往情况
光绪二十二年九月十九日 (1896年10月25日)	“陈次亮炽来辞行，甚郁郁，此人有志富强，惟持论太高。”
光绪二十三年四月初四日 (1897年5月5日)	“次亮有函，开中国总银行。”
光绪二十三年阴历六月十四日 (1897年7月12日)	“与李相谈借款，伊电罗略如吾语，陈次亮以摺示我，全是风话，内有涉余名者一句，以墨笔捺出，还之，不如此不能断此妖也。”
光绪二十三年八月二十七日 (1897年9月23日)	“陈次亮炽竟得心疾，奉其母来，迫其母去，颠倒昏愦，旋即奉讳，本拟赙助，今送十金耳。”

注：资料来源于《翁同龢日记》(四)、(五)、(六)，中华书局1992－1998年版。

在维新运动期间，陈炽不时给翁同龢去信，谈论自己对时局的看法。翁同龢也非常信任陈炽。甲午战后，翁同龢与康有为畅谈变法时，由陈炽草拟了十二道新政意旨，以行变法。后康有为责备“翁氏未有所应”时，翁同龢即派陈炽转告康有为“苟不能为张柬之之事，新政必无从办矣”。① 说这些话当时是非常危险的，而翁同龢能够不避陈炽，让他去转告康有为，说明他对陈炽的足够信任。

陈炽与翁同龢的交谊如此密切，除因共有变法思想和工作上的接触外，还与19世纪80－90年代，清政府高层统治集团

① 《康南海自编年谱》，第33页。

内部矛盾重重有关。为同对立势力相抗衡，翁同龢有意网罗人才，培植亲信，聚结力量。汪荣祖分析了翁同龢的性格与心术及其与戊戌维新的关系，指出："翁氏虽有忠君之心，然亦不无一己权益之念，其政治目的实在以其个人为主导的变法运动。职是之故，李鸿章、张之洞虽与翁俱属温和的改革派，而翁不惜事事阻挠，盖因李、张的声名与权力非翁所能驾驭。是故乃大力引进新锐：如张謇、汤震、陈炽等，以为己援，康有为亦因此而进。"① 因此考察陈炽在维新运动中的活动，翁同龢的态度也是影响陈炽的思想和行动的因素。

关于翁同龢与维新运动的关系，王栻认为翁同龢参加维新运动是受了陈炽的督促和怂恿。萧公权认为翁氏的观点接近冯桂芬、陈炽、汤震、张之洞等人所持的立场，"1889 年翁把冯的《校邠庐抗议》呈献给光绪，大约五年以后，陈的《庸书》、汤的《危言》这些内容丰富并特别强调变法的书籍，也都由他介绍给光绪。假若翁不同意这些书里所陈述的主要观念，他必不会用这些书来灌输皇帝有关变法的理论与实际"②。当然，翁同龢的立场也对陈炽等人的改革主张有一定的影响。帝党成员张謇即受翁同龢影响在甲午战后积极要求军事和经济改革，固然与维新派的思想有一致的地方，但这些主张基本上与政治改革"无一毫相干"，"这和翁同龢所主张的变革是相吻合的。实际上张謇的改革主张是从属于翁同龢的改革思想的"③。陈炽受到翁同龢的非常信任，他也将改革的希望寄托在翁同龢身

① 参见汪荣祖为萧公权《翁同龢与戊戌维新》所作的弁言。
② 萧公权著，杨肃献译：《翁同龢与戊戌维新》，第 72—73 页。
③ 陈宗海：《庚子前张謇交游论》，《近代史研究》1990 年第 4 期。

上，相信翁氏能一言九鼎，把他们呼吁的变法事业进行下去。所以他与康有为等维新派跟翁同龢走得很近。由于有翁氏为靠山，陈炽在维新运动中极为活跃，上条陈，发议论，忙得不可开交，其思想多注重在经济、外交方面，很少谈论政治改革，这固然与陈炽等知识分子的谨小慎微有关，他们的支持者翁同龢的态度恐怕也是一个不可忽视的因素。

翁同龢是陈炽交好的朝中高官，刘坤一则是陈炽结识的封疆大吏。刘坤一（1830－1902），字岘庄，湖南新宁人。清末湘军将领。1865 年为江西巡抚，1879 年任两江总督兼南洋通商大臣。后因受弹劾，停职在家。1890－1902 年间再任两江总督。具有洋务思想，主张兴铁路、开矿藏等，是一位开明的疆臣。维新运动期间，他是强学会的支持者并捐助活动经费。陈炽与其交往可能由于刘坤一曾任江西巡抚，以及两江总督期间管辖江西之地，陈炽对管理自己家乡的地方官抱有亲近感，因此陈炽不时写信给刘坤一，联络感情。陈炽自己承认“素受岘庄之知”，并在给陈宝箴的信中谈到“岘庄师谢折，此时尚未到京，同人多为盼望”，因“莘垞丁忧，子密年伯升官，均已出缺”，故他认为自己“一切当为料理”①。从 1891 年起他接连给刘坤一写过七封信，就有关时务问题畅谈自己的看法。刘坤一亦非常欣赏陈炽，一一回信，并在信中说如其造访将好好接待他。第一封信是在 1891 年秋。当时，由于民教冲突，安徽芜湖等地发生教案。陈炽非常关心事态发展，就写信给刘坤一，询问芜湖等地教案后事。刘坤一在 1891 年 8 月《复陈次亮》中说明对教案的处理：

① 陈炽：《上陈宝箴书》，《陈炽集》，第 354 页。

“芜湖及各属焚折教堂之案，虽经次第议结，然办匪之外，索赔重款，赔款之后，复索地基，似此节外生枝，莫不勉强迁就，若稍与之争论，彼即向译署哓哓，语多挟制。至于善后章程，前经张香帅与赵道台在粤在扬会商该领事及教士，酌拟数条，极为妥善；乃在京各使犹复翻异，他尚何言，从此交涉事宜，益形掣肘矣。

南洋兵轮只可节省薪粮，冀积巨款，以为购制之计，未便一概撤停入坞，以致江海空虚。张朗帅所陈亦是一偏之见。中国海防在守而不在战，若与炮台联络，木壳兵轮亦可折冲御侮。倘与西人角逐重洋，即铁甲兵轮未必能操胜算；亦虑驾驭不得其人，转以资敌。添办一号，便须二百万金钱，此等糜费，不得不审顾踌躇。卓见以为何如？以后密电，谨照台指，推上九码，以期慎重。”①

1891 年 12 月 12 日（光绪十七年十一月十二日），刘坤一针对陈炽的海防建议，于《复陈次亮》中提及：

“承示水师人才，实为当务之急。江南设立学堂，分为管轮、驾驶两项工课，甫及一年之久，造诣未必有成，尚须讲求有胆气、有血性之人，辅之以技艺，加之以历练，庶可为将来缓急之需。各兵轮裁兵节费，原为另行制购碰快各船及鱼雷艇之须；第需款甚巨，规画极难。李傅相以廿余年之力，始能成军，南洋急切安能企及也。”②

其三，写于 1893 年秋。主要是谈论自铸银钱，免使洋人独擅其利，即以济圜法之穷。

---

① 《刘坤一遗集》（五）书牍卷 17，中华书局 1959 年版，第 2527 页。

② 《刘坤一遗集》（四）书牍卷 9，第 1994 页。

其四，写于1894年秋。书陈军国大计，云当增兵上海。上海工业繁盛，当厚集兵力，北军守江为要，不宜进取。

其五，写于1896年4月。谈论珂乡河湖行小轮船以及蚕桑、瓷器等事务。

其六，写于1896年夏。书言开矿铸钱诸商务事。

其七，写于1896年冬。书请修筑苏沪铁路，且应该将原来所定水运章程量行删改，以期彼此相安，此外无能为役。①

这些信反映了陈炽对社会的关心，并希望将自己的看法反馈给刘坤一以被采纳。刘坤一是陈炽交往的洋务大臣，张之洞则是陈炽看好的另一位。陈炽与张之洞是否谋过面尚无资料证实，但陈炽对张之洞显然早有了解。1891年，陈炽在给陈宝箴的信中提到曾拜读过张之洞筹设炼铁厂的奏折，“读香帅铁厂奏稿，精思伟论，真经世大文”，“由百川通接香帅四十金，函信未来，不知何故？若云年终例赐，何以电汇来京？只好暂存，以须后命耳”。② 张之洞1889年上《筹设炼铁厂折》，并创办了汉阳炼铁厂。陈炽读过该奏折后思想上产生了共鸣，遂予以高度评价。1893年他所著《庸书·铁政》中再次谈到当时“通商而后，洋铁盛行”，而中国之铁由于“制炼不精”，“大利尽为所夺”，“张之洞有见于此，在鄂奏开铁政一局，购机炼钢，以辟利源”。

甲午战争后，陈炽将张之洞与翁同龢一样看作是中国实行新政的希望。③ 除与翁氏频繁来往探讨时局外，1897年春他发

---

① 参见《刘坤一遗集》以及《陈炽集·陈炽著述佚篇目录》。

② 陈炽：《上陈宝箴书》，《陈炽集》，第354—355页。

③ 黎仁凯在《洋务派与戊戌维新运动》文中曾说过，张之洞在甲午战争后获得了广泛赞誉，梁启超、谭嗣同、陈炽、容闳等人都“极言称赞张之洞，或上书建策，或愿与之过从”。见王晓秋主编：《戊戌维新与近代中国的改革》，第64页。

给张之洞《论借款电》："俄人将取中，旨创银行，揽华路，禁各国借款，俄谋秘而急，根本可借，他何惜焉？并闻专走内间，与杏翁作对，蹶此兴彼，惟及该王爵未来，将各路分认，勿露洋款，则我有辞，彼无辞，安危大局，亟望主持。"[①]而后又两次发电。对于陈炽的建议，张之洞在 1897 年 4 月 21 日（光绪二十三年三月二十二日）给予答复："三电均悉。苏宁路似宜向江南两帅商，弟未便置喙。杏孙出示阁下致渠书，言有洋股，窃思此事似不宜有洋股。如有此等事，将来恐受累。局外妄刍荛，散以备采，祈鉴。"[②] 对陈炽的建议还是相当重视的。

通过对陈炽交游群体的考察，我们看到时代发展到非变法维新不可时，不论是身居高位的总督大臣，还是官职卑微的京官，以及从事商业的企业家，不约而同地产生了维新思想，探讨着中国的前途。可以说，陈炽能有此变法思想，并不是独有的，而是时代潮流的反映。

第四节　陈炽著述概况

陈炽一生勤于笔耕，"著书数十万言，上之当道"[③]。陈炽的著述已经散佚的不少，不过其中最要紧的部分得以流传下

---

① 赵树贵：《陈炽著述佚篇目录》，《陈炽集》，第 400 页。

② 张之洞：《致上海陈次亮户部》，《张之洞全集》（第 9 册）电牍 48，河北人民出版社 1998 年版，第 7289 页。

③ 胡思敬：《戊戌履霜录》，《戊戌变法》（一），上海人民出版社 1957 年版，第 362 页。

来。1997年，中华书局出版了《陈炽集》。由于《陈炽集》编者的失误，有几篇文章误收进集内，并且编者的体例不甚方便。为了更好地了解陈炽的思想发展，笔者根据陈炽论著发表（或写作）的先后，重新排列。兹综合整理表解如下：

序号	论著题目	写作年代	年龄	资料来源
1	为文韫山题屏	1875	20	藏江西社科院文士丹家
2	《里坑陈氏四修谱序》	1878	23	《里坑陈氏四修族谱》
3	《〈尊闻居士集〉跋》	1881夏	26	《尊闻居士集》，光绪辛巳年镌本
4	《褒春林屋诗》	1881冬	26	《四子诗录》，光绪辛巳仲冬木刻本（部分见《晚晴簃诗汇》）
5	《三江既入义》（乡试试卷）	1882	27	《新政应试必读》，光绪壬寅秋求己斋石印本
6	《上李鸿章书》	1885	30	中国历史第一档案馆
7	《议河说帖》	1887	32	散佚
8	《上陈宝箴书》	1891.1	36	唐模《笔花阁文草》
9	《筹饷说帖》	1891.4	36	散佚
10	《上刘坤一书》	1891秋	36	散佚（根据《刘坤一遗集》推知）
11	《与陈三立书》	1892	37	散佚
12	《宁都州城内白溪陈氏俊卿翁祠堂记》	1892.7	37	瑞林白溪陈氏十一修族谱第一册，1920年编修
13	《瑞金合邑宾兴谱序》	1892.9	37	瑞金县瑞林《启文堂谱》第二本第十五号

续表

序号	论著题目	写作年代	年龄	资料来源
14	《陈长者墓志铭》	1892.10	37	《里坑陈氏五修族谱》，1915年修
15	《〈盛世危言〉序》	1893.7	37	《盛世危言》，光绪二十年五卷本
16	《上刘坤一书》	1893 秋	37	散佚（根据《刘坤一遗集》推知）
17	开始撰《庸书》	1893	37	
18	《九江烟水亭楹联》	1894.3	38	吴恭亨《对联语》，岳麓书社 1984 年版
19	《上刘坤一书》	1894 秋	38	散佚（据《刘坤一遗集》知）
20	《论时事电》（给翁同龢）	1895.2	39	散佚（据《翁同龢日记》知）
21	《上清帝万言书》	1895.6.	39	孔祥吉《晚清史探微》，巴蜀书社 2001 年版
22	《上封事》（给翁同龢）	1895.6	39	散佚（据《翁同龢日记》知）
23	《新政十二条》	1895.6	39	散佚（据《翁同龢日记》知）
24	《上翁同龢书》	1895.9	39	散佚（据《翁同龢日记》知）
25	《新政策》（替李提摩太拟）	1895.10	39	《万国公报》第 87 册，1896年 4 月
26	《上翁同龢书》	1895.12	39	散佚（据《翁同龢日记》）
27	开始撰写《续富国策》	1895	39	

续表

序号	论著题目	写作年代	年龄	资料来源
28	《茶务条陈》	1896.1	40	中国历史第一档案馆，另见《光绪朝东华录》（第3704—3708页）
29	《上刘坤一书》	1896夏	40	散佚（据《刘坤一遗集》知）
30	《续富国策·自叙》	1896夏	40	《续富国策》(《陈炽集》本)
31	《草拟大学堂章程》	1896.8	40	散佚（据《汪康年师友书札》知）
32	《中日之战六国皆失算论》	1896.11	40	《时务报》第10册
33	《与汪康年书》（十月初九）	1896	40	《汪康年师友书札》(二)
34	《与汪康年书》（十月二十）	1896	40	《汪康年师友书札》(二)
35	《铸银条陈》（十月二十一）	1896	40	《时务报》第12册；《集成报》第29册（《陈枢曹炽请代奏金银钱币疏》）；《皇朝经世文三编》卷17；《富强新书》卷四（光绪二十四年三鱼书局校印本）
36	《与汪康年书》	1896.11	40	《汪康年师友书札》(二)
37	《重译富国策》	1896.12	40	《时务报》第15册
38	《上刘坤一书》	1896冬	40	散佚（据《刘坤一遗集》知）
39	《俄人国势酷类强秦类》	1897.2	41	《时务报》第18册

续表

序号	论著题目	写作年代	年龄	资料来源
40	《贵私贵虚论》	1897.2	41	《时务报》第18册
41	《论借款电》（给张之洞）	1897春	41	散佚（据《张之洞全集》知）
42	《上翁同龢书》	1897.5	41	散佚（据《翁同龢日记》知）
43	《美德宜力保大局说》	1897.6	41	《知新报》第20册
44	《英日宜竭力保中说》	1897.7	41	《知新报》第23册
45	《上翁同龢折》	1897.7	41	散佚（据《翁同龢日记》知）
46	《论农会书》	1897.9	41	《农学报》第9册
47	《与汪康年书》	1898.1	41	《汪康年师友书札》（二）
48	《论病论药说》			《皇朝经济文新编·西医》（宜今室主人辑），1901年上海宜今室石印
49	《血去无咎说》			《皇朝经济文新编·西医》
50	《请开艺学科说》			《皇朝经济文新编·工艺》
51	《精技艺以致富说》（存疑）			《皇朝经济文新编·工艺》
52	《古今工程异同说》（存疑）			《皇朝经济文编》卷92（求自强斋主人辑），1901年秋上海慎记书庄石印

现将陈炽著述中主要部分介绍如下：

《褒春林屋诗》，著于1881年，是陈炽26岁时刊印的诗集。当年，陈炽任户部小京官后，回家省亲。因有事到省城南昌，遇到勒深之、陶福祝，遂在一起举行诗会。后由陶福祖作序，加上陈炽此前结交的欧阳元斋的诗汇在一处，以《四子诗录》之名付梓问世。其中即包含陈炽的诗 79 首，“多思乡怀旧，忧世爱民”之作。徐世昌在《晚晴簃诗汇》卷 174 收有陈炽所作的《微雨坐池上作》、《偶作呈元侠》、《感事》、《湘江春望》等四首诗，并认为陈炽之诗“托意绵邈，骨秀韵清”。[①]这些诗为认识陈炽的早期思想提供了宝贵的历史资料。《陈炽集》编者根据《四子诗录》所录出陈炽的诗 79 首，但实际上并没有收完整，尚缺 30 首。

《庸书》是陈炽的代表作之一。写于 1893—1894 年间，陈炽是年 38 岁。《庸书》之名，早在明朝崔铁即著有《庸书》一书；清朝张贞生亦有《庸书》20 卷，系后人将其遗作，包括日讲讲章、疏、序、记、杂著、诗等汇编，“统名之曰《庸书》”。[②] 而陈炽的《庸书》内容丰富，举凡政治、经济、教育、国防等社会政治问题皆有议论，在一定程度上反映了当时思想界的一个侧面。《庸书》在清末受到很高评价。余镕认为《庸书》“首《名实》，终《圣道》，知本齐末，举事扬言，大义昭昭，不讳当道，此则先生之识量之气节也。至若皋牟六合，研究一时，罗五大洲于掌握，鉴二十四史为纪纲，则又先生之经济之文章也”。[③] 宋育仁在为《庸书》作序时称其“若网在纲，有条而不紊”。该书尚未正式出版前，已由翁同龢进呈皇帝御览。后来梁启超将其列入《西学书目表》中，并称其为

① 徐世昌辑：《晚晴簃诗汇》（四）卷 174，第 358 页。

② （清）张贞生：《庸书》，清康熙二十七年（1688 年）讲学山房刻本。

③ 余镕：《〈庸书〉内外篇重刊序》，《陈炽集》，第 4 页。

“言西事之书”中“佳者”。

《庸书》的版本问题。陈炽在世时，《庸书》便有多种版本刊行于世。下面为笔者所见的《庸书》版本。

（1）实雅书局铅印本。

北京师范大学图书馆藏。线装一函四册。光绪二十二年（1896年）印行本。

（2）光绪二十二年刊本。

国家图书馆、中国社会科学院近代史所与北京师范大学图书馆藏。一函四册。由朱益藩署检。朱益藩，据《清代职官年表》① 载，江西莲花厅人，1894年充任湖北乡试考官，1897年为湖南乡试考官。

（3）文茂山房本。

中国社会科学院近代史所藏。线装一函两册，四卷。光绪年间刊本。

（4）时务学堂校刊本。

中国社会科学院近代史所藏。线装一函四册，四卷。光绪二十四年（1898年）年刊本。徐大宗师鉴定。徐大宗师，即徐仁铸，徐致靖之子，父子均是维新运动的支持者。戊戌变法期间，他接替江标担任湖南学政，致力于新政。该本与其他版本的不同是，书名称为《时务庸书内外篇》，陈次亮著，书中除宋育仁的前序外，尚有余宁为重刊所作的序，置于《庸书》内篇正文之后，即第三册。

（5）上海书局石印本。

北京师范大学图书馆藏。光绪戊戌（1898年）孟秋刊本。

① 中华书局1980年版。

全书一函四册，64开本。函外题名为《庸书内外篇》。与其他版本并无多大不同，只是在《庸书外篇》卷下目录将陈炽所写自叙误写为“自教”。

（6）慎记书庄印本。

国家图书馆藏。内篇二卷，外篇二卷，8册。清光绪二十四年刊本。牌记题光绪戊戌秋慎记书庄印，有朱笔圈点。

（7）《西政丛书》本。

国家图书馆藏。《庸书》收录于梁启超编辑《西政丛书》第31种。8卷。清光绪二十三年（1897年）慎记书庄石印本。

（8）文瑞楼石印本。

国家图书馆藏。内篇二卷，外篇二卷。属于清光绪十九至二十三年（1893—1897）《自强学斋治平十议》的一种。书名页题《庸书内外篇》，牌记题光绪丁酉夏文瑞楼石印。

（9）《陈炽集》本。

该书由赵树贵与曾丽雅经过十年左右时间编辑而成，1997年由中华书局公开出版发行。编者通过以“光绪二十二年（1896年）木刻本为蓝本，参校光绪二十四年（1898年）时务学堂校刊本及光绪丁酉（1897年）豫宁余氏重校付刊本等”而成。由于编者及排印者的错误，书中出现许多不正之处，或点校不正确，或明显字词错误等（可参考附录《〈陈炽集〉编误举例》）。

另外，《庸书》尚有豫宁余氏重校付刊本（光绪丁酉年）、知不足斋石印本（光绪戊戌年间）、成都志古堂刻本（光绪二十四年）、《庸书》外篇二卷本（光绪间刻本）等，笔者尚未亲见。

《庸书》的具体写作年代，学界尚无一致的看法。一种意见认为《庸书》撰写于1890年左右。胡绳在《帝国主义与中国政治》书中谈到陈炽在1890年左右著《庸书》。[①] 周辅成在《陈炽的思想》文中认为《庸书》的外篇“约在1890年著成”。[②]

一种意见认为写于甲午战争后。萧公权在《翁同龢与戊戌维新》中即说《庸书》在甲午战争后写成。陈登原在《国史旧闻》第4册卷61《西学古已有之》文中谈到《庸书》写于1896年。

一种意见认为写于1890－1895年间或笼统地说写在甲午战争之前。王栻在《维新运动》书中认为《庸书》在1890－1895年所写。吕实强认为陈炽所著《庸书》，“虽刊于光绪二十二年，然观文字内所叙各事，其成稿必在甲午之前”。[③]

一种意见认为写于1893－1894年间。赵树贵根据陈炽在1893年8月为郑观应《〈盛世危言〉序》云“曩拟作《庸书》内外篇，博考旁征，发明此义，簿书鲜暇，卒卒未果。陶斋观察……所著《盛世危言》，淹雅翔实，先得我心。世有此书，而余亦可以无作矣”，推知《庸书》写于1893年8月以后。他又以该书未论及甲午战争事，《台湾》篇亦未涉及日本侵割台湾事，认为是写于甲午战争前。他由此推断，是书应写于1893－1894年秋，初刊于1896年夏季。

今根据文中线索作进一步考证。

---

① 胡绳：《帝国主义与中国政治》，人民出版社1955年版，第44页。

② 周辅成：《陈炽的思想》，载《中国近代思想史论文集》，第92页。

③ 吕实强：《甲午战前西方民主政制的传入与国人的反映》，载《中国近代现代史论集》第18编，近代思潮（上），台湾商务印书馆1986年版，第306－307页。

《庸书·水利》中谈到京东水患严重，而以光绪“十六、十九两年尤甚”，推知《庸书》最迟写于1893年。

陈炽在《庸书·游历》中倡导游历的重要性时，曾以俄国和日本为例。其中谈到日本“亲王大臣，游历各邦，具有心得，嗣后综绾枢要，并心一志，百废具兴，是以西人敬之而华人畏之也。必嚣嚣然曰：‘我大国也，彼小国也。’既不能令，又不受命，刻舟胶柱，不思改图，他日必有先受其祸者”。从“他日必有先受其祸者”之语，说明甲午中日战争尚未爆发，所以陈炽未提及，可知《庸书》写在1894年甲午战争之前。

《庸书》的写作年代诚如赵树贵所说，应为1893—1894年间。

《续富国策》是陈炽的经济专著。《重译富国策》是陈炽发表于《时务报》上的译述。这两本书均在当时产生了重要影响，特别是前者有多种版本问世。① 这两书的成书背景与社会影响将在第三章、第四章具体讲述。

书信。主要是陈炽发给李鸿章、陈宝箴、翁同龢、刘坤一、汪康年的信。其中陈炽写给李鸿章、陈宝箴、汪康年的信已收入《陈炽集》中，而陈炽给翁同龢、刘坤一的信，我们今天只能从《翁同龢日记》和《刘坤一遗集》中得到一点线索。

第五节 《陈炽集》几篇文章的辨析

《陈炽集》的编者穷十几年之功而编成此书，为研究陈炽

① 有上海飞鸿图书庄石印本、中江刘氏室刻本、上海明记书庄石印本、上海慎记书庄石印本、江西陈氏刻本、豫宁余氏重校付刊本、桂垣书局重刊本、1896年刻本、1898年刻本。

提供了极大的便利。但由于编者或印刷原因，书中存在不少错误，除点校有多处误断外，尚有两篇文章《电气利于园圃》和《矿务琐言》误收到《陈炽集》中。根据现有资料考证如下：

《陈炽集》中提到《矿务琐言》一文的资料来源于《皇朝经济文新编·矿务新论》卷一（宜今室主人辑，1901 年上海宜今室石印）。但是在《富强报》第 9 册（1897 年 6 月 24 日）和《中外时务经济新论》（富顺果尔敏编定，二酉主人参校，1898 年上洋自强垒石印本）中均载有相同名称的文章。笔者经过对照，发现两文与《陈炽集》绝大部分雷同，但不同之处给我们提供了一些线索。

首先看《中外时务经济新论》卷四《矿学》所载此文，开头即有“有知非子论开矿云”之语，为《陈炽集》所无，而且结尾论述道：

“以上矿务琐言均从中法西法汇参历练而来，自道已经其不知者阙如也。至欧亚语言文字迥异，化学名目种类甚繁，中西人士所译各书，亦各比类附，合假借形似，往往有此一物，称谓不符，人但知此物根源，不必定举西名以相炫耀。譬如西人称父为花打、称母为孜打，我认识何者为父母，即不学称花打孜达可也。知非子附识。”

《陈炽集》所收《矿务琐言》并没有收录这段话，而且与《中外时务经济新论》所载此文出入较大。

再看《富强报》中《矿务琐言》一文，署名知非子。[①] 它与《中外时务经济新论》中所载完全一致，前也有“有知非子论开矿云”，后有“以上矿务琐言均从中西西法……知非子附

① 《中国近代期刊篇目汇录》第 1 卷，上海人民出版社 1965 年版，第 826 页。

识”等语。

由上可证，《矿务琐言》文并非陈炽所作，而是知非子的作品。

《电气利于园圃》一文的收录也有疑问。《陈炽集》注明该文资料来源为“《皇朝经济文新编·电报》”，并在附录《陈炽年谱简编》中认为该文写于1898年。今查《皇朝经济文新编》（第119—122页）确有此文，署名陈炽，不过《陈炽集》所收有明显遗漏。《皇朝经济文新编》所载完整文章，而《陈炽集》仅收录两段，结尾处为“用电通于所散之种子及所栽之草木之土地并及草木土上”。

在《皇朝经济文新编》（1901年）的第200—203页的“农政”类也完整载有此文，署名“英人”。《电气利于园圃》尚在其他书中所见。《富强新书》（1898年）卷16《格致法原》亦有此文，未署名。麦仲华编辑的《皇朝经世文新编》（1898年）中载有此文，署名为“日人译”。《皇朝经世文编五集》（1902年）亦收有此文，没有署名。

另外笔者在查阅《时务报》过程中，发现在第15册（1896年12月25日）也有《电气利于园圃》一文，署名为张坤德译。经对照，该文与上述《皇朝经济文新编》以及所提上述书中所载内容完全相同。《时务报》中该文下署名“译英国公论报西十月三十日桐乡张坤德译”。现将《时务报》中《电气利于园圃》文录于下（《陈炽集》所收两段除外）：

“……用电通于所散之种子，及所载草木之土地，并及草木之土上之天气。司班乃夫先以电滋补散种之子，后及散种之土，所产红萝卜，长十七英寸，径大五英寸半。

美国考纳尔大书院，于五年前，仿照雷母司曲勒母之法，首先研究其理。夫天气中所含之电，与采蔬生长之道，本有大益，早为农学家所知，但从未有造电气试之者。考纳尔书院实验时，除用电气灌入草木之种子，及栽植草木之土地，又复于晚间试用电光照辐，验得草木晚间受电光，日间受日光者，比之未用电光照辐者，生长较速。生菜苋菜及红萝葡，又同类之蔬菜，受电光之感者，仅需寻常一半时候，即已成熟。凡草木经用电光照辐，竟有未出叶而先结子者，其生长之力大如此。又凡草木用电灯隔五尺远照辐后，由土中取出，不久即枯。

凡花草用电光照者，其效甚显。发芽早，茎高瘦而软弱，开花亦较速。至若班丢尼烟叶花，则开花比用旧法较多，而否皮那五色小球草花若逼近电灯，往往损伤叶与花。生发虽速，每小而不足观，而近根之花，每有没开足而已先枯焦者。电灯之有感于草木之色，比之有感于生长之道，读之尤觉有味。其于茨菇花色深农而鲜明，其于淡红深红粉红及蓝色各花，则色往往变为白灰。惟花草用电光感之者，其色不久即衰，且退色亦比天生之花较速。

试验电力，其中最要者，为电感五谷。所有五谷未经电光损伤者，其收成比之未用电力加倍。雷母司曲勒母于查验电感牟麦及蔬菜之力，查得土地一小方，安有电线者，所种五谷，比之同一土地，未用电力，收成百分之中，能多收五十分。考纳尔书院，自将以上所述试验之后，现仍随时研究，所有农学家久望之效，得之异日，意中事也。草木中有数种最喜电光，受光后不特生长较速，且花头必向电灯，其喜电如此。惟有数种不独无益，并且有损，其所有有用之质，用电光照数夜后，尽化为乌有。而讲究减小电光之力，使与各种草木合用，于是乎始。查减小电力，惟不透光之玻璃罩，颇称相宜。而考纳尔书院中，每用琥珀色罩。以电光中之橘色与草木生长之道最有益也。电光中之各色光线，其感草木之效，各不相同，而用电光感草木，能否使之如用电线通电入土，同一有效，尚难预言。雷母司曲勒母，用通电入土之法，曾得其效，所感草木，比之用电光照辐，损伤较少。

四年前美国漫山秋塞芝省之阿林登镇，有老圃，名老荪者，曾以电光用之园圃，获利丰厚。电光之能感草木，彼于一千八百八十六年始知之，缘彼时阿林登镇各街，均设电灯，内有一灯，设近其园，光照于花池，池中草木受光后，立即生发，其长成过于园中各花池，嗣经老圃查悉，此因电光之故。遂于草木屋内，设一电灯，试一二季后，知同一土地，冬季种生菜红萝葡，若感以电光，所产较速，采亦较佳。老圃草木屋内，自用电灯以来，所获之利，百分中加二十五分，至四十分不等。

法国所制之器，由天气中收吸电气，其费尤觉减省，农家人人得而用之。其法以线在园中栽植草木之处，纵横安设，再与一铜线相接。铜线装在木杆头上，高四五十尺，杆头设有收电具，配置磁球，使不通电。木杆既高，则收电具收空气中电气，场面广阔，含电自多，均由线通入园内。查此法所得电气，其能益草木之生，比之由电池所得电气，收效尤佳。盖空中电力，虽不及电池中所发电气之多，而能滋润不损伤草木也。”

从内容、风格上分析，该文完全是一种翻译性的语言。谭嗣同 1898 年 4 月 8 日在《论电灯之益》文中说到农学家“以电灯照农圃，则生长之速视常加数倍。”应从《时务报》得知，而并非从出版于 1898 年以后的经世（济）文编中获知。再者，文中曾提到“电光之能感草木，彼于一千八百八十六年始知之”，其中的“一千八百八十六年”为西历，陈炽不可能使用。

作为一名忠君的官僚，陈炽在其著述中涉及年代时，统用皇帝年号纪年，这种西方公元的纪年不可能出自陈炽之手。另外，笔者在此对张坤德作一简单介绍。张坤德，字少塘，浙江桐乡人，是由黄遵宪出面聘请的《时务报》英文翻译。从 1896 年 8 月《时务报》创刊起到 1897 年 7 月，他一直负责英文报刊和路透电音的翻译工作，后来他嫌报馆薪水太少而另谋他职。不过他还是为《时务报》做了不少工作。当时《时务报》设有报译栏目，“宗旨主于使吾华士夫周知中外情事，故于西报之陈说中国利病者则详译之，于西政之可为吾华法戒者亦兼译之，但取确实不尚浮华”①。基于以上宗旨，《时务报》除主要刊登有关中国时务的译文外，外国时务则主要“译介国外的政治、经济、军事、外交、工商业等情况”。②《电气利于园圃》一文即主要是谈论的关于西方工商业发展情况，与《时务报》的译报宗旨一致。同时《时务报》中所载该文还言之凿凿地表明翻译者所依据的报纸和时间。所以《电气利于园圃》文为张坤德所译应为确信，而并非是陈炽所作。

另有三篇文章亦须在此加以说明。

《上善后事宜疏》，《陈炽集》的编者从《皇朝经世文三编》卷 24（《皇朝经济文编》卷 34 也载有此文）中收录。其实该文是陈炽《上清帝万言书》的节选，这一点孔祥吉先生已撰文予以指出。③

《古今工程异同说》，《陈炽集》（第 337 页）注明录自《皇朝经济文编》卷 92（求自强斋主人辑，1901 年秋慎记书庄石

---

① 《时务报》第 38 册告白。

② 廖梅：《汪康年：从民权论到文化保守主义》，上海古籍出版社 2001 年版，第 87—88 页。

③ 孔祥吉：《晚清史探微》，第 129—130 页。

印)。但在《皇朝经济文新编·制造》(1901 年 6 月)篇中，有《制造钢船钢炮论》一文，未署作者，笔者经过对照，发现该文与《陈炽集》所收录的《古今工程异同说》除结尾处文字稍有出入外，其余部分均相同。因此《古今工程异同说》是否为陈炽所作，还是后来他有所修改，存疑待考。另外，在《陈炽集》中，编者认为该文作于 1898 年也不正确。根据文中载"去岁上海制造局又设炼钢厂"一语，经查上海制造局在 1890 年设立了炼钢厂，可推知该文应作于 1891 年。

《精技艺以致富说》，原载《皇朝经济文新编·工艺》，今收入《陈炽集》。但是该文与王之春(1842—1906)于 1879 年编成的《清朝柔远记》[①] 中的《精艺术》篇的内容大致相同，所以这篇文章存在两种可能：一是陈炽接纳了王之春的意见，一是该文非为陈炽所作。现将相似之处列表对照。

《精艺术》(王之春)	《精技艺以致富说》(陈炽)
西人每制一器，专心致志而为之，稍有苦窳，必从而改造之，甚至守愚公移山之法，父而子，子而孙，至再至三，务期抵于精而后已，虽费巨金不惜也。	有一器一物也，务求其成，守愚公移山之志，历世相继，父以诏子，子以诏孙，至再至三，改造仿制，虽虚縻巨费以贫其家弗顾也。
中国偶有举动，旁观必从而拟议之、阻挠之，未睹其成，先虑其败，故怀才之士亦不敢轻于一试，技之所以不良也。	中国……偶有矫异自立欲有举动者，旁观拘执之人纵不为之阻挠，亦必加以讪笑，以为妄人多事，自作聪明，尚未睹其成，先科其败……故怀才之流不敢轻于一试，国之所以不振，业之所以不精也。

① 中华书局 1989 年版，第 370—373 页。

续表

《精艺术》（王之春）	《精技艺以致富说》（陈炽）
方今海防吃紧，南、北洋机器局务一体举行，循循乎有蒸而日上之势。然中国虽设其局，仍倩西人以握其枢机，彼为我用，而我实为彼用也。	通海以来，兵防吃紧，南北洋各创机器，雇工制造……有蒸蒸日上之势。然惟广虽宏，局中往往延请西匠，彼为我用，我实为彼用也。
窃以为机器一项最宜讲求，为类甚多，而水雷、火器尤关切要，电报次之。水雷有三：曰伏雷，埋伏以待敌，利于守也；曰行雷，曰送雷，直趋敌舟，利于战也。设伏雷之处又宜多设浮表疑雷，以误敌人，令彼防不胜防。……行雷之类不一，大约以奥国所创之鱼雷、美国所制之箭雷为最良。……鱼雷者，形长而两端锐，或用铜殼，前藏棉药，尾有螺轮，中腹蓄气，拨轮自行。箭雷曾在天津造试，其行较迟。……索雷者，以长绳系曳于小艇之后。	愚以为，技艺一项，自以制造兵火之类。为类甚多，枪炮之外，莫要于雷，有曰行雷者，有曰伏雷者。伏雷利守，所设之处，宜多设标浮，以为疑兵之计；行雷宜攻，直趋敌舟，一发敌命。更有鱼雷一种，箭雷、索雷等名，鱼雷形长，以铜为质，以棉花药为腹，尾有螺轮，中腹蓄气，机轮自行。箭雷，天津水师学堂曾经制造，索雷则拖于船尾，两种皆不及鱼雷之良。
是宜选出洋学习之返国者，或仿其式而造之，或更心裁独出，以斗巧而争奇，精益求精，日就月将，强盛之图，端在于斯！	是宜选曾经出洋之干员，切实不浮，督率心思灵敏、智虑精巧者，尽心学习，或仿其制而为之，或新其法而广之，富强之基，端在于是。

续表

《精艺术》(王之春)	《精技艺以致富说》(陈炽)
总之,制器尚象,利用本出于前民。几何作于冉子,而中国失其书,西人习之,遂精算术。自鸣钟创于僧人,而中国失其传,西人习之,遂精机器。火车本唐一行水激铜轮自转之法,加以火蒸汽运,名曰汽车。火炮本虞允文采石之战以火器败敌,名为霹雳。凡西人之绝技,皆古人之绪余,西人岂真巧于华人哉?吾深恐华人之大巧而仍自安于拙也。	总之,制器尚象利用,本出于前民,《几何》作为冉子,而中国失其书,西人习之,遂精算术;自鸣钟创于僧人,而中国失其法,西人习之遂精。制造火车,本唐一行水激铜轮自转之法,今则火蒸汽运,名曰汽车。炮本虞允文遗制,当时败敌有霹雳之名。凡西人所精者,中国皆先有其说……岂真西人之智远出于华人上哉?特中国不重技艺之学,人巧而吾自安于拙……

陈炽的这些著述,大约成于1878—1898年。这二十年间,中国面临“数千年未有之变局”,发生了洋务运动和戊戌变法两件大事。“变”成为近代中国社会发展的必然趋势与客观要求。陈炽的文章即在一定程度上反映了这种趋势。至于具体怎样“变”,陈炽根据自己多年对西方政治、经济、思想、文化的研究而为社会变局提交了一份答卷。

第二章　陈炽的思想发展脉络与特点

近代中国突飙猛进，大浪淘沙。是顺应历史潮流，还是阻挡历史车轮，这是摆在每个近代人物面前的不得不回答的问题。梁启超经常处于"不惜以今日之我，难昔日之我"的前进状态，刘锡鸿等保守派则顽固地反对学习西方。陈炽虽不是风云人物，但也是站在时代潮流前头的先进人物之一。在剧烈变动的近代社会生活中，他能够适时地提出自己的维新思想，在中国近代思想史上留下了自己的印迹。作为近代"向西方寻求真理"的先进人物之一，他的这种先进思想来源于哪里？他是怎样走上维新变法的道路的？他的思想有哪些时代特征？这些都是需要弄清的问题，同时可以此为契机探讨在近代千古变局面前士大夫的认知与趋向。

第一节　陈炽的思想来源

陈炽的思想是晚清社会变迁下的产物，不仅具有时代的烙印，而且有深厚的思想渊源。恩格斯在《社会主义从空想到科学的发展》书中说："任何新的学说……它必须首先从已有的思想材料出发，虽然它的根子深深扎在物质的经济的事实中。"①

① 《马克思恩格斯选集》第3卷，人民出版社1995年版，第719页。

这“已有的思想材料”既有传统的东西，也有外国思想家的遗产。近代中国，西学如潮水般涌入，整个社会受到很大冲击，许多思想家的著作中渗透着西学的影子。陈炽也不例外。他的维新思想即是在融会中西文化的基础上形成的。这一点陈炽自己亦有所交代。他在《庸书·自叙》中说：

“壮年奔走四方，周历于金复登莱、江浙闽粤沿海诸要区大埠，登澳门、香港之颠，览其形势，诇其情伪，详其战守进退分合之所由，然复博采之已译之西书，广征诸华人之游历出使者，参稽互证，悉其统宗，然后知内也外也，无外之非内也，一而二二而一者也。不揣固陋，作为《庸书》内外百篇。”

宋育仁在为《庸书》作序时也指出：

“陈次亮农部，湛深经世之学，既稽于古，知其本源，久直枢垣，明当世之事，周咨博采，遍历沿海大埠，至香港、澳门，又旁考西书，至于輶轩译语，镜机甄微，感念时变，乃探综古今中外全局，发愤著《庸书》内外百篇。”

这些都为我们考察陈炽的思想渊源提供了线索。

一、“博采之已译之西书”

梁启超指出陈炽的思想是“由西学入”，美国学者柯文在《王韬与晚清改革》一书中认为陈炽是“西化人物”,① 马建忠称陈炽为“通西法者”，这在不同程度上说明西学对陈炽思想影响的深度。

近代以降，西学传入中国，国人通过不同的途径受其影

① ［美］柯文著，雷颐、罗检秋译：《在传统与现代性之间：王韬与晚清改革》，江苏人民出版社 1994 年版，第 162 页。

响，如报纸、学堂、译书、留学等，但相比较而言，西书译本是国人了解西方的比较便捷的一种方式。洋务运动期间，江南制造局翻译馆译介了大量关于西方近代天文、地理、数学、化学、声学、光学、电学等类西书，传播了近代科技知识。京师同文馆、教会出版机构也出版了一些包括社会科学类的译本。这些西书中译本出版后深受知识界的欢迎，他们纷纷从中汲取西方先进知识，如康有为、梁启超、谭嗣同等人曾大量涉猎西学重新构建自己的知识结构。陈炽从 19 世纪 80 年代初也开始接触西学，认真阅读西书译本，吸求新知。他对西方近代科技的不少学科皆涉猎过，接受了电学、化学、天文、地理、医学等学科的一些基础知识。如英国兵船部编的《海道图说》、英国经济学家法思德原著汪凤藻译的《富国策》、美国传教士丁韪良译的《万国公法》、英国传教士李提摩太的《泰西新史揽要》、郑昌棪与舒高第译的《炼石篇》、德国花之安的《治国要务》、傅兰雅译的《地学浅释》等。这些西学知识开阔了陈炽的眼界，在不同程度上影响了他的思想。

自然科学类。《庸书》和《续富国策》中包含了大量的西方近代自然科学成果。陈炽在《庸书》中吸取了西方电学知识，并根据“美国力士失毕大江，瀑布千寻，所生之电足给一城机器之用”的水力发电的例子而发出“中国之瀑布多矣，长江大河深矣，远矣，人巧极而天工错，取精多而用物宏”的呼声。[①] 在《续富国策》中，陈炽论述自己所掌握的化学知识，“植物化学，详考动植二物，循环滋养，互为始终。动物之收入者，养气也；放出者，炭气也。植物之收入者，炭气也；放

① 《庸书·电学》，《陈炽集》，第 125 页。

出者，养气也。地无植物，则人与万物俱不能生”①，说明植物与人类的关系，指出毁害树木的危害性，呼吁保护植物的重要性。地学与进化论方面，西方近代进化思想输入中国始于傅兰雅翻译的《地学浅释》(1874年江南制造局出版)，梁启超称该书为不可不急读之书。谭嗣同、唐才常、康有为、章太炎也接受了该书所讲的生物进化原理。陈炽同他们一样关注《地学浅释》中所讲的地学理论，在《续富国策》中专门写了《精究地学说》一文，吸收了地学中“三重——近古、中古、太古”的分类法，并根据自己的理解进行了阐述。与谭、唐接受进化思想作为改革社会的思想武器不同，陈炽则是借生物与地球环境的关系强调掌握地学作为一种富国的手段。医学方面，陈炽自己说“尝取彼国医书而读之，固亦各有短长矣”，并且认识到中西医术之间的区别，得出“西医常泥于实，而中医常失于虚”，“西医之法，参而用之，可也，舍而从之，不可也”的结论。②

社会科学类。陈炽根据自己所见的同文馆本《富国策》以及广学会出版的李提摩太的《泰西新史揽要》中提到的《富国策》的重要性而在甲午战后发奋著成《续富国策》，希望中国像英国一样走上富强之路。同时陈炽十分重视对近代西方经济学的吸收和传播。他除认真吸收同文馆译本《富国策》等经济学著作的内容外，还与友人合作依据《富国策》的英文原本进行重译。同文馆译本《富国策》是近代西方经济学第一部中译本，书中对西方经济学的分工、公司等问题的论述，使陈炽产生了很大兴趣。他与朋友合作重新翻译该译本时根据自己的理

① 《续富国策·种树富民说》，《陈炽集》，第154页。

② 《庸书·西医》，《陈炽集》，第127—128页。

解对《富国策》的内容作了大量阐发，交维新运动期间颇有影响的《时务报》发表，使许多维新志士更进一步认识到了西方经济学的重要性。宗教方面的译书也是陈炽阅读比较深刻的。他自己说过，“尝取西书而遍读之矣，虽所见有浅深，所译有工拙，而均有至赜之数、至简之仪、至显之情、至微之理，其庸陋恶劣、一无可观者，则教书而已矣。阅《旧约》、《新约》诸编，知西教源流实根于《墨子》”，① 通过阅读教书而对西教进行了比附，扩展了自己的西学中源说理论。德国人花之安所著《治国要务》中提到“种树为第一事”，陈炽吸取后用之解释中国产生灾变的原因，从而呼吁植树造林对利国利民的重要性。

二、“奔走四方”

马克思主义者认为社会存在决定社会意识，社会意识是社会存在的反映。鸦片战争后，沿海沿江之地多被辟为通商口岸，来华外人日渐增多，西方的先进文明亦随之传入。这对长期生活在闭关锁国情况下的国人自然有某种吸引力。王韬曾在1848年去上海探亲时即感到景象顿异，陌生的事物，全新的景象，打开了初出乡间的王韬的眼界。虽然王韬以后长期佣书上海在很大程度上是由于生计的原因，但上海的环境也确实使他留恋。香港、澳门等地作为列强的“国中之国”，虽是中国主权沦丧的标志，但任何事物都有两重性。西人来此定居，把先进的管理经验也带到国人面前，这自然成了未出国门的人士认识西方的参照物。近代中国思想家大都有游历的经历。通过对沿海、港澳等地的考察，他们看到的、听到的、接触到的，

① 《庸书·教人》，《陈炽集》，第139—140页。

不仅仅是封建小农经济下的生活写照，尚有西方资本主义生产方式。冯桂芬在上海写出了包括“采西学议”在内的变法建议《校邠庐抗议》，这与直接在上海对西方文化的认识有关。黄遵宪在1870年游览香港，并有《香港感怀》一诗道，“弹指楼台现，飞来何处峰”，“火树银花耀，毡衣绣缕铺。五丁开凿后，欲界亦仙都”，① 首次领略了西方资本主义文明。康有为在1879年顺天乡试后也曾游览香港，得出了“西人治国有法度，不得以夷狄视之”的结论，从而开始羡慕西方文明。郑观应曾在澳门居住多年，澳门是他的“睁眼看世界的第一站”、“融汇多元文化的摇篮”、“《盛世危言》的助产地”。② 梁启超1890年进京会试，“下第归道上海，从坊间购得《瀛寰志略》读之，始知有五大洲各国”。③ 正是有游历考察通商口岸和香港、澳门的经历，对他们的思想发展产生了重要的影响。

当然游历过程不仅是接触到西方文明，各地的民生问题也映入他们的视野。谭嗣同从1877年后跟随其父做官往来于各地，目睹灾民流离颠沛，感触甚深，而发出“风景不殊，山河顿异；城郭犹是，人民复非”④ 之叹。

跟王、郑等人一样，陈炽也在壮年后游历过沿海及港澳等地，“仗剑游海疆，足迹满天下”。他说过，“学问之道非游历多、见闻广不足济大艰、任大事、兴革大利弊”。⑤ 这些阅历，

---

① 钟贤培等选注：《黄遵宪诗选》，广东人民出版社1985年版，第1页。

② 王杰：《“郑观应诞辰160周年”学术研讨会综述》，《近代史研究》2002年第6期。

③ 丁文江、赵丰田：《梁启超年谱长编》，上海人民出版社1983年版，第22页。

④ 谭嗣同：《三十自纪》，《谭嗣同全集》（增订本），中华书局1981年版，第57页。

⑤ 赵炳麟：《陈农部传》，《陈炽集》，第385页。

启迪了他的眼光，开阔了他的视野，对资本主义文明有了感性的认识。同时，游历过程中看到的各地民生和灾荒问题，使他对内忧外患有着更深刻的体认，是他日后产生荒政思想的出发点。

三、“广征诸华人之游历出使者”

两次鸦片战争以后，随着中国国门洞开，东西方各国的一些商人、学者、传教士、军官等所谓“探险家”们不断到中国进行所谓的“探险”、“考察”、“游历”活动。同时，西方列强依据1860年签订的不平等的《北京条约》开始向北京派遣常驻公使。走出国门、走向世界成为必然趋势。清政府在无奈之下卷进了这一历史潮流之中，先是于1866年派斌椿一行五人赴欧洲考察，后在1876年首次向国外派出常驻公使，并且对游历人员和驻外使臣的使命做了规定。其中，清政府在1877年《具奏出使各国大臣应随时咨送日记》中要求出洋人员“凡有关系交涉事件及各国风土人情”，都要“详细记载，随时咨报”。出洋人员走访学校、博物院、工厂，参观议院，留下了大量游记。根据徐维则《东西学书录》中所载到甲午战争以前，比较有价值的游记有五十多种。[①] 这些游记介绍了西方国家的民主制度、风土人情和科技知识，同时也包含着初出国门的中国人的观感，为近代中国吹来一股新鲜的空气，是国内知识分子了解外部世界的重要途径。出洋人员大都突破了华夏文化中心论的陈腐观念，开始承认西方资本主义制度的先进性。郭嵩焘明确指出：“西洋立国二千年，政教修明，具有本末；

---

① 转引郭双林：《西潮激荡下的晚清地理学》，北京大学出版社2000年版，第16页。

与辽、金崛起一时，倏盛倏衰，情形绝异”[1]；有的使臣也指出资本主义国家“繁华富庶，笔难尽述”。[2] 他们的著述受到欢迎和重视。除郭嵩焘的《使西纪程》遭毁版外，大多数出洋游记都被刊刻出版。陈炽自己在《庸书·自叙》中提到该书所撰曾“广征诸华人之游历出使者，参稽互证”。宋育仁在给陈炽《庸书》作序时也说该书曾参考“輶轩译语”。陈炽在《庸书·学校》中指出：“通商六十年矣，泰西各国之文物制度，厘然秩然，有先王遗意。奉使游历者，众口一辞。”[3] 这在一定程度上表明他接受了出国人员的思想观点。

四、军机章京和户部任职的有利条件

1886 年，陈炽考取军机章京。按清政府规定，章京办理军机处的日常工作，处理文书、记注档册、撰拟文稿等。陈炽担任军机章京甚久，“久植枢垣”，[4] 并担任过汉头班，又“主北档案稿”，[5] 故他对朝廷的典章奏疏比较熟悉。这种便利条件，使陈炽有机会接触到朝臣所上奏疏，并以之为依据阐发时论。如在《庸书·厘金》中，他征引光绪十五年恩诏略曰：“厘金一事，乃朝廷不得已之举，刻海防未撤，难遽议裁也，他时物力稍丰，即当奏请停止云云。”在《续富国策·种桑养蚕说》中，陈炽提到光绪十四年宁波税务司康发达“由总税务

① 郭嵩焘：《伦敦与巴黎日记》，岳麓书社 1984 年版，第 66 页。

② 刘瑞芬：《西轺纪略》，光绪丙申年刻本，第 1 页。转引杨易：《晚清外交官及其著述》，载《北京档案史料》（1999 年第 1 期），新华出版社 1999 年版，第 218 页。

③ 《庸书·学校》，《陈炽集》，第 29 页。

④ 赵炳麟：《陈农部传》，《陈炽集》，第 385 页。

⑤ 陈焘：《陈炽传》，《陈炽集》，第 386 页。

司转请总署代奏”的《请设蚕桑局考察防瘟事宜》。1892年他所写的《请开艺学科说》开篇即征引同治初年总理大臣奕䜣等设立天文算学馆奏章，接着又摘录了反对派代表御史张盛藻的《请同文馆无庸招集正途疏》，以此为论据请求清廷在科举制度中开设艺学一科。另外，陈炽还多次阅览海关出入货税册而有的放矢地谈论中国对外通商之利弊。这些奏疏、海关税册的获得应与陈炽的官职有着分不开的关系。

陈炽在方略馆任职的资历也是其思想的一个来源。方略馆作为清代官署，隶属于军机处，主要职能是为掌修平乱及对少数民族用兵的方略或经略，并纂办朝廷交辑的其他书籍。陈炽曾担任方略馆纂修、方略馆帮总纂，并在翁同龢的推荐下纂修过《钦定平定云南回匪方略》、《钦定平定贵州苗匪纪略》、《钦定平定陕甘新疆回匪方略》,[①] 自然对少数民族之地理沿革情况比较熟悉。他在《庸书》中对边防、龙江、奉吉、屯田、金山、新疆、河源、青海、西藏、西南三省、蒙古等的论述，能够娓娓道来，即与掌握了丰富的方略材料有关。

陈炽长期任职户部，虽非高官显贵，但户部毕竟是清廷的关键部门，掌握着全国的土地、户口、簿籍等，对国家经济生活有重要影响。如此的条件为陈炽熟知“国计民生提供了不可多得的客观条件，使其能够对许多与其职掌有关而又鲜为人知的社会经济现象阐发宏论，并使其在探索富民强国之路时形成有别于其他改良派思想家的新思路”[②]。

---

① 《清代人物传稿·陈炽》下编第10卷，辽宁人民出版社1994年版，第300页。

② 徐妍：《灾荒与民生：考察陈炽经济思想的新视角》，《清史研究》2001年第2期。

五、朋友的影响

陈炽维新思想的形成受到了朋友学术思想的启迪。陈炽自1874年进京入仕途后，长期供职于户部，后又担任过军机章京多年，在为官生涯中结识了许多朋友。在这些朋友中，有讲求经世致用的学者和官吏，也有外国传教士。陈炽与他们互相砥砺，特别是宋育仁、郑观应、李提摩太都不同程度地影响过陈炽的思想。他们之间多次书信往还，探讨经世之学。陈炽曾拜读过宋育仁的代表作《时务论》，并高度称赞他“管子天下才，诸葛真王佐”。[①] 此后两人交往不断，陈炽的《庸书》写成后，宋育仁亲自为之作序。同样宋育仁在归国后所著《泰西各国采风记》在官书局刻印时，陈炽亲自为之校订。[②] 郑观应是与陈炽关系密切，对陈炽思想有深刻影响的另一位。1892年春，郑观应所著论洋务五十五篇（嗣后定名为《盛世危言》）文章曾请陈炽参定，并求之作序。陈炽的《庸书》即是受了郑观应《盛世危言》一书的影响而完成的。正如日本学者小野川秀美在《晚清政治思想研究》书中指出的：“《盛世危言》与《庸书》之间，没有重大的相异之处，可以把它看作立场颇为相同的两种著作。《庸书》是受到《盛世危言》的刺激而加速完成的。”[③] 我们从《庸书》中的《渠树》、《刑法》、《妇学》、《善堂》与郑观应的《盛世危言》相似篇目进行比较，发现雷同之处颇

① 宋育仁：《哀怨集·感旧诗》注，秦嵩年编，宣统庚申年（1910年）印本。

② 徐溥：《早期改良主义思想家宋育仁》，《社会科学研究》1979年第5期。

③ ［日］小野川秀美著，林明德等译：《晚清政治思想研究》，台北时报出版公司1982年版，第66页。

多，这在一定程度上说明了陈炽的思想确实受到该书的影响。

书名 篇名	《庸书》		《盛世危言》
渠树	夫焦头烂额，固不如曲突徙薪也；亡羊补牢，究胜于临渴掘井也。井田不可复，而沟洫必可渐兴；补助不易行，而树艺必宜亟讲。开渠种树，《周官》治世之良规……	旱潦	《周礼》之成规，开渠、种树而已矣。夫井田不能复，而沟洫犹可渐开；富教不易言，而树艺必宜急讲。……夫焦头烂额固不如曲突徙薪也，亡羊补牢终胜于临渴掘井也。
刑法	西制罪人入狱，必习一业，男执技艺，女督缝纫，工资半给本人，半充公用……今乃土室棘垣，暗无天日，赭衣黑索，惨受拘挛，禁卒甚于虎狼，秽气蒸为疠疫。	狱囚	西国罪犯……男则制造百货，女则纺织、刺绣等事。凡一犯入狱皆须习学一业。……所获工资半给犯人私用，半归狱中公用。……土室棘垣，暗无天日；赭衣黑索，惨受拘挛。禁卒毒若虎狼，秽气积成疠疫。
妇学	就近筹捐，广增女塾，分门别类，延聘女师。……才而贤者，立法赐物，准终身佩服以旌之，贫者为择贤配以奖之。	女教	广筹经费，增设女塾……别类分门……美而贤者，官吏妥为择配，以示褒嘉。……美而才者，地方官吏赠物赠匾以奖荣之。

续表

书名 篇名	《庸书》	《盛世危言》	
善堂	一曰育婴堂。男女自初生至七八岁，皆可留养。每房十六榻，二榻相并，一为乳媪，一卧婴儿，衣食起居，无不精洁。及四五岁，既使识字读书，教以技能，由粗而精，渐开智虑，既冠后量材授事，皆能自赡身家。其费半出民捐，半提官款……多有富室婴孩亦托堂中教养者。	善举	育婴堂以美国纽约为最善；房屋百余间，男女自初生以至七八岁……每楼十六榻，二榻相并，一卧婴儿，一卧乳媪，衣服精洁。男女四五岁即使识字读书，教作小玩物，以开其智慧……俟及岁时，量材荐事。每岁经费……半出公家，半出善士。……常有富贵之家，患家中自养无术，出资相助，兼以自托者。
	一曰义学堂。贫民子弟自五岁以上，皆令入塾读书，并习工商之事，弃而不学者，罪其父母。或有旷废，则其师严督之，至再至三，改而后已。更有富人自制练船，招致贫民学习驾驶，设立监督，期限二年，分派商船充当水手。		义学堂则贫家童子自五岁至十三岁皆须入塾，兼习工商之事，不学则罪其父母，旷学则其师督责之，至再、至三，仍或不悛，则拘诸改过学堂使之省过。更有富人自制一船，招致贫民供其衣食，设监督之人，令其学习水师，限两年技成，分派兵船充当水手。

续表

书名 篇名	《庸书》		《盛世危言》
	一曰养老院。英国京城，计千有三百所，分处男妇之穷老而无告者……国君时一临观，以昭郑重。 一曰老儒会。国有寒士宿儒，虑其就食为耻，地方官吏继粟继肉，致诸其居。 一曰绣花局。世家妇女，家道中落，茕独无依，居以邃室深堂，课以织作纺绣，官为货之。男子擅入者，有厉禁。		英之养老院，伦敦都城凡一千三百七十所，居男妇之老而无告者。……国主时一临视……以昭慎重。 老儒会，则读书寒士虑其就食为耻，继粟继肉，遣人致诸其居。 绣花会，则世家妇女家道中落不能自赡，聚之深邃堂室，供给饮馔，使之纺绣而货之，禁男子不得擅入。

注：本表根据《陈炽集》和《郑观应集》（上册）制订。《庸书·善堂》中的关于老儒会、绣花局、施医院的论述在刘锡鸿《英轺私记·伦敦多善举》中有几乎完全相同的文字。陈炽的这些论述可能不仅是参考了《盛世危言》，而且也是参考了《英轺私记》。

在外国传教士中对陈炽思想的发展有着重要影响的当属李提摩太。李氏为英国传教士，在近代中国有“鬼子大人”之称，在华四十五年，通过赈济灾荒、主持编译西书，宣传变法，对晚清社会思想之影响，其他来华传教士均不能望其项背。李氏的思想曾对康有为、陈炽皆有所影响。康有为的《上皇帝万言书》的富国主张与李氏之说非常相似，李氏曾惊奇地说自己的思想在康氏那里皆可找到。陈炽与李提摩太的个人交往则大约是从强学会成立开始的。1895 年 7 月北京成立强学会，陈炽任会长。根据李氏回忆录《留华四十五年记》载，他曾帮助修改强学会的章程，建议将机关报《万国公报》改为《中外纪闻》，并经常参加强学会的各种聚会，发表关于“改革中国的演说”。[①] 在京期间，从强学会成立到改为官书局，他与陈炽、文廷式等人“来往颇多”。[②] 在交往过程中，他的思想自然会影响陈炽等人。1896 年陈炽曾帮助李氏起草《新政策》，并将定稿呈送给翁同龢，再转给光绪帝阅览，后在《万国公报》上发表。《留华四十五年记》将陈炽误译为“金锜”[③]。如果将《新政策》与陈炽的著述相对照，不难发现其中有诸多相似之处。李提摩太的《泰西新史揽要》中对亚当·斯密《富国策》的介绍，使陈炽受到很大启发，而下定决心与友人合作重新翻译了《富国策》。另外李氏等传教士鼓吹的联英抗俄的主张，对陈炽的外交观也有一定的影响。

六、对传统文化思想的承袭

陈炽的许多思想是对传统文化思想的承继。

1. 陈炽的政治、经济、军事等思想撷取了《周礼》、《孟子》、《管子》、《诗经》、《周易》、《尚书》、《禹贡》、《吕氏春

---

① 转引徐妍：《灾荒与民生：考察陈炽经济思想的新视角》，《清史研究》2001 年第 2 期。

② 熊月之：《西学东渐与晚清社会》，上海人民出版社 1994 年版，第 611 页。

③ 汤志钧在《列名会籍或参预会务者》中指出：“惟《留华》译文（将陈炽）误作‘金锜’。”见《戊戌变法人物传稿》（增订本）下册，中华书局 1982 年版，第 698 页。

秋》等书的内容。其中陈炽的著述中继承和吸取了《周礼》的许多思想，并加以改造和发展。陈炽在《庸书·巡捕》中说："读《周官》一书，而知古圣人之为天下计者，至纤至悉也。"因此，他在阐述自己的思想时不自觉地利用了其中的内容作为理论依据。《续富国策》中的《攻金之工说》、《攻木之工说》中的"攻金之工"、"攻木之工"即来源于《周礼·考工记》。《古今工程异同说》则直接征引《周礼·考工记》的内容，并把《考工记》看作"开制造之先声"。在谈到仿行西学时，陈炽利用《周礼》中的相关内容进行了比附，如"使才"同《周礼》之"行人"之职；西医中"医者授于师，掌于官，器必求全，药皆自制，偶有不治，必考其由"，与《周礼》中"所谓十全为上，失一次之，失二次之，失三次之，失四为下，死终，则各书其所以而达于医师者，用意适合"；谈及西方刑律时，他认为其中的"监禁作工"与"轻犯充役"是同于《周礼》中的内容。在对外关系上，陈炽接受了《管子》中"四维"之说而作了进一步的发挥。他在《庸书·四维》中开宗明义指出："《管子》四维之说，以治法言之，礼义廉耻是已。"他进一步说："所谓四维者，则以形势言之"，即东北、东南、西南、西北四维，并围绕"四维"阐述了中国当时面临的危急形势。针对国际形势的复杂性，陈炽又利用《战国策》（纵横家书）的知识，提倡"合众弱以攻一强"的合纵思想，处理当时的国际关系，得到了"纵横家"的称誉。①

"义利之辨"是中国古代哲学一对范畴，主要讨论伦理道德原则与物质利益之间关系的问题。孔子、孟子认为"义"是

① 《翁同龢日记》（五），第2812页。

人生追求的目标，所谓“君子喻于义，小人喻于利”。当然孔子对义利可以兼得时，“义然后取，人不厌其取”。孟子亦持类似主张，“非其义也，非其道也，禄之以天下弗顾也”。陈炽接受了“君子喻于义，小人喻于利”和儒家的将人性分为“圣人之性”、“中民之性”、“斗筲之性”的思想。但是，陈炽并没有停留在这一层面，而是对这种思想作了引申和发挥，着重强调了“不讳言利”和要为中人谋利的方面。同时陈炽提出“义利一致论”，“财利之有无，实系斯人之生命，虽有神圣不能徒手而救饿夫”，[①] 言利、求富与仁义不仅不相排斥，而且是相辅相成的，“惟有利而后能知义，亦惟有义而后可以获利”。[②]

继承古代民本思想。中国古代长期相传的“民为邦本，本固邦宁”、“君者，舟也，庶人者，水也；水能载舟，亦能覆舟”、“民为贵，社稷次之，君为轻”的观点皆是一种重民思想，并在封建社会中常常作为思想家改革政治的理论依据。进入近代社会后，魏源、林则徐、龚自珍均在一定程度上把民本思想作为变革的思想武器。第二次鸦片战争后，洋务运动兴起，如何使国家富强成为历史潮流，与洋务派注重练兵制器不同，早期维新派看到了“民”与变法自强之间的重要性。王韬在 19 世纪 70 年代中期连续发表《重民》的文章，揭示重民与富国强兵之间的联系。郑观应则从商民的角度提出“体察民情，博采众议”及“寓兵于民”的观点。马建忠有《富民说》，薛福成有《西洋诸国导民生财说》、《西洋诸国为民理财说》、《用机器殖民养民说》等强调“民富而国自强”的重民观点。

---

① 《续富国策·攻金之工说》，《陈炽集》，第 211—212 页。

② 《续富国策·分建学堂说》，《陈炽集》，第 273 页。

陈炽有《养民》、《工艺养民说》、《畜牧养民说》等专文，多次谈到“国以民为本，民以食为天，爱民之心，天心也，养民之道，天道也”。“天生民而立之君，国家之设官，以为民也。”“养民之道，富国之原。”同时，陈炽与其他早期维新派一样吸收了资产阶级的民主观念，并在此基础上阐发了自己的变法主张。

这些传统思想文化的摄入，是陈炽新思想萌发的重要载体。陈炽在论述现实问题时，往往旁征博引，从儒学经典中寻找理论依据。

2. 明末清初以来的经世思想对陈炽思想的形成有着密切关系。宋育仁称陈炽“湛深经世之学”，余镈亦认为陈炽“经世功深，旷达源远”，赵炳麟说陈炽“深研经济学”，即可窥见陈炽与经世思潮之间的关系。

首先，在治学方法上陈炽明显受顾炎武的影响。顾氏为学注重社会实践，强调学术研究与实地调查相结合。抗清失败后，他游历四方，“以二马二骡，载书自随，所至阨塞，即呼老兵退卒，询其曲折，或与平日所闻不合，则即坊肆中发书而对勘之”①，通过大量调查而撰成地理学名著《天下郡国利病书》。为撰写《日知录》，他“足迹半天下，所至交其贤豪、长者，考其山川风俗、疾苦利病，如指诸掌”。与顾氏相似，陈炽年轻时曾游历沿海、港澳等地，“览其形势，诇其情伪，详其战守进退分合之由”，又“广征诸华人之游历出使者，参稽互证，悉其统宗”而撰成《庸书》。在《庸书》中，陈炽又专

---

① 全祖望：《亭林先生神道表》，载《亭林先生遗书》（第23册），光绪十四年朱氏校经山房刻本。

辟《游历》谈论其重要性。他说："天下人材，大都由学问而成，由阅历而出。"① 他曾参观过外国造纸公司，见"其所用皆败纸碎布、草根树皮，自入池以至成纸，装箱不逾四刻"，赞美其"人巧之极，几夺天工"，并指出若用中国之竹，参以外国的机器，所成之纸将会"风行"、"冠绝人寰"而夺外人之利。② 很难想像如果没有游历参观，陈炽会不会产生如此理性的思想。

其次，明末清初启蒙思想家批判封建君主专制的思想对陈炽的影响。黄宗羲在《明夷待访录》中倡导"无君论"、"非君论"，批判"君为臣纲"的封建伦理道德，提出了"天下为主君为客"的思想。邓牧在《君道》中认为三代以前之君是为民之君，秦以后之君是害民之君，批评秦以后形成的专制统治。陈炽在众多的学说中吸收和发挥了黄、邓的这一思想。他在《庸书·教养》篇中说："天生民而立之君，国家之设官，以为民也。三代以上之为治也，君臣上下，汲汲然以教养为先……至秦而后，咈百姓以从己之欲，以天下奉一人，患其富而得众也，而务贫之；患其智而生事也，而务愚之；患其强而为乱也，而务弱之。先王教民养民之方，去之惟恐不尽。谓今而后，莫予毒也。"陈炽对顾炎武亦很推崇。他的《乡官》篇篇首即征引顾氏《日知录·乡官》的言论而加以发挥，并高度评价顾氏之言"韪哉言乎！圣人复起不可易矣"；所主张由百姓公举乡官的设想也是导源于顾氏《生员论》中官僚应由百姓推举产生之论。王夫之在《读通鉴论》中说："天下非一姓之私也"，"若土，则非王者之所得私也。天地之间，有土而人生其

---

① 《庸书·翰林》，《陈炽集》，第 19 页。

② 《续富国策·种竹造纸说》，《陈炽集》，第 162 页。

上，因资以养焉”。君权并不神圣，“可禅、可继、可革”，“一姓之兴亡，私也；而生民之生死，公也”，“秦之所以获罪于万世者，私己而已矣”。陈炽吸取了王夫之的思想作《贵虚贵私论》，专门批评了“贵私”的弊端。

清初学者从经世致用的角度批评理学的学术空疏，空谈误国也影响到陈炽的思想。顾炎武说：“刘、石乱华，本于清谈之流祸，人人知之，孰知今日之清谈有甚于前代者。昔之清谈谈老、庄，今之清谈谈孔、孟，未得其精而已遗其粗，未究其本而先辞其末。不习六艺之文，不考百王之典，不综当代之务，举夫子论学、论政之大端一切不问，而曰‘一贯’，曰‘无言’，以明心见性之空言，代修己治人之实学。股肱惰而万事荒，爪牙亡而四国乱。”① 黄宗羲在《弁玉吴君墓志铭》中认为“一旦有大夫之忧，当报国之日，则蒙然张口，如坐云雾。世道以是潦倒泥腐，遂使尚论者以为立功建业别是法门，而非儒者之所与也”。颜元则批评了士大夫“平时袖手谈心性，临危一死报君王”的无益。陈炽吸取了顾、黄、颜的学说，针对现实批评了宋学空虚，不足以救国：“自宋以后，理学昌明。然说性谈心，仍落二氏之窠臼，于古圣王之大经大法所为保民而养民者，毫不能考其究竟，定厥指归，而日龂龂于王霸之分，斥智勇功名而不用，其托体愈尊，其惑世愈甚，大弊仍失于虚。夫虚者，弱之根也。辽金之后，踵以元兵一统中原，宋社遂屋，贵虚之有益无益，足以保民与否，守国与否，其效可睹矣。”②“不知古不知今，不知己不知彼，自矜意气而不知国

① 黄汝成：《日知录集释》卷7，上海古籍出版社1985年版，第538页。

② 陈炽：《贵私贵虚论》，《陈炽集》，第316—317页。

事之不可以侥幸尝也，自博名高而不知天意之不可以空言挽也。即事殊势迫，以一死继之，于国家复何裨补？而况乎富贵利达之心，身家子孙之念，有以蠹其心而夺之气乎？激与随交病，通与蔽皆非，守旧与图新兼失，而天下之大，万民之众，自中达外，通时务者若旷无一人焉，则胶固而不通，优游而不断，虚浮而不实，偏倚而不周，昧于本末始终、缓急先后之序者，决不足以转移运会、宏济艰难也。"①

3. 继承司马迁《史记·货殖列传》中"利以生义"的重利思想和"善者因之"的经济思想。司马迁把一切社会活动都归结为对利的追求，"天下熙熙，皆为利来，天下攘攘，皆为利往"。对于社会经济的发展，他认为，最好的办法是"因之"，国家不干涉，任其自由发展以繁荣经济。其次的办法是"利导之"、"教诲之"、"整齐之"，最差的办法是与民争利。这种经济观点，历代封建文人大都持批评态度。鸦片战争后，面对西方列强的咄咄逼人，寻求国家富强成为时代主题。先进之士认识到要达到富国的目标必须打破传统的义利论和重农抑商观念，发展资本主义工商业。这样司马迁的重利思想、自由放任思想、反对抑商的思想再次进入人们的视野。陈炽接受了司马迁的经济思想，还在1893－1894年撰写的《庸书》中就谈到："《货殖传》曰：'太上因之，其次利道之，其次教诲之，其次整齐之，最下者与之争。'今天下之民，纷纷然皆争利者也。争而不善用其争，以致大利之源，尽为外人所夺，则上之所谓整齐、教诲而利道之者，未得其道耳。"② 随后，在1896

---

① 《庸书·自叙》，《陈炽集》，第145页。

② 《庸书·公司》，《陈炽集》，第97页。

年问世的《续富国策·博物开会说》中又引用“太史公《货殖传》曰：‘太上任之，其次教诲之，其次整齐之，其次利导之。’……所谓太上任之者，诚千古之要言妙道也”，接着结合形势作了符合资产阶级利益的解释。“整齐之”法，陈炽解释为设立公司、商律、商会；“利导之”法，即是广派游历，减轻赋税，开辟商埠，修建道路，建官设兵，设立发明专利权，帮助筹措经费；“教诲之”法，则是建立日报、学堂，开办博览会。① 这是陈炽根据自己的认知而赋予的新的含义。在《重译富国策》中，他又说：“分财之道，所谓太上任之者，无他焉，则角逐是已。”② 可见司马迁的思想在其心目中的地位。同时《管子》、《商君书》、《周礼》、《汉书》等书中的经济思想，陈炽亦根据需要加以利用。可以说陈炽的经济思想是对司马迁的“因之”观念的因袭，同时吸取和糅合了《管子》、《孟子》、《商君书》等有关富国安民的思想主张，再加上西方经济学译著中宣传的自由贸易理论，依据自己的理解加工制造而建立的。

第二节　陈炽思想的演进历程

陈炽的思想并非一成不变的，而是伴随形势的发展和社会实践的变化而演变的。这种演变过程大致可划分为三个时期：初期家乡情况，正式任职户部至甲午战争前，甲午战后到去世。我们根据陈炽各个阶段著述的内在逻辑，并结合当时的文

① 《续富国策·博物开会说》，《陈炽集》，第253页。
② 《重译富国策·角逐》，《陈炽集》，第290页。

化背景，作一扼要的述评。

一、幼年至1882年乡试中举

从陈炽幼年受教到1882年中举，这是陈炽思想发展过程中的第一个阶段。这一时期，陈炽在1879年赴京应考后签分户部实习了一年，第二年即请假回乡省亲，到1882年，主要待在老家江西。居家这段时间内，陈炽虽然已或多或少地接触些西学，但其思想并没受到多大影响，基本上还停留在旧学的框子之内。

陈炽幼年所学主要是四书五经及其他文化典籍，“少小富文史，六艺资藻缋。弱冠读阴符，论议绝时辈”①。当时僻处江西一隅的瑞金并没有丝毫学风变化的征兆。陈炽的家族依然走的是传统科举之路，不像郑观应家族素有经商的传统，科第不售后即“赴沪学贾”。② 陈炽的父亲“为人倜傥，负清才，且诗词文赋皆精”③，对陈炽兄弟管教甚严。这种严格的家教对陈炽影响极大，他后来中秀才、选拔贡、中举人、入军机，著述中不时旁征博引儒家经典为理论依据阐发对时局的看法，均与在幼年所打下的文化功底有很大关系。

这一时期，陈炽留下的著述主要有一序、一跋、一诗集、一试卷。

《里坑陈氏四修族谱序》是保留下来的陈炽所写的第一篇文章，作于1878年在家休假期间。这篇文章主要是对谱牒源

① 陈炽：《褒春林屋诗·绍古辞》，《陈炽集》，第358页。

② 郑观应：《覆考察商务大臣张弼士侍郎》，《郑观应集》（下册），第619页。

③ 周红兵：《寻求兴邦之道——清末维新派陈炽》，《文史知识》1992年第8期。

流的追溯，完全是一传统知识分子笔调。

《〈尊闻居士集〉跋》是留存的陈炽所写的第二篇文章，是他在1881年应刺史韩聪甫所求为其乡贤罗有高的文集所撰。罗有高，江西瑞金人，乾隆年间著名文学家。恽敬评价他“于书无所不窥，精思造微……无愧于圣贤之徒”。① 梁启超亦指出，罗有高“善为古文，而嗜佛学，修净宗，与彭尺木、汪大绅称同调，自是赣士有学佛者”②。陈炽对这位离自己家不远的乡贤早有耳闻，称赞其“为文得力庄、史，渟涘演漾，不可涯涘，近代所希有”，因搜集所刻文集者皆为苏、浙之人，而发出了“何先生文字之缘皆在吴越”的感慨。

1881年，陈炽因事赴省城南昌，才有机会接触到西学知识，“乃得尽究新学”。③ 陈炽去南昌之前，1876年文廷式从广东返回南昌时，“忧慨时事，博览算学及化学、天文、军事、海防之书”④。可见当时在南昌确有一些西书译本上市流通。日后陈炽屡屡提到的京师同文馆《富国策》译本即是在本年所读。同时，陈炽在此巧遇江西人陶福祝、勒深之，他们二人均有诗名，遂相约举行诗会，相互切磋技艺。他们互相唱和之诗，再加上欧阳元斋之诗，汇集为《四子诗录》出版。诗集中陈炽之诗或为酬答朋友之作、或为借物咏人感叹时光流逝之作、或为时事而作。从中人们已能体察到作者的忧国忧民之心。这是流传下来的研究陈炽早期思想的重要资料。虽然诗集

① 转引彭祖贤：《〈尊闻居士集〉跋》，光绪八年苏州彭氏刻本。

② 梁启超：《近代学风之地理的分布》（1924年），《饮冰室合集》文集之四十一，中华书局1989年版，第75页。

③ 赵树贵：《陈炽年谱简编》，《陈炽集》，第388页。

④ 汪叔子：《文廷式年表稿》，《文廷式集》（下），第1485页。

本身的价值与地位并不高，但对于陈炽的思想发展却是非常重要的。

《三江既入义》是陈炽乡试中举之卷，作于1882年。这是一篇不带政治色彩，完全是考证的文字。文中对《禹贡》的三江之说，结合古往今来庾仲初的《扬都赋》、陆氏的《释文》、张守节的《史记正义》、归熙甫的《三江说》等人的议论，进行了考辨。

这几篇文章，与陈炽后来的著作相比，论证尚略显粗糙，而且主要是围绕着中学议论，西学还没渗透到陈炽的思想中，但它们毕竟是陈炽早期思想的写照。

其一，立足传统。陈炽的诗集中为烈妇所作序和诗反映他受封建思想的影响。北宋理学家程颐说过一句名言："饿死事小，失节事大"，对后世影响颇大，传统社会中女子殉夫守节的贞操观念即由此引申出来。此时陈炽的思想仍旧未能跨出传统的藩篱，依然是为封建的名教纲常唱赞歌。他有《冰溪行为徐烈妇作》一诗，其序说：

"妇吴氏，浙人，遭寇乱，随父寓广信，以贫故，鬻诸富室。及长，主欲媵之，妇不可。胁之，愤投水，遇救免。主怒，贱值嫁于徐生。生贫，鬻画浙中，岁癸酉，客死嘉禾，赴至，从容托女夫弟，中夜自经死。越二载，张公少云令玉山为征诗，襮扬之，且闻诸大吏，请于朝，旌焉。"

陈炽为烈妇树碑立传，反映了他思想中保守的一面。这与他后来提倡男女平等有着差距。

虽待在"深山大谷中，辟平畴花竹翳如清溪"① 的乡间生

① 陈炽：《陈长者墓志铭》，《陈炽集》，第302页。

活让陈炽留恋，不过他仍感叹流水年华的易逝，“惭愧华年流水去，天涯相忆路漫漫”。[①] 有几首诗即表达了这种心情，如《江行》：“万里复归客，三年负此心。夜潮随月满，江水及秋深。慷慨成孤激，悲歌有短吟。头颅遂如许，莫使二毛侵。”

传统的孝道观在陈炽的思想中根深蒂固。陈炽深受儒家“五常”之教中“兄友、弟恭”思想的熏陶，在其诗集中，有《豫章以舍弟别》之作，其中有句云“长河之水，去家十里；游子出门，惘惘行李。尔之送我，必于河干；临歧相视，珍重加餐”。可显现出陈炽与其弟的笃厚深邃之情。

其二，初显的救国之志，爱国之心。虽内地因环境所限较难以接触西学，但列强东侵给中国带来的冲击还是或多或少地冲击到了像江西一样的内地。南昌有西书译本即可说明，以前平静的内地再不是静土一块了。1860 年的“庚申之变”造成的巨创深痛所引起的奇耻大辱在忧国之士的言论中不时出现。一位名叫周家楣的官僚士大夫说：“庚申之衅，创巨痛深……人人有自强之心，亦人人为自强之言。”[②] 冯桂芬感到“冲冠发上指”。郑观应回忆当时心情说：“庚申之变，目击时艰，凡属臣民，无不眦裂。”陈炽从青少年时即关心政治，对西方资本主义列强的侵略不满，“闻长老述庚申之变，亦常流涕太息，深恶而痛绝之”，[③] 萌发救亡、振兴之志。

陈炽针对中国的现状，仿效南宋抗金志士陈亮，将字改为

---

① 陈炽：《褒春林屋诗·留别胡铁庚》，《陈炽集》，第 360 页。

② 《筹办夷务始末》（同治朝）卷 98，沈云龙主编《近代中国史料丛刊》第 62 辑，台北文海出版社 1971 年版，第 16 册，第 19 页，总第 9030 页。

③ 《庸书·自叙》，《陈炽集》，第 145 页。

次亮，决心以民族兴亡为职志。[1] 同时其诗亦有所展露。如《出虎门洋有感》："岂有珊瑚贡，空余豺虎邻？开关自延敌，谋国彼何人？海气秋闻警，星芒夜不春。杞忧何太亟，天末有微臣。"《感事》中有句云："徙薪不及早，爝火能燎原。羝羊亦解触，乃自撤其藩。族类既以殊，祸害安忍言？""食货生之源，易穷久乃变。金玉炫耳目，始觉菽粟贱。逐末竞锥刀，举世互相煽。海客多奇淫，大利遂私擅。桑孔术亦工，何由救瞑眩。节流岂无策，睫远谁能见？""祸机伏肘腋，一发谁可禁？""恻恻匪风诗，寄慨一何深？"[2]

这种爱国忧民的思想一直伴随着陈炽，在以后的著述中亦无处不现其至诚的爱国之心。

虽然这段时期，陈炽的思想论述主要是在传统的文化框架之内，但是隐隐约约地显现出了西学的影子。他在 1881 年到省城南昌时已涉猎过一些西方书籍，思想已有所触动，开始不再满足于株守皓首穷经的传统为学之道。

二、"复古之机，维新之治"（1882—1894）

从 1883 年正式在户部任职到 1894 年甲午战前这段时期内，是陈炽维新思想的形成时期。在这一时期，陈炽于 1886 年考取军机章京。京师优越的条件以及外出游历、博览西书译本、与朋友交游，使陈炽的思想从传统之学逐渐向西学转变。他上书李鸿章、翁同龢、陈宝箴、刘坤一，就朝鲜、黄河改道、教案、筹练水师、修建铁路等问题发表意见。1893 年，

① 赵树贵：《陈炽年谱简编》，《陈炽集》，第 387 页。

② 陈炽：《褒春林屋诗》，《陈炽集》，第 361、366 页。

他为郑观应的《盛世危言》（五卷本）作序，运用自己这几年来掌握的中西文化知识，对当时的形势作了概括，该文是陈炽思想发展过程中的重要里程碑。1893—1894年陈炽著成《庸书》，标志着其维新思想体系初步形成。

在这一时期，洋务运动开始转向了求富阶段，中国民族资本主义出现并有所发展。洋务派兴办的军工企业和民用企业存在的弊端，引起了早期维新思想家的批评。边疆危机日益凸显，英国侵略缅甸，法国侵凌越南，俄国开始修筑西伯利亚铁路，均威胁着中国边防的安全。各地灾荒不断，民生艰难。内忧外患的现状都给陈炽留下了深刻印象，影响着其思想的发展。特别是1885年，陈炽在户部山东司任职时，他对中国边患危机中的朝鲜问题给予密切关注。1882—1884年朝鲜发生内乱，马建忠参与其事的处理。陈炽根据其友提供的信息分析了当时生乱的六个原因：一是思大院君之德；二是恶王妃之淫乱；三是不愿通商；四是中国有法夷之事；五是吴筱帅既率，断其后者，威望不足以镇之；六是朝鲜今岁大荒，饥民乘乱而起。并提出自己对朝鲜问题的看法：由于大院君在朝鲜人心中的地位很高，如果他卒于保定，"朝鲜民思之愈切，痛之愈深，则其恨马建忠亦愈甚"；如果他尚在，则"请旨立以为君，申之以约束，责以招抚"；若其已亡，则"请旨加恩而盛礼送归其国，迅速调兵定乱，择贤者而立之"，以"安集众心，一劳永逸"，"怀柔小国之道，终以收人心为本"。[①] 前些年陈炽由于待在家中，对时务缺乏理性的认识，并没有留下任何评论，而回京任职后即不一样了，国内外形势的一举一动，都会在京

① 陈炽：《上李鸿章书》，《陈炽集》，第352页。

师引起反响。对朝鲜问题的分析即是陈炽把目光投注到现实问题上的开始。

自咸丰、同治以来，由于战争不断，加之清廷财政困难，河吏侵吞治河费用，致使河道常年失修，水患不断。陈炽出生的1855年即发生了黄河从河南铜瓦厢北决的水灾，此后黄河又不时决口。1887年黄河从郑州决口，改道入淮，河南、安徽、江苏三省皆遭浸淹。“此次决口，实至三百余丈”，民死者无数，“黄水直灌至高邮邵伯湖、清江浦，甚形危险”，“扬州城外水深二尺”。[①] 灾变发生，朝野震惊。清廷责令翁同龢等筹措堵塞决口的要工巨款。陈炽于当年10月呈送议河说贴于翁同龢陈述关于治河的建议，“为翁氏所称赞”。[②] 这是陈炽关心水旱灾害的最早文字表述，以后他在《庸书》和《续富国策》中多次提到灾荒问题并有相应的补救措施。1890年左右，围绕修建铁路问题清廷内部意见纷纷，特别是东三省是否修铁路更是众说纷纭。陈炽非常关心局势，他在给陈宝箴的书信中说：“闻俄人西伯利亚铁路已归类美国包办，期以四年，必成。”这必然会对中国边防构成威胁。他引用奭召南观察的信中所言，“东省千里平原，隘口岐出，实非铁路不能守”，认为应早建铁路，“俾得早竟全功，或可豫弭隐患耳”。[③] 陈炽在甲午战争前后的著述中，也多次提到修建铁路的重要性，当然不仅是指对巩固边防至关重要，而且进一步提到了对发展商业的重要作用。

---

① 李慈铭：《越缦堂国事日记》（第6册），沈云龙主编《近代中国史料丛刊》续编第60辑，台北文海出版社1978年版，第3848—3849页。

② 赵树贵：《陈炽年谱简编》，《陈炽集》，第389页。

③ 陈炽：《上陈宝箴书》，《陈炽集》，第353页。

从以上事实不难看出，陈炽在回京师任职后，思想开始变化。他体察到了在当时国际局势中中国面临的危机，不仅仅是列强对边疆的欺凌，而且也有财富和利源的流失。他曾在1885年与朋友在江西开办制纸局，赢利颇丰。[①] 1890年黄遵宪在伦敦有缅怀陈炽的诗一首："天竺新茶日本丝，中原争利渐难支。相期共炼补天石，一借丸泥塞漏卮"，[②] 反映了黄遵宪对陈炽思想的了解，也说明了此时陈炽对国计民生的重视。由于连年战争，举办企业，筹办海防，清廷财政紧张，急需款项，陈炽深知其事，1891年上书翁同龢谈论筹饷的问题，翁氏认为"言绝大，恐难行"。[③] 陈炽虽对形势有了初步的体认，但对如何学习西方以使中国富强尚未提出理性的、明确的观点，说明陈炽的思想尚在不断探索和形成时期。

不过，随后陈炽在1893年为郑观应的《盛世危言》作序时则开始表达了如何学习西方以救国的思想。他说："西人之通中国也，天为之也，天与中国以复古之机，维新之治，大一统之端倪也。识微见远之君子，观于火器、轮舟、电报、铁路四事而知之矣。""方今万国通商五十余载，见闻日广，光气大开，顺天者存，逆天者亡，天与不取，反受其咎。"这即是说当前形势要求不能再闭关锁国，必须顺应潮流，学西法。他批评了顽固派阻挠学习西法的言论，指出西人的富强所因之良法美意，全是中国古代制度"转徙迁流而仅存于西域者"，所以

① 康有为：《中国商务公司缘起附章程》，载《康有为与保皇会》，上海人民出版社1982年版，第276页。

② 钱仲联：《人境庐诗草笺注》（中册），上海古籍出版社1981年版，第543页。

③ 《翁同龢日记》（五），第2436页。

陈炽认为“尊中国而薄外夷可也，尊中国之今人而薄中国之古人不可也；以西法为西法，辞而辟之可也，知西法固中国古法，鄙而弃之不可也。执人而语之曰：尔秦人也，所以行秦法也，无不怫然怒；语人曰：尔古人也，所行者古之道也，无不色然喜。今日日思复古，而于古意之尚存于西者，转深闭固拒，畏而恶之，譬家有明月之珠，遗之道路，拾而得之者不私不秘，举而归诸我，我乃按剑疾视，拒之而不受也，智乎？不智乎？”① 在陈炽看来，鄙弃来源于中国的西法当然是“不智”的行为了。

陈炽通过为郑观应的《盛世危言》作序，初步表达了自己的维新变法思想。虽然仅仅是一篇序言，但这却是陈炽由封建知识分子向早期维新派转化的里程碑，在陈炽思想发展过程中是至关重要的。受郑观应所作《盛世危言》的影响，陈炽撰成《庸书》百篇，从政治、经济、军事、文化、外交等方面对中国社会进行了剖析，系统地提出了自己的维新思想。《庸书》可以说是陈炽思想形成的标志。

从 1882 年至甲午战争前这段时期内，陈炽已在户部任职和担任军机章京多年，对国家的内外政策和官场内外的现状有了更进一步的了解，在此基础上，君民共主、变法图强、发展资本主义工商业逐渐成为他的思想主流。他思想的这种变化发展，具体说表现在以下几个方面：

第一，引进西法，力陈变法的重要性。他认为当时的中国正面临“千古非常之变”，世界已形成了“地球一统，万国会同”的格局，变成了“一维新之宇宙”。变法还是不变法则会

① 陈炽：《〈盛世危言〉序》，《陈炽集》，第 301、305 页。

有截然不同的结局。如果仍据守旧道，不思变法，则会落到像缅甸、越南、琉球，“不变者也，其亡不旋踵”的结局；如果变法则又是一番样子，“日本，变法者也，而至今存焉，强且富”；如果当断不断，则如暹罗、朝鲜，“欲变而未变者也，其势岌岌然，如不终日”。所以陈炽认为“西法之本出乎中，则无俟概行拒绝。然而受之则富，否则贫，得之则强，否则弱”，“此言虽小，可以喻大，空谈无补，实丧易危”[①]。他强烈要求学习西法以变法自强。

第二，推崇君民共主的政治制度。在前一阶段，陈炽主要在家乡度过，对封建专制制度没有提出任何微词。随着在京师任职，陈炽逐渐对官僚体制不满，而对西方君民共主制度产生了兴趣。他指出当时清政府的官僚体制已经存在各种弊端。“法日改而日精，网日张而日密，文日积而日繁，内外官吏营私骫弊之方，亦日趋而日巧。”“文法拘牵，是非淆杂”，[②]“部饭则彼此分肥，工程则相将染指”。[③]选官制度中捐例的存在更是败坏吏治，大蠹民生。胥吏盘踞要津，“索贿营私，殃民害政”。[④]他比较了君主、民主与君民共主这三种政体形式，认为前两种均存在着弊端，惟有君民共主能够“合君民为一体，通上下为一心”，“举无过言、行无废事、如身使臂、如臂使指、一心一德、合众志以成城也。即敌国外患纷至沓来，力竭势孤，莫能支柱，而人心不死，国步难移，积土成山，积流成海，能胜而不能败，能败而不能亡。英人创之于前，德国踵

① 《庸书·自强》，《陈炽集》，第8页。
② 《庸书·名实》，《陈炽集》，第6—7页。
③ 《庸书·养廉》，《陈炽集》，第14页。
④ 《庸书·胥役》，《陈炽集》，第67页。

之于后，所以威行海表、未艾方兴者，非倖也，数也。圣人复起，无以易之也”[①]。不仅能够通上下之情，而且可以敌外患。同时他又设计了君民共主体制下的上下议院的组织形式。陈炽批判选官制度弊端重重，去除捐例，严肃吏治，建议设立君民共主政体，这可以说是陈炽思想发生重大变化的标志。

第三，从多方面学习西方国家，而不是仅仅学习船坚炮利和声光化电的自然科学知识。陈炽批评洋务派的孜孜于“利炮坚台、鱼雷铁舰之属”是“遗其大体而袭其皮毛”。“通洋务者，又以巽懦为能，以周容为度，以张皇退葸为功。言交涉则讲求于言语文字、交际晋接之间，屈己伸人，以苟求无事”，这是“弃其菁英而取其糟粕”。[②] 他在《庸书·西法》篇中主张仿行西方火政、保险、自来水、煤气、电气灯。西人的议院、学校、用人等制度皆优越于中国，都是应该借鉴的。

第四，振兴商务，收回利权。随着洋务运动的进行，“治国以富强为本，而求强以致富为先”[③]，渐渐成为共识，求强开始向求富转化。早期维新派认识到西方富强之因，不仅是船坚炮利，而重要的是“恃商为国本”，大力发展商务。王韬说：“贸易之道广矣哉。通有无，权缓急，征贵贱，便远近，其利至于无穷……商富即国富。”[④] 薛福成也说：“论一国之贫富强弱，必以商务为衡。”[⑤] 陈炽认为“商务盛衰之枢，即邦国兴

① 《庸书·议院》，《陈炽集》，第107—108页。

② 《庸书·自叙》，《陈炽集》，第143页。

③ 马建忠：《富民说》，《适可斋记言》，《冯桂芬、马建忠集》，辽宁人民出版社1994年版，第125页。

④ 王韬：《代上广州府冯太守书》，《弢园文录外编》卷10，中州古籍出版社1998年版，第367—368页。

⑤ 薛福成：《出使日记续编》卷4，光绪辛丑中秋重校石印本，第38页。

亡之券也”。[①] 西方各国富强在于重视工商，“工商二事，实泰西立国之本原”。[②] 1893 年他在《庸书·商部》中指出振兴商务的重要性与必要性：“今日者，五洲万国，贸迁有无，风气大通，舟车四达，可知道里广远，货币往还。此端既开，断难再塞，前有千古，后有万年，从兹四海通商遂将一成不变也”；并且列出具体措施：仿照西方各国设立商部、商政局等专门的商务领导管理机构；修改税则；举办博览会；兴办公司等。对当时商业的现状，陈炽在 1891 年给陈宝箴的信中即指出，“中国通商税则，受亏太多”，“中国商务，英实居十分之七也”；[③] 海关税权也由“非我族类，久假不归”的英国人赫德把持。陈炽认为“天下事，利之所在，即权之所在，不可轻以假人”，税则是“国家自主之权，非他国所得把持而搀越”，中国将税则问题载入约章是“太阿倒持，授人以柄”，导致失利多多，因此要改订税则，收回国家自主之权，以兴商务。

第五，变通科举，广设学校，重视妇女教育。陈炽认识到人才兴衰与国家强弱之间的关系。他指出：“人材之消长关焉，世运之兴衰系焉”；[④] “国于天地，必有与立，虽有良法，不能自行，得人则治，失人则乱，伊古以来，未有能易之者”。[⑤] 因此他主张变通科举，增加技艺学科；派人留学，学习西方先进文化。值得一提的是陈炽提出在少数民族边疆地区设立学校的设想。陈炽认为在东北奉吉，“宜筹款募捐，广建书院……

---

① 《庸书·公司》，《陈炽集》，第 98 页。

② 《庸书·自立》，《陈炽集》，第 137 页。

③ 陈炽：《上陈宝箴书》，《陈炽集》，第 353 页。

④ 《庸书·太学》，《陈炽集》，第 30 页。

⑤ 《庸书·自叙》，《陈炽集》，第 145—146 页。

并立书楼，博收典籍……以渐化其犷悍而大启其灵明”；在蒙古，“建立学校，教习汉文，已出痘者，入京就学，化以礼义，泽以诗书”，使“大漠穷边，无殊内地”。他还认为在南洋各地，国家应拨款建中西大学堂，“教以中西之学”，不仅“使数百万之华民智慧渐开，才能渐出”，而且“他日必有奇材硕彦应运而生，为海上之夫余以藩屏中国者”。陈炽指出在边疆设立学校教化民众才是根本的主张，可谓远见卓识。

把妇女应平等接受教育与国家强弱联系在一起，也是陈炽这一时期的新认识。陈炽认为三代以前中国仍较重视女子教育，“古人立教，男女并重，未尝有所偏倚于其间”，并有妇学遵循，后来妇学失传，又让妇女缠足，阻碍她们受教的机会。在《庸书》中，他认为“泰西风俗，凡女子纺绣工作艺术，皆有女塾，与男子略同，法制井然，具存古意。故女子既嫁之后，皆能相夫佐子，以治国而齐家，是富国强兵之本计也”。相比中国，“四万万人，妇女约居其半，安居饱食，无所用心，无论游惰之民充塞天下，即一家论之，而已半为弃民矣”。况且如果女子“弱龄失教，习与性成，始以淫贱妖蛊为长，终以暴戾奸贪为事，夫承其弊，子效其尤，人心日漓，风俗日坏，其害之中于深微隐暗之间者，永无底止也”。① 因此他建议严禁妇女缠足，应广设女学，让妇女接受教育。陈炽的妇女教育思想，与同时代的康有为、严复、郑观应、陈虬等人的思想一道形成了一股要求妇女解放的潮流。熊月之认为妇女是“可供挖掘的巨大的生产力源泉，而且是封建专制主义最严重的受害者。因此，中国近代妇女解放问题的提出，既是社会生产力发

① 《庸书·妇学》，《陈炽集》，第128—129页。

展的需要，也是资产阶级自由、平等理论在妇女问题上的具体体现”。而陈炽认为妇女解放是“富国强兵之本计”，即包含着这两个方面的意思。[1]

以上各点，足以说明陈炽在这一时期维新思想已经形成，成为“甲午战争前资产阶级维新思想的酝酿中”的“一个重要人物”[2]。但他在文化观上亦具有矛盾心态。例如陈炽一方面极力推崇西学，一方面又有复古倾向，向往三代的理想政治。他在《庸书》中认为种树“赈捐可省，河患可平，康乐和亲，兴养立教，即以复三代圣王之盛治而无难矣”；[3] 在《〈盛世危言〉序》中说：“我恶西人，我思古道，礼失求野，择善而从，以渐复我虞夏商周之盛轨。”[4] 同时他在提倡吸收西学时极力宣扬西学中源。例如，他把西方的器看成是中国先秦时大乱传到国外去的，“抱器者无所容，转徙而至西域。彼罗马列国，《汉书》之所谓大秦者，乃于秦汉之际，崛兴于葱岭之西，得先王之绪余而已，足纵横四海”。陈炽还认为西方的自然科学、文字、人种皆是来自华夏。这种比附从中西文化交流的角度看有点荒谬，也是当时士大夫中流行的一种观念。

在这段时期内，郑观应、薛福成、马建忠、王韬由洋务派转变为早期维新派。不过路径与陈炽并不相同。陈炽是通过阅读大量的西书译本、咨询出国人员等途径感受西方文明而转向以西学启蒙，而郑观应是在办实业的生涯中逐渐形成改良主义思想，薛福成最初在曾国藩幕府后又进李鸿章幕府，为洋务运

① 熊月之：《中国近代民主思想史》，第186—187页。

② 王栻：《维新运动》，第60页。

③ 《庸书·渠树》，《陈炽集》，第23页。

④ 陈炽：《〈盛世危言〉序》，《陈炽集》，第305页。

动出谋划策，1890 年担任出使大臣后亲身接触西方而改变了自己的看法，开始转变为早期维新派。马建忠、王韬均有国外生活的经历，何启、胡礼垣在香港生活。不管怎样，他们都是顺应时代潮流的弄潮儿。

三、“各国之强，皆原于富”（1894—1898）

甲午战后，维新思潮兴起。梁启超在《变法通议·论不变法之害》文中大声呼喊：“大地既通，万国蒸蒸，日趋于上，大势相迫，非可阏制。变亦变，不变亦变。”康有为更是连连上皇帝书请求变法。陈炽亦投身其中，推波助澜。这一阶段陈炽不只言论上呼吁变法，而且参加了维新变法的实践，担任了强学会会长，积极为《时务报》撰稿、筹措经费。同时著述中心转向发展经济以促进国家富强，有《铸银条陈》和《茶务条陈》，经济专著《续富国策》；对国际形势也更加关注，在《时务报》、《知新报》上发表系列探讨国际关系的论文，成为“甲午战争后变法运动中一个重要角色”。① 但随着变法的深入，陈炽的思想开始游移。戊戌政变后，陈炽虽没受到追究，但亦对其震动很大，开始退缩不再公开评论时事，只是私下与几个好友发发牢骚，不久“中狂病”② 而早逝。

甲午战争的失败，堂堂大国竟不敌一直向自己学习的蕞尔岛国，举国震动。许多知识分子思想开始转变。诚如梁启超所说：“吾国四千余年大梦之唤醒，实自甲午战败割台湾偿二百兆以后始也”；谭嗣同发出了“四万万人齐落泪，天涯何处是

① 王栻：《维新运动》，第 60 页。
② 胡思敬：《戊戌履霜录》，《戊戌变法》（一），第 362 页。

神州”的感叹；康有为发起公车上书；文廷式指出：“和议既成，举国争言洋务。请开铁路者有之，请练洋操者有之，请设陆军学堂、水师学堂者亦有之。其兴利之法，则或言银行，或言邮政，或请设商局，或请设商务大臣”，“中国人心，至是纷纷欲旧邦新命矣”①。

在战争失败，举国争言变法的形势下，陈炽加深了对时局的认识和对国家前途的进一步思考。他上清帝万言书，反思战败的原因，请求清政府“一意振作，变法自强，以巩皇图而湔国耻”，指出“欲自强，必须变法”，公开提出了变法的口号。并且提出七项善后措施：下诏求言，阜财裕国，分途育才，改制防边，教民习战，筑路通商，变法宜民。② 与以前相比，上皇帝书中最主要特点是陈炽公开提出了政治改革的思想。甲午战争前，陈炽虽讲了议院的许多好处，但是这种制度能否在中国推行，何时能实行，陈炽则没有明确说明。而战后，他愤然上万言书，公开提出设立议院的设想。设立学部、矿政部、农桑部也是他首次提出的。

甲午战争后，陈炽比较活跃，与康有为等维新派来往频繁。1895 年参与筹建强学会；多次给翁同龢去信谈论时事；草拟过新政意旨；帮助康有为创办报纸。鉴于中国积贫积弱态势因战败而暴露无遗，为救中国之贫弱，他根据多年的思考撰成《续富国策》60 篇，分农书、工书、矿书、商书四部分，系统地提出了当时中国发展经济的具体方案。1896 年陈炽先后上《铸银条陈》和《茶务条陈》，探讨与中国财政经济密切

---

① 文廷式：《闻尘偶记》，《文廷式集》（下），第 723 页。

② 陈炽：《上清帝万言书》，载孔祥吉：《晚清史探微》，第 137—153 页。

相关的银钱和茶政问题，皆为光绪帝所批准执行。《时务报》、《知新报》创刊后，陈炽又为其捐银、撰稿，忙得不亦乐乎。综观这一时期陈炽的思想贡献主要表现在以下几个方面：

第一，阐述了“商之本在农”，“商之源在矿”，“商之体用在工”，及农、工、矿、商之间的关系。同时在某些方面的具体认识比以前有了很大提高。如在甲午战争之前，陈炽对商务的认识仅仅局限于以振兴商务为中心，批评洋务派“兢兢于海防，而不知其本原乃在商务”，①“自今伊始，制国用者，必出于商，而商务之盛衰，必系国家之轻重，虽百世可知矣”②，并未具体展开。而随着甲午战后清政府经济政策的变化，陈炽在《续富国策》中对商务问题大加发挥，从 18 个方面更加具体探讨了振兴商务的重要性，其中某些认识已经达到颇高水准。首先单从篇目即可看出陈炽对某些问题认识的深化，例如：商部——创立商部说、税则——商改税则说、公司——纠集公司说、巡捕——仿设巡捕说、轮船——遍驶轮舟说（多制兵船说）、报馆——畅行日报说、驿传——广通邮电说、游历——考察商途说、铁路——急修铁路说、赛会——博物开会说。这足以说明陈炽结合中国现实和自己从官的经验，对富强问题作了深入的思考。甲午战前他赞同官督商办企业，而之后他开始批评官府参与的弊端，“掣肘多方，弊端百出”，造成“商务益衰”。③ 随着认识的深入，他又提出了自由放任发展经济的思想，在《重译富国策》中借英人法思德之口指出：“分

① 《庸书·自叙》，《陈炽集》，第 144 页。

② 《庸书·商务》，《陈炽集》，第 84 页。

③ 《续富国策·博物开会说》，《陈炽集》，第 253 页。

财保富之道，莫妙于听民自便。所谓太上任之者，惟英国准今酌古，毅然举行。此外，东西两洋，大小诸国，则各有相沿旧制，以束缚驰骤其民。收利之多寡既殊，受弊之浅深亦异，非博考而详说之，未易知其究竟也。”① 在《重译富国策·角逐》篇中，陈炽批评了国家干预经济之弊端，“不能顺民之所欲，去民之所恶，乃预定一格而强同之，或拘守一格而永同之，则四民日受拘挛，如坐囹圄，如被桎梏。其始也，受害者尚复无多耳。自其外观之，亦似熙熙攘攘，尚有升平景象耳。而实则生计日艰，生机日蹙，局天蹐地，几几无一利可图，则不知生财之道莫妙于听民角逐”。“五方风气，不能强同，欲比而同之，则民间必有所不便，与太上任之之道，相去远矣。”② 这是陈炽思想继续深化的标志之一。

另外，甲午战争后，由于允许外人开设工厂，对民族工业的生存威胁颇大，这使陈炽进一步认识到发展商务同外国资本进行“商战”的必要。他再次指出“富国强兵，非商曷倚”。当然他认为并非孤立的发展经济，而是与农、工、矿业协调发展。陈炽认为农业、工业、矿业的发展在很大程度上是为商业服务的。大开商埠、创设银行、建商业学堂等观点也是陈炽振兴商务思想的深化。此前，陈炽提出的振兴商务的措施不过为设公司、立商律，而这时他已认识到商学的重要性。他指出，西人“每创一业必立学堂，是以造诣宏深，人才辈出，凡一材一艺之微，万事万物之赜，无不考求整顿，精益求精，遂能创开大利之源，尽夺华民之业”。以前，由于“外国轮舟、轮车、

① 《重译富国策》卷二总论，《陈炽集》，第 289 页。
② 《重译富国策·角逐》，《陈炽集》，第 290—291 页。

电报、火器以及机器制作之属，入中国者永须用西人管理，华人瞠目直视，束手而无可如何”，原因之一即是“一学一不学故”。[①] 如果中国能仿效西方设立各种学校，则不仅人才不缺，工价平等，而且能收回利权。陈炽对西方富强的认识发展到了学术层次。

工业方面。前一阶段，《庸书》中有《考工》、《虞衡》、《天文》、《电学》、《格致》等文，而《续富国策》中则有《工书》14篇，陈炽从《劝工强国说》、《艺成于学说》、《算学天学说》、《化学重学说》、《光学电学说》、《攻金之工说》、《攻木之工说》、《织作之工说》、《饮食之工说》、《工艺养民说》、《器用之工说》、《军械之工说》、《制机之工说》、《治道之工说》等方面畅谈了发展工业的重要性，不仅知识面比以前更加广泛，对工业的认识大大提高。他强调工业“一富一贫，一强一弱，一兴一废，一存一亡，而皆以劝工一言为旋乾转坤之枢纽”。[②] 他对工业的重视，实开康有为、梁启超等提出的“定为工国”的先声。

农业方面。甲午战争之前，陈炽对农业的关注表现在《农政》中所说的对农民的教育和传统的兴修水利问题。他在《利源》篇中虽亦提出在北方各省发展“畜牧之利”与“葡萄之利”，对改善农业发展和增加收入皆有益处，但尚不具体。战后，陈炽专列农书十四纲目，从水利、种树、葡萄、樟脑、畜牧、棉花等方面具体地阐发了自己发展商品性农业的构想。这是从商品生产与面向市场的角度来论证农业的重要性，与传统

① 《续富国策·分建学堂说》，《陈炽集》，第272页。
② 《续富国策·劝工强国说》，《陈炽集》，第201页。

的重本思想已经有了根本性的区别。例如关于种桑养蚕的问题，陈炽在《庸书》中有《蚕桑》一文，而在《续富国策》中他又专作《种桑育蚕说》，完全是从收利权和富国的视野出发，指出“蚕桑一宗，已足为全地球第一大富之国”，应该推广种桑；接着从丝的成本立论，“中国出口之丝，每包百斤，仅值三百余金”，而西人“所设缫丝各厂，购中国蚕茧，以机器缫之，每包值七百余金，高下悬殊”，所以整顿缫丝业，购机器以自制。同时鉴于绸布销售之路越来越宽，陈炽提出派人去英、法考察，购买机器回国自行制造。① 另外，陈炽根据中国的国情提出采用英法两国的农业经营形式，有条件的地方使用机器耕田，“一农之所耕，多至二三千亩”②，也是其农业思想认识的发展。1897 年 9 月，陈炽在《农会报》上发表《论农会书》，从发展商品经济和养民的角度再次强调了发展农业生产的重要性。可以说对农业问题的关注是陈炽一生中的亮点。

矿业方面。陈炽在前期呼吁开矿的思想主要表现在《庸书·卝人》文中，而此时他撰有《续富国策·矿书》，分为《维持矿政说》、《精究地学说》、《开山伐石说》、《分塥采煤说》、《石油石盐说》、《披沙拣金说》、《就银铸钱说》、《开矿禁铜说》、《大兴铁政说》、《广采群金说》、《炼石陶砖说》、《取土制磁说》，可以看出他对采矿业的足够重视。如他在《庸书·格致》中提到地学的重要性时，仅仅归纳为“识五金之质，辨九土之宜，析山海以豪（毫）芒，得神奇于朽腐，而地无遗利矣”，而在甲午战争后，他的《精究地学说》文则从生物演化

① 《续富国策·种桑育蚕说》，《陈炽集》，第 158—159 页。

② 《重译富国策·多寡》，《陈炽集》，第 285 页。

的角度详细论述了地学对富国的重要性。把矿业与农工商业并重，也是陈炽对矿业思想认识的深化。他指出："农也、矿也、工也、商也，为华民广一分生计，即为薄海塞一分漏卮；为闾阎开一分利源，即为国家多一分赋税；为中国增一分物业，即为外国减一分利权。"①

第二，对专制统治的认识有所发展。对吏治腐败的批判，陈炽在《庸书》中即有展露。例如他抨击京官与外官之间的勾结、积案问题的严重、考核官吏之法的因循，而提出澄清吏治，停捐纳等主张。甲午战争后，他在上皇帝书时借用西人之言说："天下万国，最贪者，中国之官。"② 1897年2月22日，陈炽在《时务报》上发表《贵私贵虚论》，对封建君主专制进行了猛烈抨击："天生民而立之君，使司牧之。君者，群也，所以公天下也。后世人君有天下则私天下，有一国则私一国。为之官吏者，有一省则私一省，有一郡则私一郡，有一邑则私一邑。一若上天，私授福命，应为人君，小民之性命身家皆其私产，使聚敛之、鱼肉之、驱策之，而民不敢有私怨者"，由于在上者"贵私"而导致国弱。这可以与谭嗣同批评君主视天下为私产的思想相媲美。谭嗣同在《仁学》中亦阐发了君民关系新观念："生民之初，本无所谓君臣，则皆民也。民不能相治，亦不暇治，于是共举一民为君"，君是要"为民办事"的，臣也是"助办民事"的，而以后情况有所变化，成为君主之私产，"天下为君主囊橐中之私产，不始今日，固数千年以来

---

① 《续富国策·自叙》，《陈炽集》，第149页。

② 陈炽：《上清帝万言书》，《晚清史探微》，第142页。

矣"。[1] 陈炽还指出："上之视下也如犬马，下之视上也如路人；上之视下也如土芥，下之视上也如寇仇。寖至盈天下四万万人，各怀其私，各行其私，各是其私，而中国四万万私人，遂成四万万私国，任听他人欺凌狎侮，鞭笞捶扑，而俯首帖耳无可如何矣。"[2] 陈炽对封建君主"贵私"的揭露，是他思想认识的继续前进。

第三，对国际形势的认识有所深化。甲午战争之前，陈炽已经对当时的国际形势有所了解，他在给李鸿章和陈宝箴的信中即谈到围绕着朝鲜问题所牵涉的复杂国际关系。在《庸书》中，他又将当时资本主义国家与春秋时期列国进行比附，认为"今之世，一战国七雄并峙之世也"。虽然在陈炽之前，王韬、薛福成、彭玉麟等人已有对国际局势如春秋战国的认识，但陈炽能有相同的看法，本身可以说明他对欧洲政治格局的了解。尤其是对俄国，认为它是中国的隐患，指出："俄人国势，等于暴秦"，"今日之大患在俄"，俄国在东北修筑西伯利亚铁路，中国的"东北、西北之边防将无宁日"。[3] 甲午战争后，俄国通过干涉日本归还辽东半岛，引起清政府大部分人士的好感。严复在1897—1899年连续发表《中俄交谊论》等文呼吁联俄。陈炽则看清了俄国的意图，于1897年以瑶林馆主为名作《俄人国势酷类强秦论》，从十个方面把秦与俄国对比，呼吁"夫前事之不忘，后事之师也，前车之已覆，后车之鉴也。欧洲各国，前无所师，其不知鉴焉，宜矣。独怪中国通人智士，知哀

---

① 《谭嗣同全集》，第339、341页。

② 陈炽：《贵私贵虚论》，《陈炽集》，第316页。

③ 《庸书·四维》，《陈炽集》，第8—9页。

六国而不知情事之相同，知畏强秦而转引虎狼以自卫，甚矣哉！其愚不可及也”①。陈炽对俄国为中国之大患颇为深刻的剖析，引起了同时代人的共鸣。②

对日本看法的改变。甲午战前，陈炽赞赏日本变法，把日本看成是中国实行改革的模仿对象，对日本可能侵略中国没有什么认识。甲午战后，在钦羡的同时增添了一份忧虑，他在《续富国策·创立商部说》文中指出：日本“近在肘腋之间，急起而窥我心腹，其心计之精刻与西人同，其性格之阴柔与西人异，西人之所能为者，彼优为之，西人之所不肯为者，彼亦决为之。始也财力未雄，不及西人之长袖善舞耳。今一朝战胜，举国宽然，数万万之金钱取之如寄。又得台湾一岛，各国之所垂涎而目为宝山金穴者，助其商力，蠹我中邦，更有行轮造货之约章，夺我之矛，陷我之盾，纵横内地，盘踞利权。”随后，陈炽发表《中日之战六国皆失算论》、《美德宜力保大局说》、《英日宜竭力保中说》等文，指出了中国与日本的利害关系及所牵涉的国际形势，主张应采取以夷制夷、合纵连横的方法。

第四，在这一时期内，陈炽的维新思想由激进到退缩，行动上有一个从积极参与到游离的过程。《马关条约》签订后不久，陈炽即送给翁同龢善后封事八条，得到翁氏称赞，认为“皆善后当办者，文亦雄”。在清廷下诏求言变法时，陈炽上清帝万言书言之谆谆要求改革，变法图强，并警告清政府若不及

① 《陈炽集》，第314—315页。

② 孙宝瑄在光绪二十三年正月二十三日记中云：“览第十八册《时务报》，有瑶林馆主论俄人国势酷类强秦，前后比证颇确。”见《忘山庐日记》（上册），上海古籍出版社1983年版，第74页。

时变法，不出十年将会有大祸。为帮助筹建强学会，陈炽经常往返于京沪之间，为学会购置图书仪器奔忙。陈炽在强学会中“始终其事，且有一定地位者”。① 在他的坚持下，强学会拒绝了李鸿章以三千金入会的请求。

在陈炽的怂恿和督促下，官居户部尚书兼军机大臣的翁同龢逐渐参与变法的行列，加入了强学会。1896 年 6 月，刑部左侍郎李端棻上《推广学校折》，主张京师以及各府州县皆设立学堂，同年 9 月，孙家鼐上《议复开办京师大学堂折》提出了筹建京师大学堂的具体设想。陈炽与许多人士一样呼吁清廷尽快开办并拟订章程。“官书局颇有请款开学堂之意……陈次亮亦拟学堂章程”②，“寿州奏复开大学堂……次亮条陈寿州，大致成一局面”。③ 因《时务报》内部矛盾重重，1897 年 4 月，陈炽与李盛铎在上海劝说梁启超在《时务报》之外，再开日报，曰《公论报》。④

陈炽在维新运动中异常活跃，深受各派人士重视。就连湖南湘乡人张通典（1859－1915）也想与之攀关系。他在给汪康年的信中说：“次亮如尚在上海，亦望属其进言，渠是乡人，更易取信。”⑤ 叶大庄在戊戌变法期间也通过汪康年向陈炽问

---

① 汤志钧：《戊戌变法人物传稿》（增订本）下册，第 698 页。

② 《汪康年师友书札》（一），上海古籍出版社 1986 年版，第 748 页。

③ 《汪康年师友书札》（一），第 750 页。

④ 见 1897 年 3 月 3 日梁启超致康有为函（《梁启超全集》第 10 册，第 5912 页）。关于此事是否能行得通，张元济有不同的看法。张元济（1867－1959）在写给汪康年的信中说：“来论云卓与陈、李开《公论报》，弟揣其名似已不妥。时尚未至，恐损多益少也。盍曷为卓如言，并达鄙意”（《汪康年师友书札》二，第 1692 页）；“公前函谓次亮、木斋劝卓如开《公论报》，迄今未见。其已罢论欤？次亮迄未一晤”（《汪康年师友书札》二，第 1695 页）。

⑤ 《汪康年师友书札》（二），第 1778 页。

好，他在给汪康年的信中提到："陈次亮柩部出京，前闻有改外之说，然否？并祈致意。"①

不过，陈炽的行动一开始就带着小心翼翼的烙印。《万国公报》创刊之初，因宣传新的思想观点引起顽固派徐桐、褚成博的反对，"守旧者谣谤渐起"，他们要弹劾康有为。陈炽得知风声后，不是与康有为商量积极应付的对策，而是规劝其出京暂避风头。强学会遭查封后，陈炽与文廷式、李盛铎一并被御史杨崇伊弹劾，文廷式因此被革职。陈炽虽没有受处理，但也受惊非小，言论不像以前那样激进了，甲午战前呼吁议院为"英美各邦所以强兵富国、纵横四海之根原"，战后慷慨激昂建议清廷设立议院的陈炽不见了，代之而起的是开始变得谨小慎微，惟恐触犯清律的陈炽。1896 年 11 月 30 日（光绪二十二年十月二十六日），陈炽忧心忡忡地告诉汪康年："中国君权太重，都中一事不办，外间遂欲办一事而不能，自上下无一不揣摩迎合也。"陈炽感到了政治的压力。

《时务报》创刊后，梁启超、汪康年、黄遵宪等人在其上发表宣传变法的文章。梁启超撰《变法通议》，宣传民权学说。不过梁启超在《古议院考》（1896 年 11 月 5 日）中虽赞赏西方的议会制度，但他同时认为中国民智未开，骤开议院，恐有大乱。汪康年发表《中国参用民权之利益》（1896 年 10 月 27 日）文后，社会反映强烈。吴品珩认为"《参用民权》一篇，尤为透切，痛下针砭，佩服佩服"，陈延益评价"尊论《参用民权》，极为透澈，其如聋瞶成风何？"② 但这引起了张之洞的

① 《汪康年师友书札》（三），上海古籍出版社 1987 年版，第 2434 页。

② 转引廖梅：《汪康年：从民权论到文化保守主义》，第 122 页。

不满，他通过幕僚梁鼎芬驳斥汪康年的民权说。在张之洞的干预下，《时务报》渐渐削减议政文论的刊登。陈炽闻到了风声，《时务报》的言论也引起了他的惴惴不安。陈炽写给汪康年的两封信即可表明他此时的态度：

其一曰："穰卿仁兄大人阁下：示悉。味余信收到。所言美国新金山设立兴华会一节，见之他报内。从强学会封禁，《立言》恐招忌恨，非本报所译。弟引此以证议院民权之不可再说耳。然亦指篇首论说，译西报亦不忘也。"

其二曰："昨得长素函，亦绝不提回沪之说。公度事可疑可诧，渠至都即讲民权，弟已规之，大约不能从耳。"①

鉴于政治形势严峻，陈炽自己是不敢奢谈议院了，并且规劝别人也少谈为佳。其实在这之前，陈炽已得"心疾"、"颠倒昏愦"，在军机处关系亦不甚融洽（文廷式语）。同时他与翁同龢关系开始出现裂痕。翁氏在 1897 年 7 月 12 日记："陈次亮以折示我，全是风话，内有涉余名者一句，以墨笔捺出，还之，不如此不能断此妖也。"从共同呼吁变法至两人关系开始出现矛盾，说明了维新变法进程的复杂性。不久翁同龢被黜，陈炽更是失去了靠山和希望，变法的热情再度受挫。不过他仍然注视着变法进程，但戊戌政变的发生，六君子喋血菜市口，使他多年的心愿化为乌有，身心也受到很大打击，开始借酒浇愁，不再发表言论，终至一病不起，郁郁而终。

陈炽一生前后三个阶段的思想发展变化，说明他是中国近代史上一个随时代潮流前进的进步政治家、思想家。在"世界

① 《汪康年师友书札》（二），第 2076－2077 页。

潮流，浩浩荡荡”的形势下，他能够保持清醒的认识，提出了自己的变法主张。但是陈炽作为维新派又有软弱性，表现在政治变革激流中遇到风吹草动便会变得缩手缩脚，由热情主张变法到行动上的游离，这是变局中的近代中国一些士大夫的普遍心态，不独陈炽如此。

第三节　陈炽思想的特色

黑格尔曾说：“没有人能够真正地超出他的时代，正如没有人能够超出他的皮肤。”“个人作为时代的产儿，更不是站在他的时代以外。”① 陈炽作为近代人物之一，思想中不可避免带有近代痕迹，但也有自己与众不同的思想特色。

一、强烈的经世意识

作为封建时代的一位维新思想家，陈炽的思想来源不是学无根底，而是通今博古，是对明末清初诸大儒的经世学风以及思想先驱龚自珍、魏源、林则徐思想的继承与发展。陈炽的成名作是写于甲午战争之前，出版于战争之后的《庸书》。从全书的百篇文章的内容中可以看出，陈炽的视野非常开阔，论证极为严密。在政治方面，如名实、考绩、例案、停捐、养廉、行取、乡官、胥役、议院；在经济方面，如蚕桑、农政、厘金、烟税、艺科、商部、税则、铁政、利源、铁路等；在教育方面，如翰林、学校、太学、书院；在国防外交方面，如图

① ［德］黑格尔著，贺麟、王太庆译：《哲学史讲演录》第 1 卷，商务印书馆 1959 年版，第 56—57 页。

籍、额兵、勇营、边防等，均一一加以论述。这些主张一方面继承了前人的经世思想，一方面针对当时中国社会现实，慷慨陈言，痛斥弊端，“重伤世局”，“婉辞尚形激烈”，每多“偏持”之语，能够“济国步之艰难，振愚庸之聋聩”，① 宋育仁就很佩服陈炽经世之学的“湛深”。陈炽提出相应的对策措施，其基本目的也是希望自己的维新主张能切实加以利用，② 而本人亲自投入到维新运动的实践中去，明显反映出他的经世致用思想。当然，陈炽所处时代毕竟与龚、魏不同了，此时西学大量输入中国，中国人开始走向世界，这种变动的环境使得陈炽有机会去体验西方社会文明，虽然未能走出国门，但沿海、港澳等地也使他大开眼界，认识到西学对中国的重要性。在此基础上，陈炽采用中西结合之法探索近代中国发展道路，推动了经世致用思想在近代社会条件下不断更新和内容的更加充实。

二、广博的科学知识

洋务运动期间，西学日益传播，不仅翻译馆翻译西书，外国人在报纸上也鼓吹发表，西方近代科学知识逐渐传入中国。学习西学从“士林败类”、“名教罪人”的贬称，渐渐出现“家家言时务，人人说西学”、“竞言洋务”的局面。陈炽年轻时即喜欢留心天下利病，“热心科学”，③ 所以对翻译出版的西方译

① 余镂：《〈庸书〉内外篇重刊序》，《陈炽集》，第4－5页。

② 他在《庸书·自叙》中对孔子“欲载之空言，不如见之于行事之深切著明也”之语评价道，“斯则款款愚诚，所为穆然以思，复不禁殷然以望者”，流露出建言被采用的心情。

③ 萧公权著，汪荣祖译：《近代中国与新世界：康有为变法与大同思想研究》，第289页。

著曾广泛涉猎。我们可以从其著作的言论中透视出其科技知识的内涵。

天文学：中国数千年来的传统观念认为，天圆地方，天动地静，日月星辰绕地而行。随着西方科学舆地知识的逐步传入，特别是哥白尼日心说的介绍，传统的宇宙观念开始发生变化。魏源曾在《海国图志》中介绍过日心说。江南制造局等翻译机构也译印了一些天文学书籍。不过较系统介绍近代天文学成果的则是李善兰与英国传教士伟烈亚力共同翻译的《谈天》。该书对中国思想界影响颇大。陈炽从《谈天》等天文学译本的阅读中获得了近代天文学的新知。在《庸书·天文》中，陈炽谈到了宇宙运行图："地球自转，绕日而行……日与恒星亦有微动……五星及地球外，至远者尚有天王、海王二星，绕日之小行星多至一百二十有九，金、火、木、土诸星，均有一月或数月绕之。行星绕日及月绕本星之迟疾，各各不同。列宿皆系恒星，与日相类，光体摄力，大小迥殊，盖自有三率比例之方。"在《续富国策·光学电学说》中，他指出："火星、金星各有一月，木星四月，土星八月，诸星距日之远近，质体之大小轻重不同，故各成轨道，同绕日轮。日亦自有轨道，七十余年而行一度。"在《续富国策·算学天学说》中，他又指出："近日天文家，既知地动迎日之说，以推恒星日月五星各有行度，即各有伏留交会之时，万古疑团，一时尽破，由是合之于人事，验之于地产，征之于物理，真知实测，各新学由此而生。古圣玑衡功效，乃大著于天下。"陈炽对西方近代天文学新知的吸取，既表达了自己的宇宙观，也启迪世人用科学观念反省当时中国的传统与现实。

医学：与西学东渐相适应，西方医学知识亦传进中国。明末西方传教士所译的《泰西人身说概》和《人身图说》，介绍了西方的解剖生理学。进入近代后，医学译书渐多，英人合信翻译了《全体新论》等五种医书，美人嘉约翰翻译了《西医内科全书》等，江南制造局翻译官赵元益也参与翻译医书多种，如《儒门西学》、《内科理法》、《西药大成》等。这些西医译著，介绍了西方近代医学的知识。① 陈炽通过“取彼国医书而读之”而对泰西之医学有所了解。他介绍说，西医起源于希布可拉弟司，相当于中国周贞定王时。近来又“精研化学，推阐日精，医者授于师，掌于官，器必求全，药皆自制，偶有不治，必考其由”。“西人病死则剖视之，故全体脉络，考验最详，然所见者，已死之筋骸藏腑也。至于生气之流行，化机之运动，尚有非耳目所得见闻者。”“西人内证诸方，用金鸡那阿芙蓉者，十居八九，摄邪入胃，而使之下行，苟中气素虚，恒以伏留致因。”而对比中国，古代医学颇精，而“今天下医日多，药日杂，病者不及择，死者不可稽”，称之为“小道”、“杂流方伎”，“伪药盈市，庸医塞途，横死夭亡，比比皆是”。② 陈炽对西方解剖学的吸取，冲破了“身体发肤，受之父母”的古训，这本身就是认识上的进步。他呼吁要搜集“泥于实”的西医中的养生卫生之法延长寿命，以“寿人觉世”。在《续富国策·种果宜人说》中，他接受了西医所说多吃水果对延年益寿的作用，“涤瑕荡秽，衰老变而少年”，“四海生民，食德饮和，咸登仁寿”，呼吁广种果树。这不仅是富国的需要，

① 参见黎难秋：《中国科学文献翻译史稿》，中国科学技术大学出版社 1993 年版，第 197—203 页。

② 《庸书·西医》，《陈炽集》，第 127—128 页。

对改变19世纪末人们的生活观念也有一定的推进作用。

化学：近代化学知识的输入归功于徐寿父子和傅兰雅所译的西方化学名著。他们所译介的书籍中介绍了化学的基本原理、有机化学、无机化学、植物化学等内容，为国人了解西方化学提供了指南。陈炽吸收了近代化学的某些理论知识并与中国现实相联系。他在《续富国策·化学重学说》中指出："天下自有化学，而万物之效用于人者，其功力始至广而至神"，"泰西工艺之精，根之于化学"。接着他介绍了动物化学、植物化学、地产化学的内容与作用，得出"自有化学，而天地万物乃无遗性、无逸味、无隐情、无遁形"的认识。不过陈炽对化学的作用是辩证地看待的，既看到它的益处，亦看到隐性的危害。他说：化学"致用于人者，其得失仍参半也。何以言之？水所以载舟亦所以覆舟，火所以燔物亦所以毁物，不有以权衡而节制之，利未见而害已成矣"。所以他对火政问题极其注意，在《庸书·西法》中即指出要修火政，后在《续富国策》中再次强调修举火政，并且提到英人瓦特悟水化气而托物之理，后化学肇兴，考求更加精密，因火井之原理而悟出煤气之可燃，于是发明煤气灯、电灯，既可"永绝火灾"，又能使"商务勃兴"。① 可以说，陈炽接纳西方化学知识不仅是学习西法的一部分，也是以之发展商务以富国。

另外光学、电学、算学、地学、植物学、物理学等自然科学，国际法、经济学等社会科学，陈炽在著述中亦常常提到。如在《续富国策·光学电学说》中，陈炽对利用光学原理制作的望远镜、显微镜、照相镜，利用电学原理制造的电灯、电

① 《续富国策·修举火政说》，《陈炽集》，第249—250页。

报、德律风、留声器、电放鱼雷、电行火车、电运机器，皆非常感兴趣，得出“光学兴而天下无难显之情，电学兴而天下无难通之理”的感想。总之，陈炽在其有限的生涯中，对西方近代科学的不少学科皆曾有所涉猎和钻研，并且初步掌握了一些学科的原理，形成了其科学思想的广博性的特点。

三、强烈的忧患意识，真诚的爱国心

陈炽的著述大都是感时、愤事之作，充满了忧患意识。这既是继承我国古代知识分子的优秀传统，也是甲午战争前后社会现实的反映。历史步入近代后，魏源、徐继畬都是深怀忧患意识者。19世纪八九十年代，更是社会动荡激变的年代，西方国家侵略加深，内政腐败，引起了有识之士的忧虑。郑观应的《盛世危言·自强论》中节录了《国民报·公义第二篇》即充满着忧患感：“今日事变叠来，未有终极，且将有印度、波兰之惨，固非止某处而已。……则今日固天下臣民所宜同心并力，不能膜为他事待之他人者也。《诗》曰：‘迨天之未阴雨，彻彼桑土，绸缪牖户。’《易》曰：‘其亡其亡，系于桑苞。’我国民其何以自处矣!”① 陈炽同样有着强烈的忧患意识。《庸书》和《续富国策》即是“感念时变”而“发愤”所作。如他在《续富国策·维持矿政说》中指出：“闭关以前，货无所谓不足也；通商以后，始蹙蹙然，日忧不足耳”，中国如果仍“守此而不变，再阅十载，彼之货皆贵，我之货皆贱；彼举国皆富人，我举国皆穷人。试思穷人听命于富人乎？抑富人听命于穷人乎？将使权势举无所施，愚智皆为彼用，不蹈印度、缅

① 《郑观应集》（上册），上海人民出版社1982年版，第343页。

甸、越南之覆辙，其事不止，他日中国四万万众神明之胄，颠连困苦，奴虏终身，济济群公，何以自解于天下万世哉!”①句句充满着民族忧患感，惟恐中国沦为印度、缅甸、越南的命运。具体来说表现在以下几个方面：

忧水患。在我国历史上黄河经常泛滥，直接影响人民生命财产的安全。“黄河之为患中国，古矣。虞廷分职，禹作司空，自后垂二千年，河无大患。沟洫既废，阡陌乃开，水利就湮，河患以亟。汉时黄河屡徙，小民荡析离居”。到嘉道年间时黄河常“横溃四出”，② 以后又屡屡漫决。同时永定河、海河、淮河也经常为害。陈炽对水灾深表关切和忧虑，写了《河防》、《渠树》、《水利》、《议河说帖》等专文，分析了河患的原因、危害及其解决办法，主张裁撤河官，兴修水利，开渠种树。

忧民生。鸦片战争以来国家内忧外患连绵不断，城乡经济萧条，百姓生计日艰。陈炽目睹民生艰难，著述的字里行间流露着对民生的关心。他在《庸书·渠树》中指出北方老百姓由于灾荒而“蚩蚩然蹙蹙然延颈举踵，若婴儿之待哺”，何等令人痛心！在《庸书·编审》中指出那些无地之民，“官吏不加收恤，一听其自生自灭、自去自来，无复有过而问者”，以致衣食无着，“或死于疾疫，或转于沟渠，或鬻于僧尼，或流于盗贼”。他在《续富国策·种树富民说》中说，由于西北之地树木稀少，灾荒不断，“其民则菜色流离，饥寒垂毙”。陈炽呼吁君主与官吏要重视民众的疾苦，“国以民为本”，视君民为一体，才能弭内忧外患，强兵富国。

① 《续富国策·维持矿政说》，《陈炽集》，第178—179页。

② 《庸书·河防》，《陈炽集》，第37页。

愤吏治腐败。陈炽批评政府选官制度存在弊端，难以选拔真实人才，考绩、京察、行取仅存有形式，墨守成规。官吏腐败现象严重，他特别痛斥了治河之官贪污治河费用的腐败，“不设官则河犹可治，设官则河必不可治”。捐纳制度的存在是败坏吏治的一大因素。陈炽并不反对非常时期实行捐纳增度支，但不过是“事例偶开，事过即停，不逾岁月。且仅属虚衔，不捐实职。上下皇皇然引为深耻，视若隐忧”。而现在则捐例广开，名目繁多，“及得一缺一差，则酷虐贪婪，务肥私橐，求其贤者，十不获一矣。即求其循分供职者，亦十不二三矣。夫日日教以廉，犹虞其贪也。今聚无数虎狼，饥之纵之，而使噬下民弱肉，其何以堪!”因此要停止捐纳，以清仕路。①

忧边患。鸦片战争后列强对中国边疆地区鲸食蚕吞，“叩关通市，师船络绎，窥伺东南，胁我以兵威，诱我以教人，蠹我以商务”，边防危机重重。英国在西南、法国在云南、日本在东北均对中国构成威胁。陈炽清醒地认识到“强敌在门，诸夷环伺”的危险处境，在《庸书》中用大量篇幅说明这个问题，并提出了移民实边、招垦兴屯、增筑炮台、办理渔团、修建铁路等保卫边疆的具体办法。不过陈炽也是有所侧重的，特别是日本侵略台湾后，清政府内部曾有过海防与塞防的争论，陈炽倾向于塞防。他利用自己在军机处方略馆任职的条件，结合当时的形势，对中国的蒙古、西南等省以及暹罗、南洋的状况作了分析。“中国之大患仍不在水而在陆，不在东南而在西北也。”②“今之言洋务者……汲汲于东南，而不知其要害乃在

① 《庸书·停捐》，《陈炽集》，第12页。

② 《庸书·炮台》，《陈炽集》，第110页。

西北也。”他指出俄国是中国的最大祸患，并且在多处提醒要注意俄国在北方的隐患，“窥我堂奥而溃我藩篱”，所修筑的西伯利亚铁路竣工后，不仅朝鲜、东三省“不能安枕”，就是内外蒙古、新疆、西藏也在“风声鹤唳之中”。①

陈炽具有这种忧患意识与他从小接受了以儒家为主体的传统文化的教育有关。中国历代知识分子“以天下为己任”，“天下兴亡，匹夫有责”，“常思奋不顾身，而殉国家之急”（司马迁语）的精神给陈炽留下深刻印象。他幼年听长辈谈到1860年英法联军的“庚申之变”时即痛哭流涕，后又仿效南宋抗金志士陈亮改名陈次亮，决然以拯救天下为己任，这亦表明其爱国之诚。在当时列强“鹰瞵虎视”、“垂涎窥伺”的危局前，陈炽宵衣旰食，对水患、民生、吏治腐败、边防危机等问题忧心忡忡，痛心疾首列强的侵略，积极探讨御侮自强之路。因此，他在经济思想中反对领事裁判权、协定关税以及外人把持海关等，提出与外国进行“商战”，挽回利权；政治思想中，批判政府机构臃肿，人浮于事，主张建立上下情通的“君民共主”的议会政治，其目的是“合众志以成城”，抵御“纷至沓来”的外患；教育思想中，他主张派人出国留学、考察等也是希望能够学习西方先进技术，以“师其所长，而夺其所恃。……与泰西并驾齐驱”。② 甲午战争时他对时局“头痛不已”，著《续富国策》，希望中国强盛。可以说忧患意识、爱国精神是贯穿陈炽思想的一个基本特征。

四、“开新”与“卫道”的双重奏

陈炽主张学习西方，发展科技，振兴商务，设立学堂，甚

① 《庸书·自叙》，《陈炽集》，第144页。

② 陈炽：《精技艺以致富说》，《陈炽集》，第337页。

至仿效西方设立议院制度，但是同时又对西方文化持贬低态度，极力维护中国传统伦理秩序的圣学道统。为了学习西方，他曾对守旧和维新势力进行批评。他批评守旧者，“深闭固拒，尊己而抑人，事变既来，茫昧昏蒙，束手无措”；又抨击维新者，“不深察中国之人情与国家创制显庸之本意，又张皇震讶，欲一切舍己而从之”。这两种做法，在陈炽看来，“其意似皆是也，而皆非也”。那么该怎样处理两者的关系呢？他认为正确的做法是“法之宜守者，慎守之”，“法之当变者，力变之”。①所以他认为中国应根据实际情况在某些方面学习西方，而不能墨守成规，搞闭关政策。陈炽虽认识到“中西学术，本末相殊”②，不过在他心目中中学是永远高于西学的，“夫今不若古，犹可言也，中不若西，不可言也”③。为了论证中学的优越性，他积极倡导明末清初即已出现的西学中源说。陈炽认为不仅西学源出中国，就是西器、西艺、西政、西教以及西方人种文字也都源于中国，并且还设想了中学西传的道路。陈炽对此说的论述比近代其他思想家更全面，态度更坚定。④ 这是传统的民族文化优越感在陈炽身上的反映。

由于极力倡导西学中源，所以陈炽的复古倾向严重，他所追求的是“以复古求改革”（梁启超语），“以学习西方为饵而

---

① 《庸书·名实》，《陈炽集》，第 6 页。

② 《庸书·艺科》，《陈炽集》，第 78 页。

③ 《庸书·学校》，《陈炽集》，第 29 页。

④ 张锡勤在《陈炽思想简论》中认为“和同时代其他人相比，陈炽所宣扬的乃是一种最全面、彻底的西学中源说”（《北方论丛》1999 年第 4 期）。胡寄窗在《中国近代经济思想史大纲》中认为陈炽是把西学中源“推到极端的最典型的一位思想家”，“对这一福音宣扬得比任何人都多”（中国社会科学出版社 1984 年版，第 163、165 页）。

托诸古制”。[1] 他说：“西人之通中国也，天为之也，天与我以复古之机。”即认为中外通商往来是复古的绝好机会。西人拥有的器是中国古代遗物，“是道之粗迹，先王遗意之所存”，所以学习西方是回归旧物的行为，“知彼物之本属乎我，则无庸显立异同；知西法之本出乎中，则无俟概行拒绝”[2]。因此陈炽认为“以西法为西法，辞而辟之可也，知西法固中国古法，鄙而弃之不可也”[3]。

与这种尊古的价值趋向相联系，陈炽虽有维新变法的思想，但深荷纲常名教的重负，以卫道者自居，思想中充满传统和维新的交织。他的维新思想总的来说是以孔教为本，孔圣人之教，“得之则治，失之则乱”。他在《庸书·审机》中批评西人不明三纲之说，“西人忠信明决，实为立国之原，而三纲不明，五伦攸斁，则他日乱机之所伏，即衰象之所由成也”。1896 年他在《续富国策·自叙》中再次指出：“泰西诸国，虽上下一心，然三纲不明，五伦攸斁，墨氏之教，无父无君，即强盛于一时，终不可以持久也。”[4] 其所持论根据是：西方各国虽倡自主之说，置君如奕棋，其贤者尚守前规，不肖者人思自取，如巴西等国，“彼此相攻，大乱方滋，隐忧未艾”。这是“无君臣之伦者，不足以致太平也”。西人周旋于各地做生意，宗族观念淡薄，与中国敬宗尊祖不同，西人就是父子兄弟之间也“不相收恤”，以至“数传而后不自知为谁氏之子孙，未及

---

① 汤志钧：《戊戌变法人物传稿·陈炽》（增订本）上册，中华书局 1982 年版，第 159 页。

② 《庸书·自强》，《陈炽集》，第 8 页。

③ 陈炽：《〈盛世危言〉序》，《陈炽集》，第 305 页。

④ 《续富国策·自叙》，《陈炽集》，第 148 页。

百年，已多淆杂”。这是“无父子兄弟之伦者，不足以存种族也”。西人重女轻男，以至“贫者不能婚娶，兼畏室家之累，绝不以无后萦怀，刻虽生齿蕃昌，日久终将衰歇”，与中国的“不孝有三，无后为大”、“乾坤定位，夫为妻纲”截然不同。这是“无夫妇之伦者，不足以广似续也”。[①] 陈炽的《庸书》百篇是始以《名实》，而终于《圣道》，足以看出他的心态所向，相比郑观应的《盛世危言》、邵作舟的《邵氏危言》、汤寿潜的《危言》、宋恕的《六字课斋卑议》皆没有像陈炽这样安排。王韬、郑观应等人虽也是西学中源说的倡导者，但是没有如陈炽这样批评西方文化，对圣道如此推崇。

晚清以来，面临西方文化的猛烈冲击，士大夫中有这样一种观点，即西人创设的火轮舟车等器，是运载圣教东行西方各国的载体。李元度说：“今此通商诸国，天假其智慧，创火轮舟车，以速其至。此圣教将行于泰西之大机括也。”[②] 与林则徐、魏源等人“师夷长技以制夷”的观点相比，这种观点完全是一用夏变夷的陈腐观念。陈炽也有此意。他在《庸书·圣道》中批评亚洲之教（中国之道教）、欧洲之教，“皆有体而无用，或有己而无人，甚则倚势作威，权侔人主”，而极度赞扬圣道，“与人无患，与世无争，奄有众长而不稍沦于空寂，得之则治，失之则乱，并包万善而不稍假夫威权，无始终无成毁，无边际无端倪，天而不欲，万国之民永生并育，长治久安，则亦已耳。苟天道好生，人心思治，则舍我中国之圣教无

① 《庸书·审机》，《陈炽集》，第139页。

② 李元度：《答友人论异教书》，载郑振铎编：《晚清文选》，上海书店1987年影印本，第129页。

由也”。同时他还认为孔教将会支配全世界，“我黄帝之子孙、孔门之弟子，将方行于四海，充塞于两间，成古今大一统之闳规，创亿万斯年同文同轨同伦之盛业也”。在《续富国策·艺成于学说》中，他认为西人所制之轮舟、火器、电信等器物是“天假手于西人，以成兹地球一统万国会同之法物也。……天将以器归中国而以道行泰西，同轨同文，开万国同伦之大化，所谓凡有血气莫不尊亲者，此其时矣”[①]。在他看来，“他日我孔子之教将大行于西，而西人之所以终底灭亡者，端兆于此”。[②] 陈炽殚精竭虑保卫圣道，用夏变夷，希望圣道同化那些西方国家，成了圣道的忠实维护者。

从冯桂芬的“以中国之伦常名教为原本，辅以诸国富强之术”，到薛福成“以西人富强之术以卫我尧舜禹文武汤周公之道”、中国“礼义纲常之盛，甲于地球各国”，王韬的“器则取诸西国，道则备当自躬”，再至陈炽的“夫道不变者也，器屡变者也”，“存道而参用其器”，“泰西之所长者政，中国之所长者教。道与器别，体与用殊，互相观摩，互资补救”。他们主张“开新”，向西方学习，但依然是三纲的维护者。如陈炽虽反对君主“贵私”，赞赏西方的议院制，但又认为民主之制为“犯上作乱之滥觞”，“自由之说，此倡彼和，流弊已深”，不主张作臣子的推翻君主，乱了君为臣纲；赞扬西人到处经营商业以致富，主张大力通商，但认为他们父子之间感情淡漠，不相照顾，行如路人，是乱了父为子纲；赞赏西方女子与男子一样接受教育，呼吁中国男女平等受教，但认为西方重女轻男，使

① 《续富国策·艺成于学说》，《陈炽集》，第202—203页。

② 陈炽：《〈盛世危言〉序》，《陈炽集》，第305页。

部分男子负担加重无力组建家庭，影响子嗣的承续，是乱了夫为妇纲。这些具有维新思想的士人，一方面倡导学习西方，另一方面又摆脱不了儒家传统规范的束缚，反映了当时知识分子在中西文化碰撞下的迷惘心境。

五、侧重于经济方面的维新思想

在近代中国，追求富强是当时中国人的共同愿望。赵丰田在《晚清五十年经济思想史·序》中指出："咸丰庚申变后，忧国者感于时势阽危，经世思想，殆无不集中于富强问题。"① 不过他们对富强的追寻途径并不完全相同。洋务派侧重于发展工业与军事的实践活动以图富强，很少有对经济活动学理的探研；清流派弹劾官吏，指陈弊端，所提的富国养民策脱离不了屯垦、兴水利、轻徭薄赋、禁奢崇俭等传统的为富之道；顽固派则以"忠信为甲胄，礼义为干橹"，把礼义人心作为自强的理论武器，反对修铁路、办商业的求富活动；王韬、薛福成、马建忠等参与过洋务运动的思想家，提出了工商立国的思想，但过多地强调发展对外贸易以抵制外国商品入侵；梁启超、康有为、严复等人在戊戌变法时期思想着重点在于救亡和启蒙；而陈炽认为"各国之强，皆原于富"，② 从这一认识出发，他在《庸书》和《续富国策》中广泛地谈论了农、工、矿、商各业，提出了四者协调发展的理论。所以，与同时代的其他人相比，陈炽更能全面、系统地研究经济问题。特别是《续富国策》一书更是近代中国人自著的第一部经济专著。在其全部著

① 赵丰田：《晚清五十年经济思想史》，哈佛燕京学社 1939 年版。

② 赵炳麟：《陈农部传》，《陈炽集》，第 385 页。

述中，经济思想最为丰富，也是思想中的亮点。这是陈炽思想的特色之一。由于在户部任职，他对国家的经济生活更为关注，提出的思想也更为独特，比马建忠、严复的经济思想更贴近中国的实际。他对农业问题的注意也是同时代人中比较突出的。陈炽从灾荒与民生的角度演义自己的经济思想，提出了一系列人口的、环境的、经济的、社会的救治措施，这种视野在19世纪末罕有人匹。重视交通近代化对发展经济的作用，把它看成国家强弱贫富的重要因素，也显示出陈炽的高瞻远瞩和胆量。可以说，在众多的维新思想家中，还没有哪一位像陈炽这样关心国家经济问题的。

第三章 《续富国策》与《富国策》关系研究

晚清以降，西学东渐，西方经济学知识也随之传入中国。《富国策》即是西方资产阶级经济学的第一部中译本，尔后出现了《佐治刍言》、《富国养民策》及一些相关经济学译著。但由于洋务运动的求强求富过度偏重于西方军事与工程制造方面，译书活动也与之相适应，故经济学原理译本并没得到应有的重视。甲午战争以后，寻求西方富强之道和中国贫弱之原成为亟待解决的问题，引起了思想家对西方经济学的关注。陈炽看到了《富国策》所述原理对国家富强的重要性，作《续富国策》，希望中国早日走上富强之路。同时他与朋友合作依据《富国策》的英文原本进行重新翻译，交《时务报》发表。但由于当时社会环境所限，《富国策》、《重译富国策》均未能获得广泛流传。《富国策》是怎样一本书？西方经济学在 19 世纪中国为何难以扎根？陈炽的重译与前者有何不同？陈炽的《续富国策》与《富国策》是何关系？陈炽从中吸取多少，续了多少？因此围绕《富国策》一书探讨 19 世纪西方经济学在中国的输入历程，不仅能使我们更好洞察陈炽的思想，而且对探索西方经济学输入中国后对中国近代各界人物的思想及国家经济政策提出的影响有着重要意义。

第一节 《富国策》的译刊与传播

一、戊戌变法前西方经济学在中国的传播

“富国策”既是西方政治经济学科输入中国的中译名，也是同文馆所译近代经济学著作《政治经济学提要》的称呼。那么，中国何时开始接触到西方经济学？对此，学术界有不同看法。

一种说法是，乾隆年间，中国已经接触到西方经济学。在1766年，法国重农学派的代表人物杜尔哥接见两个即将毕业回国的中国留学生，向他们提出了许多关于中国经济的问题，并以此为基础写了一篇关于社会劳动和财富分配的简略分析文章，这即是他的名著《关于财富的形成和分配的考察》的雏形。但这种说法尚未得到中文材料的证实，“杜尔阁的重农主义的经济学说对于乾隆时代的中国社会来说，毕竟缺乏落脚的经济基础，因此丝毫也看不到它在当时的中国社会引起过什么反响；它是否曾经传入中国，至今仍是一个令人莫解的谜”①。

另一种说法是，大约1852年左右，中国澳门成立的马礼逊学堂（Morrison School）就出版了一本有关政治经济学方面的小册子。这本小册子是中译本还是用中文写作，不得而知，但这也许是西方政治经济学传入中国的最早尝试。②

---

① 李竞能：《论清末西方资产阶级经济学的传入中国》，《经济研究》1979年第2期。具体可参考谈敏：《法国重农学派学说的中国渊源》，上海人民出版社1992年版，第88—99页。

② 王维俭：《丁韪良与京师同文馆》，《中山大学学报》1984年第2期。

洋务运动后，中国人主要通过三种途径接触过西方经济学说：一是出国人员包括驻外使节与留学生；二是西人在华创办的报刊、翻译的书籍；三是聘请外国教习担任新式学堂教习，讲授经济学。

至于西方经济学说传入近代中国的具体时间，大约在19世纪60年代左右。洪仁玕的《资政新篇》，冯桂芬《校邠庐抗议》，王韬、郑观应等介绍过有关西方经济的事物，但都是“一些极普通的常识，殊无理论意义”。不过这些经济学说的传播，体现了“一个历史过程，那就是中国型经济思想逐渐被西方资产阶级经济学说所代替”①。

19世纪70年代，中国人已接触到英人亚当·斯密的经济学说。郭嵩焘出使英国时，正在此考察财政的日本井上馨曾向其介绍了亚当·斯密、约翰·穆勒的著作：“一种曰阿达格斯密斯[Adam Smith，亚当斯密]，一种曰长斯觉尔密罗[John Stuart Mill，约翰穆勒]”；他在光绪三年（1878年）二月二十日记载：“英国凡学皆有会。曰奇温斯，善言经济之学，洋语曰波里地科尔[political，政治的。Political economy，经济学]”。② 随同郭嵩涛出使英国的副使刘锡鸿也在出使笔记中提到亚当·斯密的书是“言丰裕其国之道”③。但仅仅到此为止，郭嵩焘回国后还未来得及细细咀嚼考察西方的感受即被士林所不容，说他“有二心于英国”，“大清无此臣子”，《使西纪程》也遭毁版。刘锡鸿就更不用说了，他一贯反对西学，虽有出使

① 胡寄窗：《中国经济思想史简编》，立信会计出版社1997年版，第463、453、454页。

② 《郭嵩焘日记》第3卷，湖南人民出版社1982年版，第169、173页。

③ 刘锡鸿：《英轺私记》，岳麓书社1986年版，第120页。

欧美的经历但保守观点却丝毫未变，故他对亚当·斯密一书的赞美之语只是昙花一现。

留学生容闳是否学过经济学，不得而知。而马建忠在19世纪70年代留学法国时所学课程即有国际商约、贸易、税则等，并且他曾计划翻译“货财敛散之故”之类的书，归国后写了《富民说》，宣扬重商主义观点，证明他受西方经济学中重商理论影响至深。严复留学英国时曾接触过西方经济学。这从他19世纪90年代所写文章中经常提到西方理财法，后又翻译《原富》可推测得知。

关于清末报刊、译著对西方经济学的传播，参看下表。

戊戌变法之前有关西方经济学译著表

书名（或文章名）	作者、译者	时间	出版地	主要内容
《论谋富之法》	林乐知著	1875	《万国公报》第357－358卷	解释了财富的概念，分析了农工商之间的关系。
《列国岁计政要》	林乐知译，郑昌棪述	1878	江南制造局翻译馆	辑录了西方各国财政收支和财政状况，介绍了西方资产阶级经济学的有关学说。
《富国策》	汪凤藻译，丁韪良鉴定	1880	同文馆聚珍版本	分生财、用财、交易三卷，这是中国首次系统介绍西方近代经济学的开始。

续表

书名（或文章名）	作者、译者	时间	出版地	主要内容
《自西徂东》	德国传教士花之安著	1884	《万国公报》从1879－1883年间刊登，后在1884年在香港正式出版	“论家主财东法则”，“慎理国财”，“整饬关税”，“利贵相通”，“开矿富国”，“国贵通商”，以西方资产阶级经济学为理论依据，发表有关经济政策的改革意见。
《佐治刍言》	英国传教士傅兰雅口译，应祖锡笔述	1885	江南制造局	前13章主要论述有关社会、政治、法律方面的问题，后18章讲述经济问题。
《富国养民策》	英国传教士艾约瑟译	1886	总税务司出版（1892年8月－1896年5月在《万国公报》连载）	该书的一个重要特点是考察了资本主义经济危机问题，提出了所谓“太阳黑子危机论”。
《保富述要》	傅兰雅译，徐家宝笔述	1889	江南制造局	主要谈论货币银行问题。
《富国须知》	傅兰雅著（根据原书所写）	1892	出版地不详	分开源、政教、农事、资本、人功、货物、钱币七章。

续表

书名（或文章名）	作者、译者	时间	出版地	主要内容
《论生利分利之别》	李提摩太著，缕馨仙史译	1893	《万国公报》第52册登载	主要讨论生产性劳动和非生产性劳动。
《税敛要例》	［美］卜舫济著	1894.8	《万国公报》第67册	介绍了西方赋税理论，包括地税、累进所得税、财产继承税、资产税、关税、特别营业税和邮政税八种。
《重译富国策》	陈炽笔述	1896.12—1897	《时务报》第15、16、19、23、25册	所译不全，且比同文馆本《富国策》删略较多。
《富国策》	梁溪勿我室主人演	1897	《无锡白话报》	用白话文推演同文馆本《富国策》，并非按原文顺序。
《新政策》	李提摩太著，陈炽笔述	1896.4	《万国公报》第87册	主要提出中国应从四方面改革：教民之法、养民之法、安民之法、新民之法。
《日本名士论经济学》	古城贞吉译	1896.12.15	《时务报》第14册	论述时人对交易说、社会论中存在的谬见。

续表

书名（或文章名）	作者、译者	时间	出版地	主要内容
《〈富国策〉摘要》	谢子荣著	1897.8—1897.10	《尚贤堂月报》（后改为《新学月报》）	并非同文馆本《富国策》的摘要，而是谢子荣独立所写。
《足民策》（《富民策》）	［加］马林编，李玉书译	1898	《万国公报》（1899年广学会出版单行本）	由加拿大医生马林据美国经济学家亨利·乔治《进步与贫困》摘编，李玉书译成中文。
《富国新策》（又称《富国真理》）	嘉托玛著，山雅谷译	1898.2	《万国公报》连载（1899年图书集成局石印本）	分两卷十四章，解释赋税、均富、论生利分利之别等。

与在报刊、译著中宣传西方经济学理论同步，传教士还向中国介绍了西方教育制度，其中即包括“富国策”一学，并呼吁中国应借鉴西方设立“富国策”课程。丁韪良担任同文馆总教习后，于1876年制订的两份课程表中均含“富国策”，并亲自讲授“富国策”。他在1881—1882年间游历欧美后所写《西学考略》书中介绍了西方的教育制度，各国学校“分为五等：曰蒙馆，曰经馆，曰书院，曰太学”。其中书院课程“分为四年”，主要“研究测算天文格化等学，间有讲解《万国

公法》、富国策、性理诸学者"①。李提摩太在《七国新学备要论》中指出："各国教育人材之事，总计有三：曰学校，曰新闻报馆，曰书籍馆。而学校又有三：一初学，一中学，一上学。"中学入学年龄以15—21岁上下为限度，所学者有道书、史书、富国学等。中学期满则升上学，课与中学同，不过深浅不同。②

广学会1887年成立后，西人更热心鼓吹变法。他们不仅在政治、经济方面呼吁清政府进行改革，而且希望政府改革教育，多建学校，课程中加入西洋格致、富国策、史地等各种学科。③ 不管出于什么动机，他们的所作所为在客观上为西方经济学的传入中国提供了条件。

以上简要介绍了戊戌变法之前西方经济学在中国的传播情况，其传播主体多为外国传教士。他们在传教的同时带来了经济学知识，为中国人开启了一扇透视西方的新的窗户，尽管多为庸俗经济学作品，但对当时的中国来说毕竟是一种崭新的理论了。至于这些经济学知识给中国带来什么影响，留待下面讨论。

二、《富国策》的翻译与出版

晚清西方经济学的系统输入，始于《富国策》一书的翻译。而"富国策"最初是清政府按西方学制设置的经济学科的

① 丁韪良：《西学考略·学校课程》，光绪癸未（1883年）孟夏总理衙门印，同文馆聚珍版。

② 转引夏东元编：《郑观应集》（上册），上海人民出版社1982年版，第276—277页。

③ 李佳白：《创设学校议》，《万国公报》（1896年1月）第84册。

称呼。1867年，同文馆进行课程改革，并聘丁韪良为“富国策”教习。[①] 丁韪良也说“以此学课读诸生”[②]。但何时开课学术界有不同意见[③]。丁韪良任同文馆教习后，会同各馆教习，1876年拟订一份课程表，并呈交给总理衙门，1879年开始实

---

① 丁韪良在1867年担任该馆“富国策”教习，史家有不同看法。毕乃德在《同文馆考》（傅任敢译）中说丁韪良1867年被京师同文馆任为“富国策”（即经济学）教习（载《中华教育界》1935年第23卷第2期）。王维俭在《丁韪良和京师同文馆》一文中提出疑问，总理衙门在京师同文馆设立国际法讲座，从接受丁韪良翻译《万国公法》讲也许是顺理成章之事，而开设政治经济学（时称富国策）课程，从清政府讲既非急需，而丁氏又无此文化知识背景，其因尚待探讨。（见《中山大学学报》1984年第2期）。丁韪良的一位对头，时任同文馆天文教习的方根拔（Von Gumpach）在丁韪良的《万国公法》问世后，曾讥讽丁韪良“对国际法绝对无知，对政治经济学也毫不了解”。（见田涛《国际法输入与晚清中国》，济南出版社2001年版，第101页）。而顾长声在《从马礼逊到司徒雷登》书中谈到，丁韪良在袁世凯倒台后，袁世凯的儿子袁克定每星期三到丁韪良的家中，听丁氏讲解国际法、圣经、政治经济学等课程（上海人民出版社1985年版，第220页）。

② 丁韪良：《富国策·凡例》，光绪六年同文馆聚珍版。

③ 戴金珊对同文馆在1867年聘丁韪良为“富国策”教习，于何时开课提出了自己的看法。他认为同文馆能否这么早就教授经济学课程值得怀疑，理由是丁氏接受此聘后马上归国进修去了，到1869年秋才返回中国，故同文馆上经济学课的时间可能在70年代。同时根据《富国策·凡例》，同文馆课程用法思德的著作为教材，而《富国策》是翻译原著1874年版，故不早于1874年开设（《中国近代资产阶级经济发展思想》，福建人民出版社1998年版，第177页）叶世昌认为同文馆“富国策”课程首次开课应在同治十一年（1872年），教材即用法思德的《富国策》（《近代中国经济思想史》，上海人民出版社1998年版，第83页）。李竞能认为丁韪良可能在1867年或1869年首先在京师同文馆讲授“富国策”，最先把西方经济学介绍到中国（《论清末西方资产阶级经济学的传入中国》，《经济研究》1979年第2期）。苏精指出同文馆的课程与教学可分为两个阶段，第一阶段从1862－1870年，只有语文课程；第二阶段自1870年到结束，有语文课程和科学课程。这一时期陆续增加新学科，开设公法、富国策等社会科学，格致、化学、医学、天文等自然科学及各国史地。这些大致都在同治九年至光绪二年的六年间增加的。关于考试，据总理衙门大臣董恂记载，在光绪五年（1879年）曾经考过的科目有外文、算学、格物、化学、天文、富国策等（见《清季同文馆及其师生》，台北1985年版，第30、31、36、37页）。

施。课程表共有两套，学制分别为八年和五年。八年制课表，前五年类似于中学程度，后三年相当于大专水平。这份课表包括了西方近代科学的大部分学科，如西方语文、数学、化学、物理学、天文学、航海学、地理学、地质学及国际法学、政治经济学等，这是“中国官立教育引进资本主义文化的开端”。[①]当时的五年制和八年制课程表中皆有“富国策”一学，并且均安排在最后一年。至于为何放在最后一年，据《大清会典》关于同文馆各种课程内容的记载，当学完前几年课程，即修完外语与格致学后，“则习公法或富国策”，“富国策，农工商之事也。三者裕国之源，明乎其术，惟士为能，故必择颖悟之资、精于格致者习之”[②]。陈炽也指出：“因学堂议起，译抄欧美各国课程，由小学以入中学大学，其条贯综汇之处，皆以《富国策》为归，犹总学也。此外，天学，地学、化重光电诸学，犹分学也。”[③] 在同文馆的影响下，“富国策”课程在其他新式学堂陆续开设。如山东登州文会馆与上海中西书院也分别在最后一年开设了“富国策”课程。“富国策”课程在上述学堂的陆续设置，说明西方近代经济学科已在中国大地上建立。同文馆大部分课程在中国是第一次开设，属于新兴学科，没有现成的教材可用。所以丁韪良组织同文馆的教习、副教习和学生翻译、编写了一批教科书。其中丁韪良讲授“富国策”所用的教材是英国资产阶级经济学家法思德的《政治经济学提要》(Manual of Political Economy)。该书1880年出版，由汪凤藻

---

① 王立新：《美国传教士与晚清中国现代化》，天津人民出版社1997年版，第264页。

② 《大清会典》卷100，光绪三十四年上海商务印书馆石印本，第3页。

③ 陈炽：《重译富国策·叙》，《陈炽集》，第274页。

译，丁韪良鉴定，书名即定为有中国特色的称呼“富国策”①。这是西方资产阶级经济学的第一部中译本。

作为晚清首部系统介绍西方经济学的译本，长期以来中外学者对其论述尚存在某些语焉不详和以讹传讹的情况，因此有必要根据历史资料作一些考证。首先对著译者进行考释。

法思德（1833—1884，Henry Fawcett，中译名有福塞特、洁思特、福西特、法赛特、法斯德等），1833 年出生于英国一贫苦家庭，自幼热爱读书，从乡村中学毕业后，考入伦敦的著名高等学府剑桥大学。毕业后不久，由于其父亲不小心，致使法思德双目失明，他虽然很痛苦，却“仍然保持了学术上和政治上的兴趣”。经过自己的努力，1863 年应聘担任剑桥大学第一任领薪的政治经济学教授。1863 年出版《政治经济学提要》，传诵一时。他是当时剑桥大学圣三一大厅学院会员。②1865—1884 年为自由党议员，以激进自由主义者的面貌从事政治活动。1880—1884 年，法思德在格莱斯顿内阁中任邮政总长。他的好友斯蒂芬评价他说：“作为一个经济学家，福塞特并不是独树一帜的思想家。……作为一个教师，他在剑桥大

① 其实中国早在古代即有富国学。北宋著名思想家李觏即有《富国策》一书，见中华书局版《李觏集》。冯契主编的《哲学大词典》中也有李觏的《富国策》词条（上海辞书出版社 2001 年版，第 400 页）。叶坦《“中国经济学”寻根》（《中国社会科学》1998 年第 4 期）、赵靖《中国古代的“经济学”和富国学》（《燕京学报》1995 年第 1 期）具体探讨了这一问题。

② 因英文底本作者自写 Fellow of Trinity Hall 推知。今查在剑桥最初创办的几个学院都叫大厅 Hall 或寄宿舍 House，后来的剑桥学院才采用 College 这个词，但仍有几家学院至今还用大厅作为学院名字的，其中即有 1350 年由诺维奇主教创建的圣三一大厅学院，这所学院与最早创办的彼得豪斯学院迄今仍皆是剑桥大学最小的学院。参见梁丽娟编著《剑桥大学》，湖南教育出版社 1990 年版，第 22、89 页。

学没有能够推动经济学的研究，这多半由于他对于经济学上较新的影响，特别是德国历史学派所产生的影响，毫不敏感。……他唯恐国家的干涉会打击创造性和企业心，甚至在穆勒已经取消原来的主张以后，他还是竭力坚持工资基金的理论。作为一个政治家，福塞特倒是勇敢的，当自由党的行动没有符合本党的原则时，便毅然起来反对。他批评过英国政府对印度的政策，促使了若干调查委员会的成立以及重大的财政改革，他自己因这一批评获得'亲印议员'的称号。……福塞特又致力于抑制混乱的圈地运动，令人注目，而且相当成功。他主张取消各大学的宗教测验，普及义务教育，扩大妇女在政治、经济上的机会……从这种斗争中也可以看出他那豪放的气派。福塞特的实事求是的精神，在任职邮政总长期间，表现得很明显，他不仅改善了职员的工作条件，而且倡导了行政改革，使邮政事业更便于为较贫困的阶级服务。尤其是，他不顾强大的私人利益集团的反对，创办了邮寄包裹、减价电报和邮政汇兑，修改了储蓄银行、保险和年金条件，以利于收入较少的群众。"①

法思德著述颇丰，除《政治经济学提要》外，还有《英国工人的经济状况》（The Economic Position of British Labourer，英国剑桥，1865 年版），《自由贸易与保护政策》（Free Trade and Protection，伦敦，1878 年初版，1885 年第 6 版），《贫困——其原因及消除办法》（Pauperism：Its Causes and Remedies，伦敦，1871 年版），《印度财政》（Indian Finance，伦敦，1880 年版）；《关于目前政治问题的报告》（Speeches on Some Current

① 《近代现代外国哲学社会科学人名资料汇编》，商务印书馆 1965 年版，第 740 页。

Political Questions)，以及由夫妻两人合写的《关于政治和社会问题的论文》(Essays on Political and Social Subjects) 等。[①] 马克思在《资本论》中称他为“博爱主义经济学家”。[②] 丁韪良在《富国策·凡例》中评价法思德及其《政治经济学提要》说：“英国当今之名士也，幼而丧明，仍矢志勤学，先充国学教习，嗣擢为国会大臣，凡政务之涉于斯学者，无不与议。”“论此学者，在泰西以英国为最。百年来名家迭出，如斯美氏、梨喀多弥耳氏等，均未如法思德之详而且明。故同文馆向以此学课读诸生。今译汉文刊行，俾文人学士之留心时事者皆得阅之。”[③] 在西方政治经济学史上，《政治经济学提要》是一部占重要地位的著作。

关于《富国策》中文本的翻译出版，学术界有不同意见，有三点需要说明。一是《富国策》的初版时间问题。学术界长期以来说法不一：有的认为 1882 年同文馆所用教材为最早版本；有的认为最早版本是 1880 年的上海美华书馆本；有的认为同文馆出版《富国策》的时间为 1883 年；有的笼统地说在 19 世纪 80 年代初（赵靖语）；也有的认为译本于 1882 年在上海出版，取名为《富国策》(李竞能语)。其实，这些说法都值得商榷。经过笔者查证，美华印书馆出版过《富国策》不假，但时间是在 1882 年，并不是最早版本。在这之前，同文馆已

① Henry Fawcett “Manual of Political Economy” appendix，London 1883.

② 《资本论》第 1 卷，人民出版社 1975 年版，第 817 页注解。马克思在《资本论》中第 1 卷第 19 章（第 611 页）引用过法思德（马克思称其为福塞特）的《英国工人的经济状况》书中的理论来证明自己对计件工资的认识；在第 22 章第 5 节（第 671 页）批评法思德鼓吹的劳动基金理论是替资本主义剥削制度辩护的“一个非常狡猾的手法”。

③ 《富国策·凡例》。

于1880年出版聚珍版本。该版本扉页上印有“光绪六年(1880年)”和“同文馆聚珍版”字样，卷前有时任总署大臣的崇礼所作的序文、总教习丁韪良所写的凡例以及中西历对照表。这才是《富国策》刊行的最早版本。

二是同文馆译本所依据的是英文哪一年版本问题。目前学术界存在1863年、1874年、1876年版三种不同看法：日本学者森时彦、中国学者李竞能认为该书译自1863年版；戴金珊认为《富国策》译自1874年版；王立新认为是1876年版，台湾学者苏精更具体指出“汪凤藻所译《富国策》为1876年第2版”。[①] 笔者根据同文馆聚珍版译本《富国策》第1卷第7章《论增益财用之理》中提到“近年法为德所败”，法德之役“罢战之后”等语，而查法德战争发生在1870－1871年；第2卷第4章《论工价》文中多次提及1869年、1872年、1873年，因此持依据1863年版本的说法是不对的，译本所据原本当在1873年以后出版的。又第3卷第3章《论农田物产贵贱之理》中有“上年国会大臣派员查勘煤贵之故，据称因工价而长者，不过五之一”之语，而查英文原版（第330页）英国国会派大臣调查煤炭之因一事发生于1873年，故可推知此处“上年”应指1873年，所以《富国策》所据版本实为1874年版本，而非1876年版本。

三是《富国策》的译述者问题。自《富国策》公开出版后，国内著述中即存在几种意见：一种观点是该书由丁韪良口译，

---

① 分别见日本学者森时彦《梁启超的经济思想》(载《梁启超·明治日本·西方》中译本，第219页)、李竞能《论清末西方资产阶级经济学的传入中国》；戴金珊《中国近代资产阶级经济发展思想》(第177页)；王立新《美国传教士与晚清中国现代化》(第372页)、苏精《清季同文馆及其师生》(第184页)。

汪凤藻笔述。如梁启超在《西学书目表》中将该书署名为丁韪良，并在序例中解释了书目表中列标撰人名氏的原因，“今标译人，不标撰人者，所重在译也。译书率皆一人口授，一人笔述，今诸书多有止标一人者，原本不两标，故仍用之，名从主人也”。由此可以断定，梁启超认为该书是丁韪良所译，汪凤藻笔述。《湘学新报》书目介绍、侯厚吉、李竞能也持此议。①

一种是汪凤藻翻译。丁韪良自己在《同文馆题名记》(1896 年）说同文馆师生所辑译书籍中即包括“汪凤藻君：《富国策》，Fawcett’s Political Economy”。胡寄窗、赵靖、熊月之认为该书由汪凤藻翻译。台湾学者苏精、日本学者森时彦也持由汪氏所译的观点。②

一种是丁韪良译、著或编。目前已知最早认为该书由丁韪良翻译的是外国人毕乃德 1935 年所写的《同文馆考》一文，文中提到 1867 年丁韪良被任命为富国与万国公法教习，所翻译的书籍有万国公法、富国、地理等。近人王立新、顾长声亦认为《富国策》由丁韪良翻译。③ 郑鹤声 1944 年所撰《八十年来官办编译事业之检讨》文中谈到京师同文馆的翻译时，认为《富国策》为丁韪良著。台湾学者姚崧龄在《影响我国维新的几个外国人》中说丁韪良用中文编辑之书即包括《富国策》。

① 侯厚吉、吴其敬：《中国近代经济思想史稿》（二），第 202 页；李竞能：《论清末西方资产阶级经济学的传入中国》；《湘学报大全集》第 1 册，光绪二十三年三月二十六日。

② 分见胡寄窗：《中国近代经济思想史大纲》、赵靖：《中国近代经济思想史》、熊月之：《西学东渐与晚清社会》、苏精：《清季同文馆及其师生》、森时彦：《梁启超的经济思想》。

③ 王立新：《美国传教士与晚清中国现代化》，第 162 页；顾长声：《传教士与近代中国》（上海人民出版社 1991 年版），第 172 页。

瞿立鹤在《近百年中国民族主义教育思想之起源》文中提到丁韪良入同文馆后，编译《富国策》等书。①

有的著述含糊其词，只说由两者合作而成。如吴孟雪在《近代译书的变迁及其影响》文中提出丁韪良与中国学者合译了《富国策》；郭廷以指出："财政经济学以丁韪良、汪凤藻所译《富国策》为早。"②

虽然《富国策》的译者问题存在上述三种意见，但都没有予以考证说明。其实该译本的翻译者准确说，确实是同文馆副教习汪凤藻，后经丁韪良负责校订而成。这一点可从崇礼所作序言与丁韪良所写凡例中推知。崇礼在《富国策·序》中指出该书由丁韪良"督率汪生凤藻译之而详加核焉"。丁韪良自己也说"译是书者为同文馆副教习汪生凤藻"，"其原书先已熟读备探秘奥，迨译本脱稿后，复经总教习详加核对乃呈"。《同文馆题名录》中也提到"自开馆以来，译书为要务。起初总教习、教习等自译，近来学生颇可襄助，间有能自行翻译者"，其中《富国策》为副教习汪凤藻译，总教习丁韪良鉴定。③ 持上述不同意见者，大概不相信中国人当时的外语水平，对汪凤藻能否独立翻译持怀疑态度所致。其实汪凤藻的中外文，连当时总教习丁韪良都赞叹他"夙擅敏才，既长于汉文，尤精于英文"。今人也称其"中、

---

① 郑鹤声文载《说文月刊》1944 年第 4 卷，第 499 页；姚崧龄书，台北传记文学出版社 1971 年版，第 35 页；瞿立鹤文载《中国近代现代史论集》（台湾）近代思潮（上），第 400 页。

② 《江西社会科学》1989 年第 5 期；《近代中国的变局》，台湾联经出版事业公司 1987 年版，第 67 页。

③ 黎难秋主编：《中国科学翻译史料》，中国科学技术大学出版社 1996 年版，第 478 页。

英文功底均不浅”①，苏精在《清季同文馆及其师生》中说，汪凤藻虽多数时间用于学习外语和现代科学，不过并未荒废中学，除“幼承庭训”外，又历年受业苏沪一带著名学者，故在光绪八年中举，翌年中进士，其“学贯中西并达到传统科举考试之巅峰，实属难得”②。而且汪凤藻当时是同文馆副教习，在这所新型学校中能当上副教习并非易事，特别是像汪凤藻这种没有家庭背景的士子尤难。汪凤藻能担任副教习一职全靠自己努力的结果。同文馆有规定，对学业成绩好的学生可升任副教习职务。③ 因此我们完全可以认定汪凤藻有能力完成本书的翻译。

关于《富国策》一书翻译上的一些问题，作为鉴定者的丁韪良没有明确评论。但《富国策》译本具有西方文化初输入时国人认识的共同特征。最明显的例子即是把《政治经济学提要》书名译为《富国策》。胡寄窗指出：“西方经济学在我国的传播自 19 世纪 80 年代之初即已开始”，不过在“1902 年以前的译本，大都用文言文意译而成，对原书内容既有所省略，同时又常运用我国传统的旧经济概念与术语来附会外来经济学说，更使人难于理解原著的真正涵义，也不易看出中西经济思想之区别”④。外国语言学家斯坦纳也指出：“翻译历史、哲学著作，译者总是避免使用当代的语言……自觉不自觉地使用旧

---

① 《清代人物传稿·汪凤藻》下编，第 8 卷，辽宁人民出版社 1993 年版，第 88 页。

② 苏精：《清季同文馆及其师生》，第 185 页。

③ 参见《大清会典》卷 100，第 2 页。

④ 胡寄窗：《“五四”运动到解放前夕我国经济思想发展总趋势》，《胡寄窗文集》，中国财政经济出版社 1995 年版，第 636—637 页。

时的词法和语法。”①

《富国策》的翻译也作如是观。应该说此书的翻译存在些不尽如人意的地方，如除了把《政治经济学提要》（Manual of Political Economy）翻译为《富国策》外，把亚当·斯密的《国富论》（The Wealth of Nations）译为《邦国财用论》，工资（wages）译为工价，劳动（labour）译为人功，社会主义（socialism）译为均富等等。其中许多用语是令人费解的，并且还有错译之处，如第2卷第6章《论小农躬耕之法》中以英国农业家 Arthur Yang（汪凤藻译为“羊氏”）《农田述见录》为例论述小农自治己田的益处时，其中有一句“使余当路于法，村人且受上赏矣”，查英文原为“The inhabitants of this village deserve encouragement for their industry, and if I were a French minister they should have it”（p183），前一句的翻译没有疑义，而后半句译为“使余当路于法”则错，应为“如果我是法国的部长”②。当然，翻译者在当时很难从中文中找到与西方经济学相对应的词汇。近二十年后，严复在翻译西方名著时尚“一名之立，旬月踟蹰”③。梁启超在1902年《生计学学说沿革小史·例言》中也说“草创之初，正名最难”④，可以想见汪凤藻和丁韪良还是付出了很大的努力的。正如现代学者胡寄窗所指出：“1880年出版的《富国策》是资产阶级经济

① 转引自王克非：《中日近代对西方政治哲学思想的摄取》，中国社会科学出版社1996年版，第47—48页。

② 关于此段译文也可参见约翰·穆勒：《政治经济学原理》（中译本），商务印书馆1991年版，第309页。

③ 严复：《天演论·译例言》，《严复集》（五），中华书局1986年版，第1322页。

④ 《饮冰室合集》文集之十二，第2页。

学的第一部中译本”，虽然“在名称或译文的内容上均不足取”，但其“创始意义”却“不应抹煞”。①

介绍西方经济学到中国的第一人当为汪凤藻，并非严复。多年来人们一直认为是严复最早将西方经济学介绍到中国的，而忽略了汪凤藻的贡献。至于说严复是传播西方古典经济学的第一人是符合实际的，因为《原富》的原作者亚当·斯密是西方古典经济学的典型代表。而有的学者认为严复是“介绍资产阶级庸俗经济学到中国来的第一个人”② 则为误解，《富国策》的原著者法思德即为庸俗经济学的代表人物之一。不管是“庸俗经济学”，还是“古典经济学”，皆属于西方经济学，故汪凤藻无疑为西方经济学问世中国的第一人。

在同文馆译书过程中，总理衙门的作用也是值得一提的环节。从现有资料看，总署虽然没有对译书发表具体指导意见，但从以下事实中可以判断一二：一、同文馆隶属于总署，丁韪良为总教习，汪凤藻为副教习，不能不仰赖于总署的支持；二、同文馆的译书均以官费付印，总署且有名义上审定允准之权，丁韪良所谓“钦命总理各国事务王大臣批阅蒙命付梓”即指此而言；三、总理大臣崇礼所写的序文，可看作清政府官方对《富国策》一书的简单认识和评价。可见，总理衙门对《富国策》的翻译和出版所持态度是积极的。

三、《富国策》的主要内容与思想倾向

1.《富国策》的原本及其创作背景

---

① 胡寄窗：《20—40年代中国的基本经济理论》，《胡寄窗文集》，第695页。

② 张志建：《严复学术思想研究》，商务印书馆1995年版，第58页。

《富国策》是19世纪末京师同文馆把英国经济学家法思德著作译为汉语的名称。该书的英文底本是1863年由英国伦敦麦克米伦公司（Macmillan Company）出版的Manual of Political Economy。麦克米伦公司是英国的一家著名的出版公司，1843年由麦克米伦兄弟（丹尼尔1813—1857和亚历山大1818—1896）创办。1844年开始出版教科书，1855年出版第一部小说C·金斯利的《向西方》。后来业务发展极快，每年出书150种，出版刊物《麦克米伦杂志》（1859—1907）和《自然界》，并且将业务扩展到美国、加拿大、澳大利亚、印度等地，成为世界上最大的出版公司之一。① 19世纪后期它出版了大量历史、传记文学、旅行、文学评论、政治、法律、政治与社会经济及语言学等类图书，其中政治经济类就有四十部之多。②其中即包括法思德的《政治经济学提要》一书。《政治经济学提要》刊印后，受到当时英国社会的好评，很快风靡欧洲经济学界，到1883年已出版过6次，1907年有第8版，③ 在19世纪的英国"几乎与穆勒的书一样流行"④。该书的一次次再版，充分证明了它的历史作用。本文所用的版本即为该公司出版的1883年版。

关于《政治经济学提要》的撰写、出现背景，需要结合当时英国的政治经济状况进行剖析。"每个原理都有其出现的世

① 《简明大不列颠百科全书》第5册，中国大百科全书出版社1986年版，第697页。

② 英文版附录。其中包括W. S. Jevons今译作杰文斯或耶方斯《Primer of Political Economy》，即清末由艾约瑟译述的《富国养民策》。

③ 《近代现代外国哲学社会科学人名资料汇编》，第740页。苏精在《清季同文馆及其师生》中也提到该书1863年初版，后修订至8版（见该书第184页）。

④ 戴金珊：《中国近代资产阶级经济发展思想》，第186页。

纪”①。与其他发生较大影响的著作一样,《政治经济学提要》也是时代和环境的产物。法思德活动的时代,“自由竞争的资本主义在英国已发展到顶点”。此时英国已完成工业革命,成为世界上最发达的国家,号称“世界工厂”。“英国在世界贸易上居于垄断地位,1870 年英国对外贸易占世界贸易总额的22%。”② 但是此时“英国一半以上的工业品依赖国外市场销售,原料也大部分从国外进口”,可以说“没有对外贸易,英国的工业就会陷入停顿”③。故英国在 19 世纪中叶废除了重商主义政策,开始推行自由贸易政策。1848—1868 年,代表工业资产阶级利益的自由党执政,自由贸易遂成为国策。恩格斯指出:“自由贸易意味着改革英国全部对内对外的贸易和财政政策,以适应工业资本家即现在代表着国家的阶级的利益。”④同时工业资产阶级与土地贵族之间矛盾逐渐缩小。与这种国策相适应,经济理论领域也开始发生变化,即英国古典政治经济学向庸俗经济学过渡。19 世纪 30 年代后,英、法两国的资产阶级取得并巩固了自己的政权,古典经济学也日益被庸俗经济学所代替。整个“19 世纪的西方经济学界,庸俗经济学曾盛行一时”⑤。当时法思德担任自由党议员,拥护该党的自由贸易政策。这即是法思德创作《政治经济学提要》的历史背景。

① 马克思:《哲学的贫困》,《马克思恩格斯选集》第 1 卷,人民出版社 1995 年版,第 146 页。

② 姜德昌、向子祥主编:《世界通史纲要》(近代部分),吉林文史出版社 1985 年版,第 212—213 页。

③ 朱英:《晚清经济政策与改革措施》,华中师范大学出版社 1996 年版,第 86 页。

④ 《马克思恩格斯全集》第 22 卷,人民出版社 1965 年版,第 318 页。

⑤ 龚书铎主编:《中国近代文化概论》,中华书局 1997 年版,第 184 页。

作者本人在序言中亦有所交代。首先，政治经济学的重要性。作者认为政治经济学比其他学科在人们的日常生活中具有更大的吸引力，与实际生活问题联系更为密切。其次，政治经济学原理的深奥，致使一些人望而却步，他们迫切需要该学科理论的入门书。正如作者所说："所有对政治经济学感兴趣的人都会渴望掌握政治经济学的原理。但穆勒先生的论著的系统和完整性，使许多人害怕费力去掌握它。因此，他们可能会去读较容易又相对较短的作品。"同时，作者指出撰写此书的目的并非有意让学生远离阅读系统完整的论著，否则他将不出版这本书。在书中作者对政治经济学的重要原理没有省略，并且认为"本书解释的原理能使读者获得相当完整的该学科的观点，并且对于与当前利益有关的问题皆独立成章予以说明"。再次，作者将该书作为考试教材提供给考生，并且在前头作了一具体的内容摘要。最后，作者指出本书的写作主要受亚当·斯密的《国富论》和约翰·穆勒的《政治经济学原理》的启发，并且许多观点曾参考过两书。①

2.《富国策》的翻译方式

同文馆译本并非严格依照原著进行翻译，而是有所变动。

① 以上引文见英文版序言。对于法思德的著作参考约翰·穆勒一书之事，许多人已予以指出。外人斯蒂芬指出该书"除有关合作事业的几节以外，不过是就穆勒（J. S. Mill）所著《政治经济学原理》（Principles of Political Economy）（1848年）一书依样画葫芦，复述一遍，因为福塞特受穆勒影响很深"（《近代现代外国哲学社会科学人名资料汇编》，第740页）。马金科在《清代人物传稿·陈炽》中说福塞特的《政治经济学手册》"主要参照穆勒（James Mill）的《政治经济学要义》写成的初级的资产阶级经济学书"。戴金珊在《中国近代资产阶级经济发展思想》书中指出"福塞特是个拾人牙慧的二流经济学家，极力主张自由贸易，尽管他的书多抄自约翰·穆勒（J. S. Mill）的《政治经济学原理》，没有创见"（见该书第186页）。

其实，译者在书中也有所提示，如有的地方进行合并，有的地方给以省略，有的地方予以调整，有的地方给以注释。除作者所指出的外，尚有多处。今依照英文版本做一简略考察。

调整之处。原著中第 1 卷的第 7 章（On the Laws Which Determine the Increase of Production）、第 8 章（On the Increase of Capital）分别讲述决定生产增长和资本增长的法则，而译本将两者合为一章，标题译改为《论增益财用之理》，这一点译者自己也指出“自此页以至章末，原书别为一章，兹连类而合之”；原书第 2 卷中的第 7 章译者未译，而是将原文的第 8 章所译作为第 7 章，依次原书第 9 章译作第 8 章，原书第 10 章译为第 9 章；第 3 卷《论交易》中的第 10 章《论税敛之法》乃译自原著第 4 卷第 1 节（On the General Principles of Taxation）。这些调整，译者未明确标出。

对原文注释之处。在翻译过程中，译者根据实际需要，对一些费解之处做了必要的注解。这在译本中译者已经在行文括号内予以指出，据笔者统计有 35 处之多。如在讲到国家加征之法时，原著中说有两种方式即入款税与货物加征税，译者全部译出，并在后者予以举例，如：“货物（如茶糖之类)”。在第 1 卷第 6 章论股份公司时，译者加了按语：“按西国合伙设肆之例，恒约法凡股主之家，日用所需，不得市诸他肆，故其获利如操券云。”第 7 章以巴拉圭为例谈论国家政教与民俗关系时，译者在巴拉圭后加注“南亚美洲小国”；在西印度群岛后注明“在美洲南北美洲之间，古巴亦在其内”。兹不一一列举。

未译之处。汪凤藻在翻译《富国策》时，对于法思德的原著有所取舍。既有完整章节未译，又有具体内容没译。其中原著前法思德本人所作序言、详细目录，行文中的注释，译者未加翻译。如原著中第 2 卷的第 7 章 Metayers and Cottiers，and the Economic Aspects of Tenant－Right、第 11 章 On the Economic Aspects of Slavery，第 3 卷中的第 10－16 章皆未译；第 4 卷译本仅有第 1 章，而后六章未译。一般来说，未译部分在内容上并不重要，所以被舍弃。如原著第 1 卷第 5 章 On the Productive Power of the Three Requisites of Production（论三要滋生之力）中所举两例：一是亚当·斯密以针为例，一是萨伊扑克牌制造业为例。“Other examples，even more striking than the one just quoted，might be readily selected. M. Say says that，in the manufacturing of playing cards，there are seventy－two distinct operations. When these operations are appropriated to different workmen，15，500 cards have been made in a day by thirty workmen；but if a single workman had to perform all the operations himself，he would not make more than one or two cards per day.”（p51）前者译者照译不误，而对后者却舍弃不取。另如第 2 卷第 1 章 Private Property and Socialism 中介绍空想社会主义学说时，原著中提到了欧文、圣西门、傅立叶的观点，译本删去了圣西门的论述。第 1 卷第 5 章论述亚当·斯密的分工理论时，对于“各以私智创机器，则事半而功倍”的例证中举例说明，“火轮气机之合页，昔以一童子专司其启闭，其后自行合页，即创自此童子”，原著后尚有“The spinning－jenny and the mule were invented by working men”（p54）两例被译者舍弃。另外尚有译者有意漏译之处，如第 1 卷总论中讨论政治经济学关于追求财富和道德伦理关系的问题，“Hardhearted and selfish are the stereotyped epithets applied to this science”（硬心肠和

自私自利是这门学科的定型的描绘)、selfishness(自私)、degrades the best feeling of human nature(削减人类最好的情感)、in favor of wealth(求利)(p4—6)等词句甚多，均被译者放弃，大概这观点不符合中国素来重义轻利的传统，恐怕引起总署不满。尚有许多，不赘举。

翻译准确性问题。今试举书中所译两例。

英文	汪凤藻	严复	陈炽	约翰·穆勒	白话
The increase of dexterity in every particular workman	专一则能生巧	事简而人习	用志不纷，熟则生巧	提高了每个工人的灵巧性	劳动者的技巧因业专而日进
The saving of the time which is commonly lost in passing from one species of work to another	无更役之劳则时不废	业专而玩愒不生	不易器，不旷时	节约了更换伙计时通常会损失的时间	由一种工作转移到另一种工作，通常需损失不少时间，有了分工，就可以免除这种损失
The invention of a great number of machines which facilitate and abridge labour, and enable one man to do the work of many	各以私智创机器，则事半而功倍	用意精而机巧出	各以私智创新机，事半功倍	发明了很多方便和节省劳动的机器，使一个人能干很多人的工作	许多简化劳动和缩减劳动的机械发明，只有在分工的基础上方才可能

注：本表根据汪凤藻译《富国策》、严复译《原富》、陈炽《重译富国策》、约翰·穆勒《政治经济学原理》(中译本)、亚当·斯密《国富论》(白话文译本)制成。

亚当·斯密谈到工资问题时提出工资因职业而异。他认为这些情况包括五个方面：一是职业本身有愉快的有不愉快的；二是职业学习有难易，学费有多有少；三是工作有安定有不安定的；四是职业所需担负的责任有重有轻；五是成功的可能性有大有小（上述译文内容选自穆勒《政治经济学原理》中译本）。接着他进行了解释。现根据法思德直接引用亚当·斯密的原文利用两个汉译本来对照汪凤藻翻译的准确性。

“A mason or bricklayer，on the contrary，can work neither in hard frost nor in foul weather，and his employment at all other times depends upon the occasional calls of his customers. He is liable，in consequence，to be frequently without any work. What he earns，therefore，while he is employed，must not only maintain him when he is idle，but make him some compensation for those anxious and desponding moments which the thought of so precarious a situation must sometimes occasion. When the computed earnings of the greater part of manufacturing operatives，accordingly，are nearly upon a level with the day wages of common labourers，those of masons and bricklayers are generally from one half more to double those wages.”（p149）

汪凤藻译：砖瓦匠之类，遇风雨则不能作，遇霜雪冰冻则不能作，而且今日有佣，明日或无佣。一工已竣，后工不可期，非若他项手艺之得按日工作以食其力也。故砖瓦匠之工价，必较他业倍优。盖不优则无以为赋间坐食之地，人皆不愿托此业矣。

严复译：筑垣叠石之工，严霜淫雨皆可辍业，又必俟雇者之呼于其门，而后能奏其绩也。是故一年之内，坐以待雇者半之，则其受庸也，不仅资当日之养，必有以均其作辍，且务偿其望工之苦，与其不或比得之虞，此所以常佣之日廪，石工、圬者常加半，抑倍之矣。①

通过上述两种译文的比较看出，汪凤藻的翻译基本按照原文，并且意思比较贴切，比严复所译更易使人理解，与白话文之意也相差不远。

译得较好的一段尚有“所谓专一则能生巧者，盖习久则技熟。凡身之使臂，臂之使指，莫不妙造自然。意之所到，目与手随之，其敏捷之神，真有指与物化，而不以心稽者。此不独居肆之百工为然也。彼奏乐之技，亦犹是已。弹琴者手挥五弦，众音毕奏，指法之捷，几几不可思议，而其应弦合节，声之高下疾徐，曾无毫发之爽，自非习熟，何以能此?”② 英文原文为：“The effect of continuous practice in performing both mental and physical operations is most strikingly exhibited in the increased quickness obtained. By practice the eye and hand may learn to work in perfect unison, and the hand and eye are made to obey with intuitive quickness the behests of the will. …The precision and quickness acquired by practice are not in any way confined to the mechanical operations of trade. What can be more extraordinary than the precision and quickness of the acquired and practised musician? If the theory of violin-

① ［英］亚当·斯密著，严复译：《原富》（上），商务印书馆 1981 年版，第 99 页。

② 《富国策》，卷 1，第 35—36 页。

playing is explained, it seems to require a skill beyond the reach of man. The fingers appear to move with careless rapidity over the strings, yet the accuracy of each note depends upon the string being touched with the strictest correctness at some particular point."（p51—52）可见译文意义并未违背原文，而且用简练的文言体将其描绘得惟妙惟肖。

3.《富国策》的主要内容与思想倾向

1880 年京师同文馆本的《富国策》和戊戌年间校印本，前面皆有崇礼所作序言，丁韪良所写凡例，中西历对照表，译有三卷共 26 章。第一卷论生财，包括七章，分别是总论、论生财有三要、论人功、论资本、论三要滋生之力、论制造多寡之异、论增益财用之理；第二卷论用财，分为九章，分别是论制产之义与均富之说、论财所自分、论地租角逐之道、论工价、论利息、论小农躬耕之法、论兴乡学以维工价、论齐行罢工、论合本同功；第三卷论交易，有十章，包括论价值之别、论物价贵贱之理、论农田物产贵贱之理、论人功制造之货物及其贵贱之由、论钱币、论钱币贵贱之理、论邦国通商、论金银流通各国之理、论邦国货币互易之法、论税敛之法。该书资料丰富，利用和引用了前人的大量论述，其中有法思德经常引用的亚当·斯密、大卫·李嘉图、约翰·穆勒、马尔萨斯等学者的著作。译本对西方经济学所包含的生产、交换、分配等理论作了较为详细的论述，系统地介绍了英国古典政治经济学的基本内容。

《富国策》中涉及许多西方的著名人物及其理论观点，如亚当·斯密的分工理论、李嘉图的地租论、马尔萨斯的人口论、欧文与傅立叶的空想社会主义学说等。中国人知道这些人物与学说恐怕最早见于此。例如，书中介绍马尔萨斯及其人口理论：

“工价之贵贱，既与民数之消长相因，则民数所以增损之理，又不可不讲矣。英国马耳德氏所著《民数论》一书，最为详备，每发诸家所未发。其论民数之所以阻其增者，其端有二：曰天数，曰人事。凡人事无权，如饥馑、水旱、疫病、兵革之类，皆系乎天数者也。自人身世之谋益工，室家之计益熟。而婚姻之迟缓者多，婚姻迟则生齿少，而户口不能增，此系乎人事者也。马氏遍考列国之风土人情，各究其民数消长之故，以著为论，或因乎天数者多，或因乎人事者重。观风者盖深有取焉。其书之出，于今数十年矣，而诸家之说，卒无能出其右者，其书不重可贵乎？”①

书中对空想社会主义学说的介绍：

“均富之说所由来也。英国温氏首创此说，其法令若干家联络一气，通力合作，计利均分，相助相济如家人然。”

“法国傅氏之说，较为变通。其法以二千人为一邑，每邑受地方九里，制为恒产，世世相传，或劳心，或劳力，或供资本如合伙经商然。其地出产，无分老弱壮者，各给以衣食之需，有余则计邑人之工力资本才能，而分之以为酬。分之法，由邑长区别材力，列为三等（列等之法，由邑人公定），酌其多寡，称量而与。令邑人同作而不同衅，异室而居，使其知所撙节焉。”②

除介绍欧洲一些人的经济学说外，《富国策》实际上也向中国人宣传了当时西方资本主义国家的政治经济理论。西方经济学伴随着资本主义的扩张而兴起。其最初表现形式是重商主

① 《论工价》，《富国策》卷 2。其他涉及马尔萨斯的人口理论的尚有严复《天演论·导言三·趋异》、《万国公报》1899 年刊登的《各家富国策辨》，以及严复在 1902 年出版的《原富》案语，但比《富国策》的介绍晚了二十年左右。

② 《论制产之义与均富之说》，《富国策》卷 2。

义理论，这是对现代生产方式的最早理论探讨。[①] 它要求重征进口税，利用贸易差额获取财富，采取国家干预经济的方式。重商主义理论对资本主义发展时期的资本积累起过重要作用。后来资产阶级政权巩固，要求向外扩张，“不断扩大产品销路的需要，驱使资产阶级奔走于全球各地。它必须到处落户，到处开发，到处建立联系”[②]，这自然需要一种破除封建壁垒进行自由通商的理论。同时经济学领域庸俗经济学逐渐替代古典经济学而取得优势地位，它宣扬的自由贸易的理论逐渐替代了重商主义理论政策。

由于原著刊行的时代是 19 世纪中叶，此时英国已经过渡到自由资本主义阶段。当时代表工业资产阶级利益的自由党执政，推行自由贸易政策。法思德是自由贸易的拥护者。故他的书中充满了批评重商主义的错误，要求自由贸易的言论。重商主义理论的主要特征之一，是一国的财富必不可少的是金、银等贵重金属，金银是唯一的财富。[③] 对此，《富国策》进行了批评，“人之论财者，辄谓国非金银不富，此大误也”，而“不知国之所以富，与财之所以生，不徒在是”[④]，“人之论财用者，惟金银是宝，诚为世俗之通误”[⑤]。同时阐发了进行自由贸易的重要性：“宇宙之大，邦国之多，不独天时地利，互有不同，即人巧亦各有所擅。故往往此之所有者，或彼之所无；

---

① 《资本论》第 3 卷，第 376 页。

② 《共产党宣言》，《马克思恩格斯选集》第 1 卷，人民出版社 1995 年版，第 276 页。

③ 乔洪武：《正谊谋利：近代西方经济伦理思想研究》，商务印书馆 2000 年版，第 9 页。

④ 《总论》，《富国策》卷 1。

⑤ 《论资本》，《富国策》卷 1。

彼所有余者，或此所不足。自邦国通商互市，而后以有易无、以易济难，以有余补不足，上以裕国计，下以厚民生。其获益维均，其为利甚薄，固不待智者而后知之也”①，推行自由贸易政策便理所当然。

这种宣扬经济自由主义的论调，不只在《富国策》中有所反映，随后输入的《佐治刍言》、《富国养民策》等西方经济学译著中也有同样类似的声音。《佐治刍言》和《富国养民策》两书中否认自由贸易会冲击本国产业。前者论证说：“进口之货皆由出口之货互易而来，故进口货多即可知出口货旺。”后者进一步说：“外国客商运货来入口，所企望者即易去土货，或银钱以全此交易也。设以土货偿其洋货之价，余等必需本地工匠制造土货矣。由外运来之客货愈多，本地产之土货运往外洋者亦必愈多；购外国运来之货，即从优鼓舞本地造土货之各事业也。”因此“既名为通商，凡贸易可通之处，皆应听其自然流通，不可稍有阻碍”。

这些书中宣传的自由贸易主义思想，是英国等资产阶级国家发展到一定阶段的产物，同时要求其他国家也遵循这个法则，以达到其向全世界进行经济扩张的目的。

4. 丁韪良选择翻译法思德著作的意图

丁韪良是晚清来华新教传教士之一，推广“基督教文明”、使中国“福音化”是他的理想。为实现这个理想，他利用“西方科学作为传播福音的辅助”，在华从事译介活动，传播西方学说，“试图以之为媒介，促进基督教在中国的传播”②。而京

① 《论邦国通商》，《富国策》卷3。

② 田涛：《国际法输入与晚清中国》，济南出版社2001年版，第49—50页。

师同文馆总教习的职务正好为他实现目标提供了契机。

在《富国策·凡例》中丁韪良声称，经济学有四大好处：第一，“富国策”能使人民丰衣足食，并且强兵之道寓含其中。其为“西国之新学，近代最重之，其义在使民足衣足食，无一夫失所，至强兵一道，虽在所不论，然亦有不期而自得之理存焉”。第二，“富国策”能使社会和平稳定。“属内政而不属外交，重在偃武修和。盖自古殃民穷国之举，未有如黩兵之甚者也”。第三，“富国策”既能增加财源，有寓含仁义道德在内。“富国策”要旨在“广发财源”，但是并没有“遗乎仁义缘”，因为在丁氏看来，无论何良策，若“绝仁弃义”，则“终难利国”。第四，“富国策”这门学科是交叉学科，包含其他学科知识，能开启人的智力。“虽不究夫学业，而间亦旁逮格致诸学，并专以开发智巧，为富国之上策，而不外乎智者强之义焉。”①

丁韪良把“富国策”说得冠冕堂皇，其实这里所透露的是要通过《富国策》的翻译，促使中国人接受西方近代经济学所宣传的自由贸易理论，中国应自由通商，对外国开放，把中国纳入资本主义世界体系。后来丁韪良本人在1896年所写的《中国始末》（A Cycle of Cathay）中谈到他曾为同文馆翻译国际法与经济学等书时说：“这些书籍就像一支杠杆，有了这样一个支点，总可以掀起一些东西。”今人李竞能指出：“这几句话，透露了他译书的真正用心。”②

19世纪七八十年代，中国民族工业刚刚起步就备受外国

① 《富国策·凡例》。

② 李竞能：《论清末西方资产阶级经济学的传入中国》，《经济研究》1979年第2期。

经济入侵的威胁和打击。针对这种现状，有人提出“保商权”、“塞漏卮”的呼声。而在华的外国人却有自己的打算，为配合外国扩张，1875年林乐知在《万国公报》上发表《中西关系略论》文，指出西人来华“无欲中国土地之心，通商也”，并从古今时势分析西人来华通商不可避免，鼓吹“中西自由通商有益论”。与这些言论相适应，任同文馆总教习的丁韪良自然不放过一切机会宣传这种主张，显然，“他们的有选择传播行为，是同西方资本主义对弱小国家的经济扩张相配合的”①。这不仅对西方列强有利，而且也为他们自由传教提供便利条件。

因此可以断定，丁韪良作为同文馆教习，他选择了法思德的著作，其目的是一举两得：既能满足清政府学习西方近代科学课程的需要，又在一定程度上宣扬了对西方列强进行经济扩张有利的“自由贸易”论。因此要进行客观评价。

四、《富国策》的社会影响

1.《富国策》的社会反响

在中国面临变革的时代，西方近代经济学的输入究竟给中国人带来什么启示，引起了怎样的社会反响，晚清知识界又是如何认识经济学的，无疑是有必要弄清的问题。

《富国策》的译刻最初仅属于同文馆课艺“练习译书”的一部分，作为教材使用。由于当时学习西方的需要，译本还大多免费送给各地官员阅览。而没有在整个国内广泛发行，自然就限制了它的流通量和受众面。不过作为一种译作《富国策》

① 戴金珊：《试论西方经济学在中国的早期传播》，《世界经济文汇》1985年第6期。

自有它的价值。因为译书是一个民族了解其他民族文化的一个有效的途径。在两种文化交流过程中，“产生直接影响的，多数是翻译而不是原作”。① 原因之一是译作为“原作拓展了生命的空间，而且在这新开启的空间中赋予了原作新的价值”。这是因为译者的翻译过程，不是一个消极的感应过程，而是一个“参与原作创造的能动过程”，“翻译在一种新的躯体、新的文化中打开了文本的崭新历史”（哲学家德里达语）。“一部著作的价值，在某种意义上，可以翻译的历史来进行衡量。”②

《富国策》出版后有多少人读过，读后有何反映，没有具体文献记载。不过为该书作序的总署大臣崇礼是最早的读者之一。当时同文馆副教习汪凤藻翻译完毕经丁韪良鉴定后，进呈总理衙门得到“批阅”并“蒙命付梓”的承诺，他们遂请崇礼作序，崇礼于是“承属而为之序”，但直到光绪庚辰（1880年）季春写完。该序着重阐发了翻译出版《富国策》的意义：

“天地之大德在好生，圣人之大业在富有。发政之始以足食，聚人之术曰丰财。生之者众，沛然讫于四海；用之以礼，浩乎式于九围。此法思德所以有《富国策》一书，而丁冠西先生所以督率汪生凤藻译之而详加核焉。冠西先生陈席上之珍为泰西之彦，以珠算牙筹之法，施于有政；极航海梯山之远，鉥其德音，其于中国政教尤惓惓，因以此书付剞劂氏焉。统要荒于禹贡，通典则于周官。管仲父必先富民，召信臣，好在兴利，邦基斯固，国步无贫。精理所存，见诸凡例。原其心计之

① J. T. Shaw：《文学影响与比较文学研究》，载 Henry H. H. Remark 著，王润华译：《比较文学理论集》，台北成文出版社 1979 年版，第 77 页。

② 许钧：《试论译作与原作的关系》，《外语教学与研究》2002 年第 1 期。

用，实与格致相通，一也；恐一夫之失所，俾万邦之协和，二也；以财发身，则上好仁而下好义，三也；修文偃武，则以玉帛不以兵戎，四也。富居五福之一而好学爱人，务本息争，又具四美焉。其利溥哉，为用宏矣。”①

可以看出崇礼在读完该书后称赞“其利溥”、“为用宏”，把“富有”、“足食”、“丰财”看作圣人之大业，提出了与以往传统“重义轻利”观念完全不同的见解。

陈炽曾在《富国策》出版后悉心阅读过，是较早的热心读者之一，后来又写过《续富国策》和重新翻译《富国策》。梁启超也是通过阅读《富国策》等译著而接触到西方经济学说的。他在1896年将自己阅读过的同文馆译本《富国策》收入《西学书目表》商政类书中，并在《读西学书法》中讲：“(《富国策》)精义甚多，其中所言商理商情，合地球人民土地，以几何公法盈虚消长之，盖非专门名家者不能通其窔奥也。中国欲振兴商务，非有商学会聚众讲求大明此等理法不可。”②

郑观应在《盛世危言·农功》论地利与人力的关系时说：“昔英国挪佛一郡本属不毛，后察其土宜遍种萝卜，大获其利。伊里岛田卑湿，嗣用机器竭其水，土脉遂肥。撒里司平原之地既枯且薄，自以鸟粪培壅，百谷无不驳茂。”而同文馆译本《富国策》第1卷第7章《论增益财用之理》中说：“英国挪佛一郡，昔为荒地，嗣审其土宜，广种萝卜，居民以之牧羊，而获利特厚。又撒里司白里平原之地，土本硗薄，自肥以鸟粪而产谷极富。又伊里岛田向苦卑湿，后用机器竭其水，土脉特肥。”

① 崇礼：《富国策·序》。

② 梁启超：《读西学书法》，光绪二十八年秦中官书局铅印本，第12页。

两相比较，显然郑观应的这段话是征引《富国策》的内容。

值得一提的是宋育仁的反映。宋育仁并不懂外语，他的资产阶级经济学的知识主要是从《富国策》中获得。他在《泰西各国采风记》中曾予以大段摘抄，特别是分工和资本理论，尽管文字稍有变动，但可看出《富国策》对他的影响。①

《富国策》的内容在清末尚被收入不同的书目表或者经世文编中，为读者提供了方便，同时扩大了影响范围。

《湘学新报》在商学书目提要中将《富国策》介绍给读者："英国法思德著，同文馆教习丁韪良口译，汪凤藻笔述。大旨申明生财不生财，及消耗于有益无益之别。其论货财流通，主均输平准，兼管墨而言。第八章论英国物价不变故，又入口货多，出口货少，偿以金币而物价不昂，深得货币相准之理，中国正可反观。十章税法，多要义。"②

徐维则在所撰《东西学书录》中认为："欲振兴商务，非读此种专门书，讲明义理不可"，指出其所论及的"均输平准"之法，是中国的"管墨之学"不曾讲述的。③

《中国学塾会书目》介绍说："（《富国策》）为此学最早之译本，今日坊间理财学之本，层见迭出，然细按之，则大半徒有佳名，其内容多不合教科之用，反不如此本之繁简得中、说理清楚为独胜也。"④

于宝轩所辑的《皇朝蓄艾文编》把《富国策》的部分内容编辑其中，包括《论增益财用之理》、《论制产之义与均富之说》、

① 宋育仁：《泰西各国采风记·礼俗》，光绪二十一年袖海山房石印本。

② 《湘学报大全集》第1册，光绪二十三年三月二十日。

③ 《东西学书录》，光绪二十八年上海石印本。

④ 《中国学塾会书目》，光绪二十九年美华书馆版，第20页。

《论财所自分》、《论地租角逐之道》、《论工价》、《论利息》、《论合本同工》（以上载该书卷 17）、《论邦国通商》（卷 28）、《论钱币》、《论钱币贵贱之理》、《论金银流通各国之理》（卷 31）。①

《富国策》出版后，不仅在国人心中产生影响，就是来华西方传教士等也颇重视，并利用其中所述作为自己说理的依据。光绪二十五年正月（1899 年 2 月）《万国公报》刊登的《各家富国策辨》② 中提到“昔格物家有马耳德者，深思人民患贫之苦，手著一书，历来作富国策者，皆以为笃论而宗之。……丁韪良先生《富国策》中亦曰：数十年来，诸家之说，俱无能出马氏之右者，且述马氏之意曰，以英国论，苟无阻抑生命之端，则必使嫁娶日稀，或令迁徙出洋，另辟新地，庶可少纾充塞之患。不然，虽有救贫之方，终归无益”。即引用了《富国策》中的论述。无独有偶，在这之前，《万国公报》还登载过美国传教士卜舫济所著《税敛要例》，介绍了西方赋税学说。不过该文所介绍的八种税敛之法并非作者独创，而是参考《富国策》一书加以阐发而成。这一点今人也已指出。③ 另外具有“西学传播大师”之称的英国传教士傅兰雅有《富国须知》（出版于 1892 年）一书。④ 但笔者经

① 《皇朝蓄艾文编》，光绪二十九年上海官书局铅印本。

② 英国医士马林著，金陵李玉书译。

③ 戴金珊指出《税敛要例》“实际上乃摘录《富国策》中关于赋税的论述，再加上自己的发挥而凑成的”。见《中国近代资产阶级经济发展思想》，第 188 页。

④ 学界有不同意见，如顾长声在《从马礼逊到司徒雷登》书中谈到傅兰雅的译著时即包括《富国须知》，同时作者列出此书的英文原名为“Political Economy (outline series)”（上海人民出版社 1985 年版，第 262 页）。陈潮在《傅兰雅及其译书》文中提到傅兰雅从 1885 年起开始有选择地翻译社会科学类的著作，其中包括《富国须知》一书（见《史林》1984 年第 3 期）。熊月之在《西学东渐与晚清社会》书中指出傅兰雅在益智书会曾编辑过《富国须知》书，但未说明所据来源（见该书第 486 页）。

过查证，发现此书既不是《富国须知》扉页上所写由“傅兰雅著”，也不是现代学者所说是傅氏译作，而是傅兰雅大量抄录同文馆本《富国策》而成书。同文馆译本《富国策》有3卷26章，傅兰雅根据自己需要进行取舍，编为7章，有的章节通过摘编，有的部分引用，有的则完全引用，并且时常打乱原文顺序，重新进行组合。如《富国策》卷2第7章《兴乡学以维工价》内容本为完整一段，而傅氏把它分为两段，分别以“启民智巧”，“学校严肃”为小标题录入《富国须知》第2章《论政教》中；《富国须知》第6章《论货物》内容则是其抄自《富国策》卷2第3、4、5章的相关部分；《富国须知》第7章《论钱币》，仅有少量词句有所不同外，其他全部袭自《富国策》卷3第5章《论钱币》；《富国策》卷1第1章《总论》的第4段则被傅氏调整到《富国须知》第2章《论政教》的首段。虽然说傅兰雅的这一举措不十分光彩，但这也可以说是《富国策》的影响所在。

有的学者在肯定《富国策》作用的同时，也对其进行了批评。梁启超在《读西学书法》中说：“同文馆所译《富国策》，与税务司所译《富国养民策》，或言本属一书云，译笔皆劣。”① 陈炽也认为同文馆所译《富国策》“弃菁英，存糟粕，名言精理，百无一存”②。严复在《论译才之难》中说：“曩闻友人言，已译之书，如《谭天》、如《万国公法》、如《富国策》，皆纰谬层出，开卷即见。”③

虽然《富国策》受到一些人的批评，但是因其作为晚清西

① 梁启超：《读西学书法》，第12页。
② 陈炽：《重译富国策·叙》，《陈炽集》，第274—275页。
③ 《严复集》(一)，中华书局1986年版，第90—91页。

学输入的一部书，适应了当时中国向西方吸纳知识，以及传教士对华策略的需要，所以该书曾被多次刊刻翻印，先后出现过乐善堂铅印本、美华书馆本、益智书会本、实学新编本、鸿宝书局石印本。维新运动期间，广学会也曾出版过《富国策》。1897年在无锡出版的《无锡白话报》中，梁溪勿我室主人以白话文的形式推演了同文馆《富国策》译本。① 1898年丁韪良充任京师大学堂总教习仍然用《富国策》作为教材。该书在变法运动中深受维新派的重视，《时务报》登载了陈炽译述的《重译富国策》。1898年又有同文馆本《富国策》校印本问世。

由此可以看出，《富国策》所宣扬的西方经济学理论已渐渐走进人们的生活，不仅国家创办的学校开始设立经济学课程，维新之士也开始用西方经济学原理来分析中国的经济现象。长期以来作为儒家内部的经世之学逐渐独立成为一门新的学问。正如王立新在《美国传教士与晚清中国现代化》书中指出的："西方经济学的传入，其意义不仅仅在于对中国经济的指导作用，还在于对近代中国文化的影响。"因此"近代经济学的传入是儒家经世之学摆脱理学钳制，趋向独立以及中国学术文化由封建旧学发展成近代新学过程中非常重要的一环"②。

2. 影响《富国策》传播的因素

① 有人把《尚贤堂月报》连载的《富国策》摘要作为同文馆本《富国策》的摘要（见戴金珊《中国近代资产阶级经济发展思想》，第186页）。据笔者所见，清末确有两家报纸登载过《富国策》，一是《尚贤堂月报》，一是《无锡白话报》。但前者所载并非是法思德的同文馆译本《富国策》摘要，而是潞河书院院长谢子荣所著，该摘要包括论生财多寡之故、论诚实于交易何涉、论诸国互相交易、论钱币、论以金银为钱币、论铸造钱币六部分，内容与法思德的《富国策》译本迥异；后者是用白话文推演同文馆《富国策》译本。故戴氏之说不准确。

② 王立新：《美国传教士与晚清中国现代化》，第166页。

《富国策》在1880年刚问世时并未在中国知识界传播开来，仅于1882年在上海的美华书馆刊印过，甲午战后其影响才逐渐扩大。这与同文馆译出的《万国公法》的传播所影响的广度与深度形成了鲜明对比。① 这种差别，与当时中国的社会环境有关。清政府洋务运动中所说的“洋务”主要包括两方面内容，一是讲求如何“驭夷”，即外交；一是讲求如何自强。②在“诸夷环伺”的情况下，同文馆所译的外交方面的书籍自然更适合形势需要。因为清政府在西力冲击下被迫进入国际外交的舞台，“如何处理对外关系成为晚清最为棘手、也最为关键的政治事务”③。所以《万国公法》一出版即受到当时学者的注意，由董恂和张斯桂分别作序，王韬、郑观应都曾关注过，而且它还成为清政府的外交官的必备参考书之一。相比之下，《富国策》出版后就没那么幸运了，仅有崇礼作序，虽是免费送给各地官员阅览，但未见多少反响。不过，考虑到此时的译书特点，“当时之人，绝不承认欧美人除能制造能测量能驾驶能操练之外，更有其他学问，而在译出西书中求之，亦确无他种学问可见”④。整个社会关注的主要是自然科学和应用科学的译书，以及同文馆所译外交、史地之类部分书籍，并不重视社会科学著作的翻译。而像“富国策”这种学科，就是在同文

① 以往学界把《万国公法》作为同文馆出版物，田涛认为此说不准确。他所持依据是丁韪良在未入同文馆前已译完该书，并由京都崇实馆印刷，而同文馆印书处到1876年才设立（见田涛：《国际法输入与晚清中国》，第42—43页）。笔者暂依旧说。

② 郭廷以：《〈郭嵩焘先生年谱〉序》，台湾中央研究院近代史研究所1971年版，第6页。

③ 田涛：《国际法输入与晚清中国》，第59页。

④ 梁启超：《清代学术概论》，上海古籍出版社1998年版，第97页。

馆教学中也是放到最后一年学习。学生在这年要学七八门课程，学业繁重，用于学“富国策”的时间自然相对较少。① 再者，同文馆建立的目的只是培养外交翻译人才和科技人才，而不是培养通晓经济学理论的人才。

受众群体的情况是影响《富国策》传播的因素之一。同文馆最初所招学生主要是旗人，目的是培养翻译人才，所以对中文功底初未严格要求。而后奕䜣呼吁科班出身之人学习天文算学，但受到以倭仁为首的保守分子的阻挠。“自倭仁倡议以来，京师各省士大夫，聚党私议，约法阻拦，甚且以无稽谣言，煽惑人心，臣衙门遂无复有投考者”②，最后仅招生十人，不得不与学习语言文字的八旗学生合并。而许多学生“身在馆中而心不专一，或仍注重时文，以冀正途出身，或得一途半解，即希出外谋事”③。19 世纪七八十年代，政府官员中仍弥漫着保守的氛围，顽固派在朝野都有相当大的影响，他们“百般阻挠和抵制使用近代机器工业生产和科学技术”④，《富国策》中的追求私利及采用大机器生产的论述自然也是他们反对的对象。虽然清政府把《富国策》免费送给他们阅读，可以想像出他们读完该书后的感受，即使不敢明确提出相反意见，但起码他们对这类书所抱的态度是消极的。

另一个原因是该书内容的制约。在 19 世纪 80 年代的英

① “初学者每日专以半日用功于汉文”，“至西语则当始终勤习，无或间断”。见朱有瓛编：《中国近代学制史料》第 1 辑上册，华东师范大学出版社 1983 年版，第 73、72 页。

② 《筹办夷务始末》（同治朝）卷 48，第 14 页，第 8 册，总第 4605 页。

③ 《请开艺学科说》，《陈炽集》，第 333 页。

④ 李侃等著：《中国近代史》，中华书局 1994 年版，第 151 页。

国，经过数百年的积累，资本主义生产关系已臻成熟，并已经过渡到自由资本主义阶段。1851—1874年代表工业资产阶级利益的自由党执政，推行自由贸易政策，并要求其他国也实行这个政策。受此影响，《富国策》中充满了拥护自由贸易的言论。相比中国，资本主义萌芽虽在明末清初即已出现，但发展缓慢。鸦片战争后，中国被卷进了世界资本主义潮流，洋务运动取得了一定效果，先后创办了一批军用和民用企业。民族资本主义企业刚刚诞生，步履维艰，并且需要官方支持，“处在幼年时期的新的生产方式还难以独立行走，它在学步时还必须依靠国家之手的搀扶”①。虽有一些先进之士鼓吹发展资本主义，但多受西方重商主义思想影响，主张“重征进口税，轻征出口税”，而且对西方的经济侵略有抵制的爱国情绪，要求“收回利权”、“抵制外货”，主张中国自制机器，自办工矿交通业，保护民族工业，这很自然与《富国策》书中所讲的分工理论和国际自由贸易理论有许多抵触之处。无独有偶，德国在19世纪中期资本主义发展时期也认为英国经济学不适用于德国的国情。如果采用英国的自由贸易政策，将会阻碍德国经济发展，因此他们强调的国家力量和民族利益，主张贸易保护。其中主要代表人物是缪勒和李斯特。特别是后者曾对当时欧洲的一些国家进行分析，“当时的意大利、西班牙、葡萄牙、土耳其和俄国处于农业时期，德国和北美处于农工业时期，英国处于农工商业时期。要求相对落后的德国同较发达的英国通过自由贸易进行竞争，无异于让一个小孩同一个成人去角力”②。

① 吴易风：《英国古典经济理论》，商务印书馆1988年版，第520页。

② 胡寄窗主编：《西方经济学说史》，立信会计图书用品社1991年版，第180页。

其实一个国家采用自由贸易还是保护政策，完全应根据本国国情来定，特别是对于一些经济不发达国家更是如此。当时中国缺少实行自由贸易理论的历史条件，面临着外国资本主义经济侵略，维护民族权益，保护民族工业和保护关税的现实无疑是正确的，故在此时宣传自由贸易理论，自然反响有限了。梁启超在1902年所写《生计学学说沿革小史》中谈到读亚当·斯密的书应该“审其时、衡其势”，“斯密之言，治当时欧洲之良药，而非治今日中国之良药也”，而且“重商主义，在十六世纪以后之欧洲，诚不免阻生计界之进步，若移植于今日之中国，则诚救时之不二法门也”。① 这已经是20世纪初年了，社会上仍然存在着对自由主义的不以为然，而要求在这之前20年的理论能有广阔的市场是不可能的。

影响《富国策》传播因素之四是传播媒介的作用。19世纪80年代西学传播机构主要是各类西书翻译出版机构。当时政府组织译书机构主要是南有上海的江南制造局翻译馆，北有京师同文馆。同文馆所译书大部分是免费送给各地官员阅览，且皆是聚珍版，印数不多。加之当时交通运输条件落后，该书的传播范围自然就有限了。傅兰雅曾针对中国当时状况说过，“缺乏正常的交流手段、没有邮局和铁路帮助，没有中间商撮合、没有广告等宣传手段，书籍滞销还是可以理解的”。② 在这种情形下，对于一些西书译本，除北京、上海以及一些沿海通商口岸有条件获得外，“腹地各省乡僻绩学士，犹往往徒睹

① 《饮冰室合集》文集之十二，第34、21页。

② 转引自［美］乔纳森·斯潘塞著，曹德骏等译：《改变中国》，三联书店1990年版，第153页。

目录，如宋椠元钞，欲见而不可得”[①]。本来翻译《富国策》的目的之一是“俾文人学士之留心时事者皆得阅之”[②]，但客观因素的存在也自然在一定程度上影响了《富国策》的传播范围。

第二节 《富国策》与《重译富国策》的异同

1896年维新运动期间，同文馆译本《富国策》受到知识界的重视。陈炽目击时艰，积极呼吁变法图强，并看到了《富国策》中蕴藏着西方富强的奥秘。而他认为以前同文馆译本《富国策》漏洞百出，未能将其原意译出，于是与朋友依据英文原本重新翻译，取名《重译富国策》，以通正斋生为笔名发表在维新派创办的《时务报》上。《重译富国策》发表后，学者所撰的有关论著中虽涉及此书，不过有的语焉不详，有的以讹传讹，影响了人们对《重译富国策》以及陈炽思想的认识，因此有必要根据历史资料进行考证。

一、陈炽重译《富国策》的动机

为什么陈炽会重新翻译此书？这与当时中国的社会情况，及在一定程度上与他对中西文化及其优劣的认识有关。在他看来，中西文化的差异在于“中国求之理，泰西求之数；中国形而上，泰西形而下；中国观以文，泰西观以象；中国明其体，泰西明其用；中国泥于精，泰西泥于粗；中国失诸约，泰西失

① 求自强斋主人：《西政丛书·序》，光绪丁酉仲夏慎记书庄石印本。
② 丁韪良：《富国策·凡例》。

诸博”[1]，“中西学术，本末相殊”[2]。西方的《富国策》能够“以公化私，以实救虚，以真破伪，真回生起死之良方”，[3] 有其独到的重要性。因此他在致汪康年的信中说：“此书在西国最有名”，可以“救时”。[4] 具体来说，主要有以下三点：

1. 甲午战后的形势所迫，清政府经济政策变化

“一种学说的产生与所处环境所受背景相关，同样，一种新思想的输入和摄取也与所处环境所受背景相关。”[5] 甲午战争后，清政府被迫允许外人在中国投资设厂，同时官办、官督商办企业弊端使之有所觉察。统治集团内部一些官员不再强调发展官办或者官督商办企业，而是应重点发展民间工商业，允许民间投资设厂，官府予以保护。胡燏棻上《变法自强事宜疏》中明确说：“窃谓中国欲藉官厂制器，虽百年亦终无起色，必须准各省广开各厂，令民间自为讲求”，并大力提倡商办铁路。[6] 王鹏运、刘坤一等针对开矿、铁路问题提出要招集民间商股，采用商办之法。同时，民间有关“设厂自救”发展工商业的社会舆论也日趋高涨，呼吁政府应鼓励民间兴办实业，凡“设立机器诸局，可听商民自为”，其他行业可准许“民间自立公司，自行设局，毋庸官为监督，以分其权、侵其利”。[7] 在朝野上下吁请下，清政府改变了以往对民营企业的态度，允许民间独立设厂。这在一定程度上促进了民族资本主义经济的发

---

① 《续富国策·自叙》，《陈炽集》，第 147 页。
② 《庸书·艺科》，《陈炽集》，第 78 页。
③ 《重译富国策·叙》，《陈炽集》，第 275 页。
④ 《汪康年师友书札》（二），第 2075 页。
⑤ 王克非：《中日近代对西方政治哲学思想的摄取》，第 72 页。
⑥ 沈桐生辑：《光绪政要》卷 21，宣统一年上海崇义堂石印本，第 18 页。
⑦ 《洋务刍言》（下），《申报》1895 年 5 月 13 日。

展，也有利于《富国策》所主张的经济自由主义理论的传播。

2.《富国策》的重要性

甲午战争之后，洋务运动失败，随之而起的是国人对富强问题的进一步认识，经济学逐渐走进人们的视野。严复在《时务报》上接连发表文章，对甲午战败进行了深刻反思。他认为19世纪中后期，大多数中国人对计学仍然陌生或兴趣索然，而外国“自乾嘉以还，西国专家之士治计学日精，童子入塾则取其大经大法教之”①；“至于阜民富国之图，则中国之治财赋者，因于西洋最要之理财一学，从未问津，致一是云为，自亏自损，病民害国，暗不自知”②。而且严复几次提到亚当·斯密，如在《原强修订稿》中说：“东土之人，见西国今日之财利，其隐赈流溢如是，每疑之而不信；迨亲见而信矣，又莫测其所以然；及观其治生理财之多术，然后知其悉归功于亚丹斯密之一书，此泰西有识之公论也。”在《天演论·恕败》案语中，他说：“晚近欧洲富强之效，识者皆归功于计学，计学者首于亚丹斯密氏者也。”严复虽然认识到了经济学的重要性，但当时由于正忙着翻译《天演论》，因此直到1897年才动手翻译他所推崇的《国富论》一书。而善于洞察时事的陈炽从李提摩太的《泰西新史揽要》③ 中知英国“富强之本，托始于是书（笔者按：即《富国策》一书）”。而且当时整个英国及其他西

---

① ［英］亚当·斯密著，严复译：《原富》（下）案语，商务印书馆1981年版，第436页。

② 严复：《救亡决论》，《严复集》（一），第48页。

③ 该书最初以《泰西近百年来大事记》为名在1894年3月至1894年9月在《万国公报》上连载，1895年又以《泰西新史揽要》为题，由广学会出版单行本。陈炽所读应是广学会本。英国传教士李提摩太在1895年《泰西新史揽要》中两次提到亚当·斯密（见该书卷6、卷9）。

方国家，“珍之如拱璧”，“勤勤然奉为指南”。陈炽认为“西人析理颇精”，如果此学“肤浅不足观”的话，就不会有“五六大国，千万生徒，所心维口诵”。而其朋友的话，更坚定了陈炽对该书重要性的认识。据陈炽记载，当时他的一个熟悉英语的朋友从南方来京，住在陈炽处，两人朝夕谈论，“因及泰西各学，友人言欧美各国，以富强为本，权利为归，其得力实在《富国策》一书，阐明其理，而以格致各学辅之，遂以纵横四海。《富国策》，洵天下奇文也”①。于是，早就有心致力于中国富强的陈炽，便欣然与朋友一起，开始了对该书的翻译。梁启超 1897 年在《〈史记·货殖列传〉今义》文中也谈到富国学与国家富强的重要性。他说：“西士讲富国学，倡论日益盛，持义日益精，皆合地球万国土地人民物产而以比例公理，盈虚消息之，彼族之富强，洵有由哉！”② 晚于陈炽的论述。

3. 同文馆本《富国策》的弊端

《富国策》问世后，虽然受到一些人士的重视，但其翻译的准确性受到了他们的质疑。梁启超赞同《富国策》对中国的开创意义，但是他认为此书的翻译与《富国养民策》一样“议笔皆劣”。1896 年，陈炽在《重译富国策·叙》中曾谈到自己读此书的最初感受：“总署同文馆所译《富国策》，词旨庸陋，平平焉无奇也。”出于对国家富强的考虑，他得到了《富国策》的英文原本，在朋友的帮助下与同文馆的中译本进行比较，“始知原文闳肆博辨，文品在管墨之间”，而同文馆本的翻译者却“弃菁英，存糟粕”，原书中的“名言精理，百无一存”。陈

① 《重译富国策·叙》，《陈炽集》，第 274 页。

② 《饮冰室合集》文集之二，第 35—36 页。

炽对其进行批评道："西士既不甚达华文，华人又不甚通西事"，所以"虽经觌面，如隔浓雾十重，以故破碎阘茸，以至于斯极"。陈炽痛心地说，《富国策》问世后，"三十年来，徒以译者不工，上智通才，弃如敝屣，又何效法之足"①。这也是促使陈炽致力于《富国策》翻译的原因之一。

二、《重译富国策》的社会反映

"异文化的传播，取决于传播者（译者）的努力，同时也取决于接受者的摄取或反应。"②《重译富国策》给了什么样的读者以什么样的影响，造成如此情况的原因何在，即是本节探讨的问题。

光绪二十二年（1896 年），陈炽以通正斋生的笔名与友人合译《富国策》。"倩友口授，（陈炽）以笔写之"，交给汪康年任主笔的《时务报》连载发表。因《时务报》发行量大③，所以该书译稿一经报纸发表后，即引起了不同人士的关注。

现依据《重译富国策》出现先后编年如下：

光绪二十二年十月二十四日（1896 年 11 月 24 日），陈炽致汪康年信中说："重译《富国策》，尚未卒业，皆系草稿，今倩友人录出叙文一篇，总论一篇，祁附刻报中。大约不过廿余

① 《重译富国策·叙》，《陈炽集》，第 274—275 页。

② 王克非：《中日近代对西方政治哲学思想的摄取》，第 122 页。

③ 据廖梅统计，《时务报》在丙申下半年的销量在七千至九千份之间，丁酉上半年在一万两千份左右，丁酉下半年在一万两千至一万四千份之间，戊戌上半年在八千至九千份之间。其派报处有二百多处，遍及全国十八省，七十余座乡镇，国外如槟榔屿、新加坡、日本也有代售点。见廖梅：《汪康年：从民权论到文化保守主义》，第 76—77 页。

篇，如日刻两篇，十余次可毕。”①

光绪二十二年十一月二十一日（1896 年 12 月 25 日），《重译富国策》首次在《时务报》第 15 册上刊登，署名“通正斋生译述”，后分别在第 16、19、23、25 册上连载。兹列表如下：

《重译富国策》内容	时间	册数
《重译富国策叙》、《富国策》卷 1《生财》中《总论》、《三要》、《人功》（未完）（署名“通正斋生译述”）	光绪二十二年十一月二十一日（1896 年 12 月 25 日，星期五）	第 15 册
（续 15 册）《人功》、《资本》、《分合》（未完）	光绪二十二年十二月初一日（1897 年 1 月 3 日，星期日）	第 16 册
《多寡》、《损益》（署名“通正斋生来稿”）	光绪二十三年二月初一日（1897 年 3 月 3 日，星期三）	第 19 册
《富国策》卷 2《用财》中的《总论》、《角逐》（署名“通正斋生译述”）	光绪二十三年三月十一日（1897 年 4 月 12 日，星期三）	第 23 册
《田限》、《工价》	光绪二十三年四月初一日（1897 年 5 月 2 日，星期日）	第 25 册

光绪二十二年十二月十一日（1897 年 1 月 11 日），《时务报》第 17 册刊登告白称：“前数期刊后所印之《重译富国策》，因现未译毕……须待来年续印。”

① 《汪康年师友书札》（二），第 2075 页。

《重译富国策》在《时务报》连载后，受到知识界一些人士的关注。

高凤谦致汪康年信中称："《富国策》甚好，何人所译？示之。如已成书，请源源刊印。"①

顾印愚致汪康年信中称："（《时务报》）第十五册第二页均系重译《富国策》，第二页重见何也？"②

谭献在光绪二十三年三月二十五日（1897年4月26日）《复堂日记》中载："重检《时务报》所载《盛世元音》及《重译富国策》，此皆有实有用者，余光兼喻身心得此，能不动心。"③

《湘学新报》光绪二十三年六月二十一日（1897年7月20日）第十册中的商学书目提要载："《重译富国策》，《时务报》馆刊本。是书自署通正斋生译。原序谓：'斯密德著《富国策》，李提摩太译述《泰西新史》，推原英国富强之本，托始是书。因忆十五年前，曾见总署同文馆所译《富国策》，词旨庸陋，平平焉无奇。因假得西人《富国策》原文与同文馆所译，彼此参校，始知原文闳肆博辨，文品在管墨之间，故为重译。'今按斯密德即斯米雅堂，虽曾著《富国策》，主张均税，使英人盛兴工商，以致富强，然西人为富国策者颇多。同文馆所译《富国策》乃法思德采辑各家之作。所谓斯密德即法思德所称斯美氏。第十章均税之说，多采其说。观此则斯密德所著《富

① 《汪康年师友书札》（二），第1623页。熊月之认为此处《富国策》即指同文馆所译本（见《西学东渐与晚清社会》，第320页注释），不过笔者认为此处并非指汪译《富国策》，而是陈炽的《重译富国策》。因为同文馆译本早在1880年出版，已经成书，高氏不应有"如已成书，请源源刊印"的疑问，而陈炽所译之《富国策》，从《时务报》第15册起连载，尚未成书，故高氏才会如此说。

② 《汪康年师友书札》（四），上海古籍出版社1989年版，第3284页。

③ 《戊戌变法》（一），第535页。

国策》与同文馆译本为法思德所著者，迥不相同，乃合为一人，又合为一书，而谓取原本重译，其谁信之。且篇第名目议论，均与法思德所著相同，其为取同文馆本重加删润无疑。不独斯密原书未见，即法思德原本亦未见也。惟文笔浩肆，正可与原译本参观。其中亦大有申明原书，议论繁简得当之处，未可废也。又如论资本一章云，若如中国吴淞铁路，购赴台湾，听其霉烂等语，不独斯美不知，即法思德亦未知其事。”①

张元济在光绪二十三年九月八日（1897 年 10 月 3 日）致汪康年信中说：“贵报附刊之《重译富国策》，何以卒然中止。此事甚要，此书尤佳。公其促成之。”②

梁启超在 1897 年《论译书》文中写道：“通商以后，西来孔道，为我国大漏卮。华商之不敌洋商也，洋商有学，而华商无学也。彼中富国学之书（日本名为经济书），皆合地球万国之民情物产，而盈虚消息之。至其转运之法，销售之法，孜孜讨论，精益求精。今中国欲与泰西争利，非尽通其学不可，故商务书当广译。（旧译有《富国策》、《富国养民策》、《保富述要》等书，《佐治刍言》下卷亦言此学）……其或佳书旧有译本，而译文佶屈为病，不可读者，当取原书重译之。……如同文馆旧译之《富国策》，而《时务报》有重译之本……视原书晓畅数倍，亦一道也。”③

《富强新书》在第五卷“富强宏论”中将陈炽发表在《时务报》上的《重译富国策》内容全部收入。只是书中所用的是

① 《湘学报大全集》第 10 册，光绪二十三年六月二十一日。

② 《汪康年师友书札》（二），第 1711 页。《时务报》在丙申年将一至三十册合订本后附书目八种，第七种即为《重译富国策》。

③ 《饮冰室合集》文集之一，第 71、75 页。

《富国策》之名，未署作者。①

《皇朝经世文编五集》例言中说："是编取近来中西名人新著言西事之书为《富国策》、《富强策》、《庸书》、《危言》等书二十余种，并各国日报论说、采摭奏议、策论以及算学、舆地。凡有关世道者，搜集靡遗，谅留心经世之务者先睹为快也。是书所辑皆近译新政切要之书，或海内名人新著罕见之本。"该书中收载了陈炽的《重译富国策·叙》、总论、分合、三要、人功、资本等文。②

《重译富国策》能在短期内受到社会人士的关注，主要有两方面的原因：一是甲午战争后中国面临的危机形势，二是与发表在报纸上大有关系。因为戊戌维新时期，中国除译书外出现了三种新型西学传播媒介：报刊、学堂、学会。三者相比而言，报纸的传播范围和信息量更为广阔。所以陈炽的重译本的受众情况就不一样了。而同文馆《富国策》译本只是聚珍版，数量有限，加上当时交通工具落后，自然能够得到之地就相对较少，包括江南制造局翻译馆所翻译的西书在内，发行传播量皆极其有限。③ 陈炽也是于 1881 年在京师户部任职才见到《富国策》，成为最早的读者之一。因此，陈炽的译本虽未最后

---

① 《富强新书》，小万卷楼主辑订，海外乘槎老人鉴定，光绪二十四年三鱼书局石印本。

② 求是斋主人：《皇朝经世文编五集·例言》，沈云龙主编：《近代中国史料丛刊三编》第 25 辑，台北文海出版社 1987 年版。

③ 江南制造局翻译馆从 19 世纪 60 年代中期到 90 年代中期，仅卖出约一万三千部译著。"中国公众对读物的冷淡态度和明治时代日本的情况形成鲜明的对比，在那里，福泽谕吉的《西洋事情》自 1866 年出版后几乎立即卖掉250000册（包括私印本）。"见［美］费正清等编：《剑桥中国晚清史》（中译本）下卷，中国社会科学出版社 1985 年版，第 324 页。

完成，但已引起了一些人士的注意，同时也带动了人们对《富国策》的重新认识，同文馆本在此后有了戊戌年间的重校本。陈炽在与朋友进行翻译时，严复译述的《原富》尚未动笔。①虽然严复也认识到强与富密不可分，看到了英国亚当斯密经济之学的重要性，但此时他所痛心的是对战败的反思以及对国人危机意识的呐喊，而陈炽关注国家富强由来已久，他在甲午战后《上清帝万言书》，慷慨激昂倡言维新变法之策，同时他由于长期在户部工作，对清政府的财政状况了解程度要比严复、梁启超等人深刻，所以他看问题的视角自然与别人有所不同。因此在梁启超大喊中国积贫积弱的原因在于防弊，严复通过翻译《天演论》倡呼适者生存的观念时，陈炽却独树一帜，想起了十五年前所读经济学著作中对国家富强有所启发，所以他打算通过重新翻译该书，让更多的人来认识西方经济学对国家富强的重要所在，加强对国计民生的关注。而严复只是在 1897 年后才开始经济学著作的翻译，而且《原富》出版后并没受到如期效应。这在一定程度上表现了陈炽眼光的前瞻性。

虽然甲午战后，陈炽的《重译富国策》受到一些人士的关注，但我们仔细考察便知，西方经济学知识只是在当时喜爱维新的人士中回响，远远没有普及。“实际上这是一种正常现象。任何一种新思想的接受与传播，总是从少数精英知识分子开始的。”② 高凤谦、顾任愚、谭献、张元济、梁启超

① 学术界多持严复 1897 年始译《原富》。刘重焘认为《原富》在 1896 年 10 月之前即已开始翻译。见《严复翻译〈原富〉之经过》，《华东师范大学学报》1985 年第 4 期。

② 俞政：《严译〈原富〉的社会反应》，载王晓秋主编：《戊戌维新与近代中国的改革》，第 651 页。

等人均是维新变法的支持者，他们所关注的是国家的富强，与之联系密切的富国策略自然会吸引他们的注意力，尽管这种粗略的反映深度还很不够。这是社会环境使然。甲午战争后，西方列强通过贷款、投资矿山、铁路等加紧了对中国的经济侵略，加深了中国半殖民化程度，致使中国在对外贸易中处于被压迫的地位。有志之士痛心疾首，他们奔走呼号，上书聚会，力求中国变法自强。他们没有过多的时间静下心来阅读《重译富国策》，并作出深刻反映，就投入到维新运动的实践中去了。

三、《重译富国策》与《富国策》译文对照

法思德《政治经济学提要》在中国近代出现三个译本。它们分别是：一是汪凤藻所译《富国策》，一是陈炽和朋友合译的《重译富国策》，一是《无锡白话报》连载的由梁溪匆我室主人用白话文译汪凤藻译本《富国策》。由于三个译本采用的是三种不同的译述方法，故是否能够准确传达原书的内容是需要探讨清楚的问题。为了具体研究这一问题，笔者尝试着将法思德的 Manual of Political Economy 原文与汪凤藻的译本《富国策》和陈炽的《重译富国策》（相关部分）（因笔者看到的《无锡白话报》残缺不全，故暂付之阙如），作一对照性的研究。笔者的方法是逐字逐句地并列两个文本，分析两者之间的差异，以探讨译本的质量。①

现选择若干代表性的译文与原文对照。

---

① 本章的写法曾参考王扬宗：《赫胥黎〈科学导论〉的两个中译本》，载《中国科技史料》2000 年第 3 期。

Manual of Political Economy	同文馆本《富国策》	《重译富国策》
1. The increase of population may create a demand for a product, and thus make the land from which it is obtained more productive.	是故生齿日益增，则地利日益厚。	
The great natural pastures of Austrilia have for many years supported immense flocks of sheep. In England the carcase of a sheep is far more valuable than its wool; but the reverse was the case in Australia — the wool was valuable, the carcase was almost worthless. Wool is not a bulky commodity, and the cost of sending a fleece from Australia to England is comparatively trifling; but so great a quantity of meat was almost worthless to so sparse a population.	澳大里亚之草田，向以牧羊为息，然往往贵皮而贱肉，以皮之为物轻，易于输运；肉则居人稀而食之者少，又不便贩运，故弃之无可惜，与英国之贵肉而贱皮，正相反也。	澳大里亚之草田，牧羊蕃息，皮贵而肉贱，犹弃物也。
The gold discoveries at once caused the population of Australia to be largely increased; the mutton which had been before wasted was now required; the sheep became much more valuable; and the pastures upon which the sheep graze thus became far more productive of wealth, although the fertility of these pastures has remained unchanged. (p47)	自金矿开而工人云集，户口大增，羊之肉顿贵，即牧羊之息顿厚。盖草不加肥，而利则加厚矣。	逮开矿工徒云集雾萃，而肉价顿昂，则地利因人而分也。

续表

Manual of Political Economy	同文馆本《富国策》	《重译富国策》
2. The production of every species of wealth requires the application of man's labour. The forces of nature, acting upon the materials of which the earth is composed, have created products from which wealth is immediately derived.	天地之所钟毓，山川之所韫藏，皆自然之利，财用之源也。然取材以致用，则在乎人。	地上之利，[则五谷百果鸟兽草木，及飞潜动植诸物是已]。地中之利，[则五金煤铁药石诸产是已]。地上之生长者无穷，地中之蕴藏者无穷，而出以供天下人之取携者有限，此所谓自然之利，不竭之源也。然地利虽富，取材致用，则全恃乎人。
The seams of coal were deposited without any humen agency; but the coal is not available to satisfy any of the wants of life until man's labour has dug this coal from the mine, and placed it in those situations in which it is required. But labour, in order to produce anything, must have some materials upon which to work. These are supplied by nature, and may be termed natural agents. The steam-engine, for example, is fashioned out of metals, deposited as the result of certain forces acting in remote geological ages. (P10)	试观煤产于山，诚天生之利薮，而不有人力以取之运之，则无以资其用。特智巧之施，必有所凭藉；机器之制巧矣，而非铜铁不能成。	如煤产于山，天生利薮，不有人力采而运之，其利将终弃于地；即采之运之，仅恃人力，而手足之力，必有所穷，则取者半而弃者亦半也。机器之用兴，而后山川之蕴出，其制虽巧，非铜铁不能成。

续表

Manual of Political Economy	同文馆本《富国策》	《重译富国策》
3. Labourers have generally been so imperfectly educated that the economic advantage of intelligence to the labourer has been, and is still, most inadequately appreciated. Almost every industrial operation will be better and more expeditiously effected by the intelligent workman. The agricultural labourer is very generally looked upon as requiring no special skill or intelligence; but an experienced English land－agent has stated that in his opinion the reason why the land in the Lothians lets at a higher rent than equally fertile land in England, is that the Scotch labours and farmers are, as a general rule, better educated and consequently more intelligent than labourers and farmers in England. *The opinion has been confirmed by a large landowner and practical agriculturist, the Marquis of Aylesbury, who in a speech to his tenantry, in November* 1874, *said that he found that the farms that were the best cultivated were in those counties there were better and more skilled workmen.*	至于巧者，技之所由效，非读书无以致之。今天下百工，废读书者多，故未知巧之系乎生财者重且大也。 夫力田之农工，似无所用其巧矣。然识者谓同一腴田，在苏各兰南鄙，较在英吉利而所值尤多者，无他，苏各兰之工人农夫，大抵视英人为务学，读书较多，故智巧较胜，而其营利亦因之较厚耳。	人功之善者，曰勤与巧，性情专一，各国皆不如英。勤赋于天，而巧关于学。 同一腴田美产，在苏格兰之南鄙，较英吉利值价尤多者，因苏人好学故耳。农人读书识字，则智巧所出，耕获倍丰，［田价之贵，贵由佃户］。农犹如此，工商可知。

续表

Manual of Political Economy	同文馆本《富国策》	《重译富国策》
If therefore the English agricultural labourer becomes properly educated, it may be found that the productiveness of land is as much increased as if an important addition had been made to its natural fertility. Education also produces a most decided improvement in the moral character of the workman. If workmen are dishonest, the loss which is incurred is in no way represented by the amount of property which may be stolen; if reliance cannot be placed upon labourers, they must be superintend and watched, and thus their labour is rendered less productive, because a certain portion of the wealth which is produced has to be paid to overlookers and others who would not be required to watch the labourer if complete confidence could be reposed in him. Thus if one overlooker is required to superintend the labour of twenty men, and if he is paid, as he probably is, twice as high wages as the ordinary workmen, it is obvious that the amount paid in labour for the production of a certain commodity is just one—tenth more than it would be, if it were not necessary to employ the the overlooker. If therefore his services were dispensed with the productiveness of labour would be increased, which would render it possible either to cheapen the commodity to the consumer, or to make an addition to the profits of the employer and the wages of the labourer. (p49)	诚使英国农人，皆知务读以益其巧，则获益之大，不啻其地之加腴矣。不但此也，工人读书，则知敦品；知敦品，则欺诈泯而忠信昭，可无事于监督稽查之费。盖工无忠信，侵亏窃逃之弊害犹浅，监督稽查之费害实深。以多所费，即少所生也。[他若烟酒嗜好，皆足以妨功，工能改其行以务于正，所裨于生财之道者，岂细故哉?]	

续表

Manual of Political Economy	同文馆本《富国策》	《重译富国策》
4. The productiveness of land does not depend entirely upon its fertility; for the quantity of labour and capital which may be required to make the produce raised from the land available for consumption forms a very important element in estimating its productiveness.	财之生于地利者，固视土之腴瘠为多寡，而实不尽在土之腴瘠也。何也？天地生物，原以给生人之用，而所以致之合用者，则非人功资本不为功。故计地利者，又必兼计功本之所需，而后可以定。	
The rich alluvial plains of the Mississippi are almost unsurpassed in fertility; but a considerable portion of the wheat which is grown there is consumed in Europe; and the cost of carrying this wheat to the European markets is virtually so much deducted from the productiveness of the soil upon which the wheat was grown. When the valley of the Mississippi possesses population so dense as to consume all the wheat there grown, the land, although it may be not more fertile, will be more productive of wealth; for the	美洲密息江一带平阳之地，土极肥饶，而所产之麦，运至欧洲者居多，则功本大而利为之减矣。苟使其地生齿日繁，以土产之麦，供土著之民，田不加肥，而利必倍厚，为	

续表

Manual of Political Economy	同文馆本《富国策》	《重译富国策》
wheat will no longer be wanting an utility, which, amongst others, gives it the character of wealth, namely, of being in the place where it is required to be consumed: an utility which can not now be conferred upon it without considerable cost. Everything, therefore, which facilitates the transport of produce, increase the productiveness of land. A great portion of the most fertile, land in the world is entirely unproductive. Products might be raised from it which would be eminently serviceable to man, but various obstacles interpose which render these products unvailable for consumption.	其无轮运之费也。由此言之，凡有便利转运之法，皆为增益地利之方。今天下良田美土，半皆弃之于不耕不种者，徒以距城市太远，轮运之费无从出耳。	美洲密息比江滨，一片平原，产麦丰富，运欧售卖，费重利微。
The most splendid pine—trees are often seen rotting on the sides of the Swiss mountains, because it would cost more to bring the timber to market than it is worth. (p46—47)	不然，彼瑞士诸山所产之杉木，材大而质美，宜为工师所争购矣，何听其砍伐朽腐若此耶?	瑞士诸山，多产大杉，空谷朽株，无人过问。[自轮舟铁路通行，而二物皆售重价矣]。

续表

Manual of Political Economy	同文馆本《富国策》	《重译富国策》
5. The labour of policemen and others who are engaged in protecting industry is productive, because they confer upon commodities the important utility of security. (p14)	推之巡街之捕役，查夜之兵丁，所以靖盗寇，保商贾，亦足与于生财之列。	彼修道之兵夫，巡街之捕役，[听讼之官吏，守埠之兵船，乃至轮舟火车邮政电报银行之属，及各种格致化学重学光学电学地学之类]，皆所以补农工商之不及，兴大利，除大害，以永保此农工商各业，以坐收大利于无穷也，此生财之功。

注：英文原文注明页码，划线部分为《重译富国策》略去未译的词句，斜体部分为《富国策》所略去没有翻译的。《富国策》与《重译富国策》译文中“[]”内为译者添加的内容。

通过以上译例，可以得到以下认识：

(1)《重译富国策》删略较多，原著《政治经济学提要》中的155页的内容（仅指两文共同所译部分而言），《重译富国策》译成中文不过8000多字，而同文馆译本基本上是逐字逐句对译，译本的篇幅接近40000字，几乎是前者的五倍。《重译富国策》所删略的部分，主要是原文中的一些解释说明文字，以及一些难以用中文明确表达的概念及相关解释。如上表中第3节所谈及的教育对人功的作用，汪本基本上逐字逐句照译，而陈本则仅仅翻译了其中的几句。特别是在阐述农民受教育的重要性后，汪本用大篇幅解释教育与工人的关系，而《重译富国策》则仅用“农犹如此，工商可知”八个字来代替。书中类似情况尚有许多，兹不赘举。

（2）两位翻译者在翻译时侧重点各不相同。汪凤藻惟恐读者难以理解原书内容，往往许多地方就原文加以解释说明；而陈炽则注意锤炼字句，译文中几乎无多余词句，“译文只求雅驯，不欲艰涩”，① 但在相同问题的论述上，或追求行文简洁，或对一些问题进行了阐发。如第1节谈到澳大利亚草田时，汪本译文约用70字，显得有些啰嗦，而《重译富国策》则用大约20字即说明了情况。第2卷《论人功》中论述生财之人时，汪本照译原文，而《重译富国策》则增加了“听讼之官吏，守埠之兵船”等语。另外在《重译富国策》中有的地方很明显为译者所加，如第1卷第四章《论资本》最后一段：“日出不穷，规规一隅，安知大局，一知一不知，一改一不改，其不敌也决矣。天下事知则真知，改则竟改，若如中国吴淞铁路，购赴台湾，听其霉烂。江河虽广，轮舟有准行有不准行。机器厂听人设立，而自不设立，则偏枯瞀乱，百弊丛生，不改固不能，改亦终无所利也。此之谓不知本。”英文原著中并无这段文字，显然为陈炽所加。这一点早在《湘学报》书目提要中即有人予以指出。

（3）译文的准确性。汪本虽然有许多欠通之处，也存在删节，如第3节斜体部分，但基本上忠实于原著。这是因为汪凤

① 《汪康年师友书札》（二），第2075页。

藻本身懂得英语，不过“一国文字和另一国文字之间必然有距离，译者的理解和文风跟原作品的内容和形式之间也不会没有距离，而且译者的体会和自己的表达能力之间还时常有距离”①，所以难免有与原意不同之处。而《重译富国策》译文虽较简洁，但由于采用的译书方法存在弊端，自然损害原意之处较多。正如钱钟书评价林纾时所说，“他在翻译时，碰到他认为是原作的弱笔或败笔，不免手痒难熬，抢过作者的笔代他去写。从翻译的角度判断，这当然也是‘讹’。即使添改得很好，毕竟变换了本来面目，何况添改未必一一妥当”②。陈炽的译述中的类似问题亦比比皆是。

通过两个译本与原作的对比，我们认为两者皆存在某些问题，均未能达到忠实、准确地体现原作。汪凤藻的翻译虽较尊重原著，但也有漏译和添加之处，而且多处用中文旧词汇比附西方经济学说，令人对经济学的理解仍是一头雾水。陈炽的《重译富国策》存在问题就更多，除部分译文与原文较吻合外，删略太多，补充太多，不免损害了原意。对于陈炽的译述要给以合理评价。

陈炽认为汪本不好，究竟如何？通过两个译本与原文的对照比较，我们可以看到，汪本并不像陈炽所说弃其精华，取其糟粕，而是对西方经济词汇做了尽可能的解释，较准确地表达了原文的含义。相反，陈炽与朋友所译存在着可以妨碍人们对该书原意理解的两个问题：一是懂英文的朋友的口述对原文的理解是否完全准确，一是陈炽在表述朋友口述之意时是否根据

① 钱钟书：《七缀集》，上海古籍出版社 1985 年版，第 67—68 页。

② 钱钟书：《七缀集》，第 73 页。

己意作过处理。后者在陈炽的《重译富国策》中随处可见。口述笔录的翻译方式，使译品既有口述者的思想，也包含着笔录者的思想。陈炽自己也说：《重译富国策》"未必符合原文，亦庶乎可供观览"。他自己也没有举例说明汪本何处翻译得不好，而贸然下上述结论。陈炽对汪本的批评可能是为自己的"重译"作一点依据，不排除有个人偏见在内，而且他删改之处如此之多，不见得其所译比汪本能好多少。在对相同段落的理解上，用现在的语言来说，汪本以"直译"为主，陈本以"意译"为主。我们没有足够的证据对两种不同的翻译方式评头论足，只能说两书各有特点，汪本比陈本更详尽更准确地表达了原文之意，陈本在行文上比汪本更简洁流畅易懂，但内容删略较多。

四、几个需要澄清的问题

1. 关于《重译富国策》是否为"重译"的问题

陈炽的《重译富国策》是否像他自己所讲的那样，就原本重新翻译，还是抄袭《富国策》加工拼凑而成？当《重译富国策》在《时务报》上连载后的第二年，《湘学新报》上即有人提出陈炽不是"取原本重译"，而是"取同文馆本重加删润"。今人也有认为《重译富国策》是"改头换面地再版"或"重版"了京师同文馆译本。① 为了弄清问题，下面将两个译本的目录和同一原文而译句相似部分列表对照。

① 李竞能指出："1897 年初，又出现了时务报馆刊本的《重译富国策》，改头换面地再版了 1882 年的《富国策》"（《论清末西方资产阶级经济学的传入中国》）。邹振环在《京师同文馆及其译书简述》一文中指出："1897 年《时务报》以'重译富国策'为名，重版了这一译本"（《出版史料》1989 年第 2 期）。

两书目录对照表

卷章	英文目录名称	同文馆译本（相关部分）	时务报馆本
卷一	Production of Wealth	论生财	生财
第一章	Introductory Remarks	总论	总论
第二章	The Requisites of Production	论生财有三要	三要
第三章	Labour as an Agent of Production	论人功	人功
第四章	Of Capital	论资本	资本
第五章	ON the Productive Power of the Three Requisites of Production	论三要滋生之力	分合
第六章	Production on a Large and on a Small Scale	论制造多寡之异	多寡
第七章	On the Laws which determine the Increase of Production	论增益财用之理	损益
第八章	On the Increase of Capital	（未译）	（未译）
卷二	Distribution	论用财	用财
第一章	Private Property and Socialism	论制产之义与均富之说	总论
第二章	The classes Among whom Wealth is Distributed	论财所自分	角逐
第三章	Rents as Determined by Competition	论地租角逐之道	田限
第四章	On Wage	论工价	工价

注：Fawcett 英文原著共 4 卷 43 章，汪凤藻译本调整为 3 卷 26 章，而《时务报》馆本目前仅能找到表中所列的 2 卷 11 章。

两书部分内容对照表

卷数	同文馆本《富国策》	《时务报》馆本陈炽《重译富国策》
卷1第1章《总论》	斯密氏首创是学，名其书曰《邦国财用论》。 清空之气，固生人呼吸之所需，然取之无尽，用之不竭，我非有余，人非不足，即无利于贸易也。水之为物，几于无地无之，亦不得谓之财。然遇通都大邑，人烟稠密之区，雨水不足供其用，则必借人力以运之，于是乎有贸易之利，而水亦居然财矣。安威耳山，泉所自出也，一渠之水，贱与空气等，及其运至都城，迂地不过十数里，而业水遂足以致富。彼纽利佛公司，其明证也。 贫富之不同，不独国与国有然，即一国之中，亦有随时变异者。昔英国贫乏，与今之山番等。……今英国所赖以致其富守其富者，不外煤铁等物产。昔皆有之，而不知用，斯不得谓之财耳。是故造物生财，不限疆域，而取财理财之方，则视其国之声教以为广狭也。 厥初生民，大抵猎兽而食，一变为游牧，再变为耕稼，而教于是兴，国于是立矣。	斯密德者，英人也。首创是学，名之曰邦国财用论。 天空之气，生人呼吸之所需也……然取之不禁，用之不竭，人非不足，我非有余。不可交易者，非财也。水之为物，无地无之，无人不用，宜水亦非财。然而通都大邑，地狭人稠，雨水不足以供用，则必借人力以运之，而水亦财矣。英国安威耳山，名泉所出，一渠之水，贱与天空气等，及运至伦敦，迂地十余里。而纽利佛自来水公司，遂倚为致富之源。 贫富之不齐，非独国与国然也，即一国之中，今与昔亦异。英人昔日之贫，与今之土番等。……英所倚以致富而保富者，煤铁也……昔有是财而不知用，不能用。……造物生财，不囿方隅，本无限量，而取财用财理财之道，则视其国之教养以为盛衰。 厥初生民，猎兽而食，一变而为游牧，再变而为耕稼，而教以兴，而政以立。

续表

卷数	同文馆本《富国策》	《时务报》馆本陈炽《重译富国策》
卷1第2章《论生财有三要》	地利人功，二者交相济，亦交相需也。	地利之与人功，交相需也，亦交相济也。
卷1第3章《论人功》	万物生于天，聚于人，成于聚，人之不能生物，犹天之不能聚而成之也。	万物生于天，出与地，聚于人，成于众，人之不能生物，犹天地之不能聚物也。
卷1第5章《论三要滋生之力》	生财之要，地利、人功、资本。三者既并重矣。然论其滋生之力，则各有多寡大小之不齐。……今英国有数郡之地，物产至富，昔仅泽国耳、邱墟耳。以人力智巧之转移，遂使硗瘠者变而为肥美……此地利之因时而异者也。……犹是刈稻粱也，英国一人一日之所作，抵俄人者三；犹是造铁路也，英国一人一日之所作，抵法人者二。其故固由于体气强弱有不同，亦由于技艺巧拙有不等。此人功之因地而异者也。	地利、人功、资本，生财之三要。然孳生之力，则有多寡大小之分。英国有数郡，物产至富。昔也沦为泽国，荡若邱墟，后以智巧转移硗田变为沃壤，此地利之因时而异者也。犹是刈稻粱也，英人一日之作，抵俄人者三；犹是造铁路也，英人一日之工，抵法人者二。体性之强弱，技艺之工拙系焉，此人功之因地而异者也。
卷1第7章《论增益财用之利》	英国挪佛一郡，昔为荒地，嗣审其土宜，广种萝卜，居民以之牧羊，而获利特厚。 撒里司白里平原之地，土本硗薄，自肥以鸟粪而产谷极富。 伊里岛田向苦卑湿，后用机器竭其水，土脉特肥。	英国挪佛一郡，荒瘠难耕，旋审其地所宜，广种萝卜，并植草牧羊，获利之丰。 撒里司白里平原，土性硗薄，肥以海岛鸟粪，而亩收十倍。 伊里岛田卑湿……复以机器竭其水，遂为举国上腴。

续表

卷数	同文馆本《富国策》	《时务报》馆本陈炽《重译富国策》
卷2第1章《论制产之义与均富之说》	大抵生财之道天定之，用财之道人定之。 贫富之不均，由于人之有私产。国愈富则愈不能均，天下古今之常势也。……使英国一旦遍籍民间之财产，按数而均分之。吾知日积月渐，仍归于贫富悬殊而止。何也？斯人之材力，赋禀不同，其强而明者，以精勤而日致其富；其愚而柔者，以怠忽而渐归于贫。	是故生财之道，天定之，用财之道，则人定之。 盖财之不均，由于人有私产，私产愈多，国家愈富，而民间之贫富，愈不能均。此天下古今之常理也。诚使英国……遍籍民间之财产，按户口而均分之。吾知不及数年，仍归于贫富悬殊而后已。盖人之聪明材力，各各不同，其强而明者，业广于精勤，其愚而柔者，家倾于怠逸。
卷2第3章《论地租角逐之道》	一王兴起，征诛得国，辄以地分赐元勋，以为报功之典。今英国犹有世守其赐田者，皆其祖宗所受诸维廉第一者也。夫地以力得，亦必以力守。 譬诸地球为日所摄，绕日而行，皆谓成椭圆道，实则诸行星各有摄力，常使地球出入于椭道内外。特撼之甚微，可以不计。故天算家第依椭圆立法，而推测已能密合。	伊古兴王崛起，恒以土地分赐元勋。今英国犹有赐田，皆若人之祖宗，受诸维廉第一者也。故其地以力得之，即以力守之。 譬之地球绕日，轨道椭圆，实则大小行星，皆有摄力，牵撼地球，出入于椭圆道之内外。惟其差甚微，可以不计。天文家以椭圆立法推之，已能密合矣。

续表

卷数	同文馆本《富国策》	《时务报》馆本陈炽《重译富国策》
卷2第4章《论工价》	所谓托业有苦有不苦者。如挖煤之煤工，受价反优于巧匠，以其事甚劳，其地甚险，摸索暗中，呼吸浊气，不优其价，谁乐就之。彼木匠一日之间，工作之勤，过于煤工，而价减一等者，其事不若是之苦也。	托业有苦乐。挖煤之工，受价反优于巧匠，以其事甚劳，其地甚险，吐纳浊气，呼吸死生，使工价不优，谁肯为之者？木工之勤，过于煤工，而工价较煤工大减者，苦乐相悬耳。

另外，《富国策》在第1卷第7章《论增益财用之理》中，译者将下一章有关资本的内容并到该章内，而且明白指出："自此页以至章末，原书别为一章，兹连类而合之。"通观陈炽的译述，此章内容的处理也是如此。再如第2卷第1章《论制产之义与均富之说》中，《富国策》的译者省略了圣西门的学说，而仅介绍了欧文和傅立叶的理论；《重译富国策》也如之相同。

通过对照，陈炽译述的《重译富国策》与汪凤藻译本《富国策》的确在标题、内容等方面存在许多相似之处。那么，陈炽的《重译富国策》是"重译"，还是对《富国策》"剽窃性"的"重版"，应如何判断？关于什么是严格意义上的重译，重译与剽窃有何界限，丁锡鹏撰文进行了分析。他认为"重译大致有两种情况：一是不同的译者分头独立翻译、出版同一著作；二是不同译者在不同时间翻译、出版同一著作，后译的目的应该是在于对前译本进行改善。真正的重译理应指后一种情况。……在前译基础上的重译，通常总要研究前译，并可能继承和借鉴，难免有相同之处。如果仅凭译文部分的、表面的词句相同而判为剽窃，很可能造成‘冤案’”。正确的做法是根据语言学（即从语言、文字方面寻找线索）和艺术等值性判据（即从文学艺术表现手法、修辞能力高下、对原著的理解等方面考查）的综合。① 我们可以此为依据，对陈炽的《重译富国策》进行判断。从时间上看，汪凤藻首译《富国策》为1880年，而陈炽则译于1896年，两人在不同的时间内翻译同一本著作，可以说是“重译”。从内容上看，《重译富国策》与同文馆本《富国策》虽然在字句上有些雷同，可见陈炽对部分章节的处理上确实参考过汪本，这一点陈炽也承认，“与同文馆所译华文，彼此参校”。近代中国所特有的口述笔录的翻译方式，使《重译富国策》更成为“中土所以意自撰之书”（严复）。在相同的文化背景下，两人对一些问题的看法会有重叠之处，而且陈本的大部分内容由陈炽作了发挥，与汪本有所不同，所以《重译富国策》叫“重译”也未尝不可，而不能轻易下“改头换面地再版”、“重版”的结论。

2. 关于《重译富国策》与《续富国策》出版先后问题

通常观点认为陈炽在重译《富国策》基础上或同时撰写了《续富国策》一书。有代表性的论点是《陈炽集》的编者在该文集前言中所说：“1896年，陈炽重译英人斯密德之《富国策》，交《时务报》连载。又在此基础上撰写了一部经济专著《续富国策》，以求中国踵英之后而富强寰宇。”②

此外一些论文也有此议，如马金科认为陈炽在甲午战后关

① 丁锡鹏：《关于重译与剽窃的思考》，《中国翻译》1992年第2期。
② 《陈炽集》，前言第3页。

注经济问题的研究，出于对同文馆本《富国策》的不满，他与朋友重新翻译了该书，并且在"重译《富国策》同时撰写了《续富国策》"①。此前他发表的《陈炽的生平与〈续富国策〉》文中即也谈过陈炽1896年与朋友合译《富国策》，并在《时务报》连载发表，"同时着手撰写《续富国策》"。②

周红兵说陈炽在"1896年重译《富国策》，署名通正斋生，于《时务报》连载刊出。同时，他结合国情，更深刻地研究经济问题，探讨中国可行的富强道路，于同年著成《续富国策》"。③

刘君在《陈炽维新思想散论》文中说陈炽在"1896年，重译英国人斯密德之《富国策》，由《时务报》连载后，反响热烈。此后，又在这一基础上撰写了一部经济专著《续富国策》"。④

这似乎很符合逻辑：陈炽曾系统读过同文馆译本《富国策》，尔后见其错误很多遂又与朋友重译，接着在此基础之上撰写《续富国策》一书。笔者初读《陈炽集》前言及一些研究者的论文时也认可此论。但经过反复阅读，发现这一论断有误，即把两书的关系弄颠倒了。其实，《续富国策》一书撰写和出版均在《重译富国策》之前，是陈炽在《续富国策》完笔并问世后，才又与朋友开始重译《富国策》的。具体理由如下：

---

① 《清代人物传稿·陈炽》下编第10卷，第302页。

② 《光明日报》1989年7月19日。

③ 周红兵：《寻求兴邦之道——清末维新派陈炽》，《文史知识》1992年第8期。

④ 《历史教学问题》2001年第4期。

关于《续富国策》撰写的年代，论者一般认为是1896年，[①] 但也有认为写于1896年以前或1895－1896年间的[②]。《陈炽集》的编者考证了《续富国策》写作年代，他们经过分析，指明该书写于1895年，所持论据是"《军械之工说》云'上年，大东沟之战'，知是书写于甲午战争后一年即1895年，并于1896年夏季刊刻问世"。[③] 此推论完全正确（但编者又在前言中搞错了）。笔者再举几例说明。

(1)《军械之工说》说："上年中倭之役，北洋短炮过多，我之弹未及人，人之弹先及我，其利钝可见矣"，"中倭之战日本幸而不败者"，"中倭战后"；《多制兵船说》说："上年大东沟之役，两国调集兵轮，各出全力以相搏，雷轰电击，破釜沉舟"；《创立商部说》提到日本"今一朝战胜，举国宽然，数万万之金钱取之如寄。又得台湾一岛"；《种樟熬脑说》有"刻台湾既属他人"等语。这些都说明，《续富国策》当写于1895年甲午战后下半年至1896年间。

(2)《急修铁路说》中提及"自去岁中倭一役，成败利钝，较然可睹，廿载迂拘之议论渐化浮云，遂有商办卢汉铁路之

---

① 如赵靖、易梦虹主编的《中国近代经济思想史》下册（中华书局1980年版，第288页），即认为陈炽在1896年写了《续富国策》一书；侯厚吉、吴其敬主编的《中国近代经济思想史稿》第2册（黑龙江人民出版社1983年版，第357页）、李正中的《近代中国重商思想的开拓者陈炽》(《齐鲁学刊》1989年第2期)也持此议。

② 笔者所见彭泽益先生曾四次提过该书写于1896年以前。见《中国近代手工业史资料》(中华书局1962年版）第2卷，第166、188、283、301页。陈旭麓指出陈炽的《续富国策》写于甲午战争之前。见《陈旭麓学术文存》(上海人民出版社1990年版）第327页。蔡晓荣在《陈炽的保险思想探略》文中提到该书写于1895－1896年间，载《江西社会科学》2001年第6期。

③ 《陈炽集》，第147页注释。

议”。今查筹修卢汉铁路之议最早见于张之洞1889年《请缓造津通改腹省干路折》，甲午战后，1895年6月，胡燏棻、张之洞均有商办卢汉铁路之议。① 由此可推知该书撰写于1895年12月之前。

（3）《种棉轧花说》中谈到“前年上海布局被毁，有谓织布已属暮气，而纺纱始为朝气者”。今查上海织布局曾在1893年因火灾，厂房设备几乎全部被毁。② 可知陈炽写作时当为1895年。

而《重译富国策》的翻译年代，我们可以根据陈炽致汪康年的书信、《重译富国策·叙》以及发表在《时务报》上的时间来推断。1896年11月24日（光绪二十二年十月二十日）陈炽给汪康年的信中提到“重译《富国策》，尚未卒业，皆系草稿，今倩友人录出叙文一篇，总论一篇，祁附刻报中”③，推测陈炽应是在1896年开始译述，同时从其《重译富国策·叙》中知写于“光绪丙申小阳月”。“阳月”、“小阳月”为阴历十月。④ 由此推知《重译富国策》当译述于1896年夏季之后，而此时《续富国策》已公开发行近半年之久。所以一些论著中所说“在《重译富国策》基础上撰写《续富国策》”的说法是误断。正确结论是：《续富国策》撰写出版在先，《重译富国

① 宓汝成编：《中国近代铁路史资料》（1863—1911），第1册，中华书局1963年版，第200—202页。

② 彭泽益编：《中国近代手工业史资料》第2卷，中华书局1962年版，第203页。

③ 《汪康年师友书札》（二），第2075页。

④ 冉学蓁在《历法·节气·传统节日》书中称阴历十月为“阳月”或“小阳春”（重庆出版社1984年版，第13页）。崔振华的《中国古代历法》中引用《尔雅·释天》中“十月为阳”之语（新华出版社1992年版，第13页）。

策》译述发表于后。

3.《富国策》的英文著者是斯密德还是法思德

《中国近代期刊目录》所载《时务报》的文章目录表明，在第15、16、19、23、25册中连载了《重译富国策》，并明确写着“（英）斯密德著，通正斋生译述”。[①] 其实斯密德这个名字是陈炽从李提摩太书中得知的，他在《重译富国策》中，也提到“斯密德者，英人也。首创是学，名之曰《邦国财用论》”。其实，这里的斯密德应是亚当·斯密，而不是现在所说的斯密德是法思德的音译。《陈炽集》的编者说：“英人斯密德著《富国策》一书，分三卷十五章，八万多字。首译者为汪凤藻，时为1880年，次年有乐善堂聚珍版本，唯‘斯密德’音译为‘法思德’。故陈炽译述之曰‘重译’。”[②] 显然，《陈炽集》的编者认为斯密德与法思德是同一个人是错的。当然陈炽本人也搞错了，他在《时务报》上所署名的斯密德应为法思德。《湘学新报》的书目介绍中也提到斯密德即法思德所称亚当·斯密。另有一佐证是《佐治刍言》第21章《论分工并管理人工之法》中说：“英国人以格致名家者，以内端、鲁克、斯米德为最。”而在编者所附《新旧译名对照表》中，“斯米德”即指“亚当·斯密”。[③] 因此，将斯密德与法思德混淆是错误的。此外，《富国策》英文原著为4卷43章，同文馆译本26章，《陈炽集》的编者所说《富国策》3卷15章，8万多字，不管是指英文原著还是中译本皆误。

---

① 《中国近代期刊篇目汇录》第1卷，第577、579、581、583页。

② 《陈炽集》，第274页注释。

③ 傅兰雅：《佐治刍言》，上海书店出版社2002年版，第89、140页。

第三节 《续富国策》与《富国策》的关系

出于对国家富强的寻求，陈炽在阅读同文馆出版的《富国策》基础上，于甲午战后，撰写了经济专著《续富国策》，希望中国踵英之后富甲寰宇。赵炳麟在《陈农部传》中说，陈炽认为“各国之强，皆原于富，著《富国策》，于物产、制造、商务，言之娓娓”。① 该书被誉为“国人自撰的专门探索经济问题而又旨在仿效西方经济学的第一部著作”，② 可以称为“中国的《国富论》”（赵靖语）。该书出版后很受欢迎，有多种版本问世。既然是“续”，那么，他续写的动机是什么，与所续原书有何不同，陈炽从中吸取了什么？本章将一一进行考察。

一、《续富国策》是续“《富国策》”还是“富国策”

“富国策”在近代中国具有特殊的含义。一是作为西方政治经济学的学科名称，一是近代经济学译著的称呼（经济学在近代尚称“富国养民策”、“富国学”、“理财学”、“计学”、“生计学”等）。汪凤藻所译的西方经济学论著即称《富国策》，李提摩太的《泰西新史揽要》中将亚当·斯密的《国富论》亦称之为《富国策》。这就很容易引起混淆。陈炽的《续富国策》所“续”是哪一种《富国策》，学界就有不同看法。所以在探讨两书的异同时，先要弄清《续富国策》所“续”的问题。

---

① 《陈炽集》，第385页。

② 胡寄窗：《中国近代经济思想史大纲》，中国社会科学出版社1984年版，第160页。

关于陈炽所续的何书，学术界存在四种意见：

一种观点是认为陈炽所作《续富国策》就是要续亚当·斯密《国富论》。[①]

一种观点认为是续西方的政治经济学。胡寄窗从“富国策”在近代中国的涵义出发对此问题进行了考辨。他认为自同文馆开设“富国策”课程后，“富国策”即成为近代经济学的中译文名称。陈炽也曾读过同文馆本《富国策》。而对于《国富论》一书，在1896年以前已有所介绍，或用《富国探源论》，陈炽所提到的《泰西新史揽要》中则名为《富国策》，并说亚当·斯密为“讲求富国策之第一流”。当然对于陈炽来说，他不可能理解《国富论》与汪译《富国策》有何区别。另外要续何书，必须先有原书存在，而在陈炽写《续富国策》时，严复所译《国富论》尚未问世，他不可能读到亚当·斯密的《国富论》，所以作者以为“不论陈炽主观上如何想法，他事实上所采用的确是他久已熟悉的汪译《富国策》的命名及其涵义。由上可知，如说陈炽的书是续的《国富论》亦无不可。但如说他是续一般经济学，恐怕更为符合当时情况。总之，不论陈的真意是续谁的著作，他续的反正是西方经济学著作这一点确是毫无疑义的”[②]。

一种观点是陈炽追赶西方寻求中国富强的心情。叶世昌在《近代中国经济思想史》书中说：“《续富国策》主要谈的是发展生产力的问题。它不是一部政治经济学的著作。因此，拿它

① 施永康、陈文亮：《中国近代改革开放经济思想史》，福建教育出版社2000年版，第139页。邹振环在《影响近代中国社会的一百种译作》（中国对外翻译出版公司1996年版，第161页）中也持同样观点。

② 胡寄窗：《中国近代经济思想史大纲》，第160—161页注释。

去‘续’以政治经济学为内容的《富国策》，是完全不相称的。加这个‘续’字，无非是表现了陈炽希望中国‘踵英而起’，‘他日富甲环瀛’的心情。”①

一种观点是折中意见，以赵靖为代表。他认为在“19世纪80年代初，已出现了名为《富国策》的西方资产阶级政治经济学教材的中译本。陈炽给自己的书取名《续富国策》，但他显然不是要为此书写续编”，“从陈炽自述的写作目的看，他也确实是想写一本像亚当·斯密《国富论》那样的对经济发展有重大影响的著作，而不是写一本通俗的政治经济学教材”。②

分析上述观点，各有一定的合理性。亚当·斯密及其著作在陈炽写《续富国策》之前在中国已有所介绍，有的用《富国探源》，有的用《万国财用》、《邦国财用论》之名，更有像李提摩太用《富国策》之名。亚当·斯密也被称为“斯密氏”、“司美氏”、“司密司”、“亚丹斯密”、“斯密德”、“阿荡司”、“斯密德雅堂”。陈炽既读过同文馆出版的《富国策》译本，又从《泰西新史揽要》中知道斯密德雅堂（李提摩太对亚当·斯密的称呼，陈炽称“贤士某”）《富国策》的重要性。不过从论者提供的线索推测，笔者以为陈炽的《续富国策》“续”的是西方经济学著作，而并非专指某一本书。另有佐证也可说明。如有的出版社将《续富国策》书名列为《续富国新策》（如1897年上海明记书庄石印本即用此名）。而《富国新策》之名在《万国公报》从1898年2月开始连载，由英国厦门英领事

① 叶世昌：《近代中国经济思想史》，上海人民出版社1998年版，第155页。

② 赵靖、易梦虹主编：《中国近代经济思想史》（下册），中华书局1980年版，第288页注释。

嘉托玛著，教士山雅谷所译，主要介绍西方经济学理论，后又于 1899 年以《富国真理》为名图书集成局石印。虽然它出现在陈炽《续富国策》出版之后，这在一定程度上可以证明陈炽所要续的应是一般经济学书。同文馆本《富国策》中也多次提到富国策之学，显然这是作为一种学说来论述的。张之洞在《劝学篇·会通》中说："《大学》生之者众、食之者寡，即西人富国策'生利之人宜多、分利之人宜少'之说也。"① 此处富国策亦并非专指《富国策》一书，而是一般经济学。陈炽的《续富国策》中阐述的银行具有六种职能，钞票、汇票、股票、存款、押款、借款，这种理论应是从《保富述要》一书吸取而得，因当时传入中国的此类译本只有该书，它也属于西方经济学著作。所以陈炽固受《富国策》的影响，但不限于此。其实，陈氏也不单单是要续西方的经济学，而是从中吸收一些理论知识，其主要目的是为了中国富强。

既然陈炽所"续"包括一般西方经济学，这自然预示着包括同文馆本《富国策》在内的一些有关经济学译著均可成为其思想来源。鉴于陈炽对汪凤藻译的《富国策》"久已熟悉"，故我们在探讨其吸取来源时重点研究他在那些问题上接受了《富国策》一书的思想影响，同时兼顾其他经济学论著的影响。

《富国策》作为一部经济学著作，它所包含的内容是生产、交换、分配、消费四部分，中文译本包括生财、用财、交易三卷，而陈炽并没有按此种分法，他的《续富国策》分为农书、矿书、工书、商书四部分。对于四者的关系，陈炽在《续富国策》中作了解释："商之本在农，农事兴则百物蕃，而利源可

---

① 张之洞：《劝学篇》，中州古籍出版社 1998 年版，第 159 页。

浚也；商之源在矿，矿务开则五金旺，而财用可丰也；商之体用在工，工艺盛则万货殷阗，而转运流通可以周行四海也。”[①]比以往更加重视近代工业、农业生产对流通的作用。这一方面倒是符合了经济学中重视生产，最后归结为流通的观点。无独有偶，康有为在1898年《条陈商务折》中也发表了自己的见解，他说：“商之源在矿，商之本在农，商之用在工，商之气在路。”[②] 梁启超在1897年《〈史记·货殖列传〉今义》文中对司马迁的“农而食之，虞而出之，工而成之，商而通之”，根据自己所掌握的西方经济学知识作了分析，他说：“西人言富国学者，以农、矿、工、商分为四门。农者地面之物也，矿者地中之物也，工者取地面地中之物，而制成致用也，商者以制成致用之物流通于天下也。四者相需，缺一不可。”[③] 这是梁启超的理解，同时也受了陈炽《续富国策》的影响。

其实，陈炽的《续富国策》与《富国策》相比，两者的撰述动机、体例均不相同。西方经济学包括《富国策》在内主要阐述的是生产、交换、分配、消费的理论，研究的是资本主义生产关系的内部联系，而陈炽的《续富国策》主要谈的是发展生产力的问题，其“内容不过是一些经济论文之合刊本而已”，“用中国旧的经济词汇与表达方式来解释新的经济现象”，“尽管他装了许多新的经济内容在内”。[④]《富国策》出现在19世纪英国资本主义高度发达时期，而《续富国策》问世时中国民

① 《续富国策·创立商部说》，《陈炽集》，第232页。

② 《康有为政论集》（上），中华书局1981年版，第326页。

③ 《饮冰室合集》文集之二，第38页。

④ 胡寄窗：《中国经济思想史简编》，立信会计出版社1997年版，第462页注3。

族资本主义刚刚获得官方的有限认可。国情不同在一定程度上影响了两者的不同遭遇。

两相比较，《富国策》是19世纪中期英国的一部西方政治经济学著作，它是作者吸收了亚当·斯密、李嘉图、约翰·穆勒等人理论基础上写成的。而《续富国策》是“着眼于西方经济制度与政策以求西法图富强”的一本经济专著，并不是本政治经济学理论方面的著作，而是“一个中国学者在主观上要求按外来框框写的第一本经济学书籍，虽然在名称和内容上均未达到这一要求”①。

二、《续富国策》对《富国策》的接纳

侯厚吉、吴其敬在《中国近代经济思想史稿》中说，资产阶级改良派在向西方学习的过程中，“不同程度地接受了从初期的重商主义到后来庸俗经济学的思想，必然要受到后者本身所包含的错误与消极因素的影响，这是毫无疑问的。但是改良派接受来自西方的学说与知识时，并不是简单地照搬，而是根据自己所处的社会历史条件、立场与需要，去理解和采择。因而资产阶级改良派的经济思想虽主要渊源于西方，实际上却与西方资产阶级经济学说存在着区别”②。对陈炽的经济思想，我们不妨以此线索进行考察。

陈炽在写作过程中，除受《富国策》的影响外，不免受其他译本影响，因此在探讨《续富国策》与《富国策》之间的关

① 胡寄窗：《中国经济思想史简编》，立信会计出版社1997年版，第462页注3。

② 侯厚吉、吴其敬主编：《中国近代经济思想史稿》（二），黑龙江人民出版社1983年版，第203页。

系时，也应注意其他经济学译作对陈炽的影响。

1. 市场竞争之说

马克思曾说过，只要私有制存在一天，一切终究都会归结为竞争；竞争是经济学家的主要范畴，是他最宠爱的女儿，他始终爱抚着她。《富国策》中无处不存在这种气息。第2卷第2章《论财所自分》中的角逐之说即是典型例证。书中这样写道："大凡国政愈敏，民生愈勤，则角逐之风亦愈甚。人无贪得之心，无以兴商贾之利，贪得斯角逐矣。然角逐之说，有似于征夺，高谈仁义者耻之，动以为贪私鄙吝"，其实"不知角逐之道，非惟无害于贫民，而且有益"，原因是"市贾角逐以求售，则百物之价贱；业户角逐以营利，则佣工之价优。是故角逐者，不独市贾用之，即售主亦用之；不独业户用之，即工人亦用之"。第3卷第4章《论人功制造之货物及其贵贱之由》中也说："价高则利厚，价低则利薄，利厚则人将趋赴，利薄则人思改图，角逐之道，固有以维持而消息之也"。第3卷第7章《论邦国通商》中说："通商之利，由节省工本而生，而利之所在，人争趋之"。

受此影响，加之外患日深的危机，陈炽开始从市场竞争的角度考虑问题，在《续富国策》中提出"占先"之说，其实就是竞争的翻版。他指出："所谓占先者，一埠焉，人未往我先往，一货焉，人未运我先运，一物焉，人未售我先售，前知亿中，合节同符，独争天下之先，不落他人之后，此泰西诸国所兢兢然心摩手追，而英人独称巨擘者也。"① 这是中国以前未出现的商业竞争思想，其中也包含着市场预测思想。

---

① 《续富国策·纠集公司说》，《陈炽集》，第234页。

鉴于中国货物进出口方面存在的问题，陈炽指出外国货物因用机器生产，故“工”而且贱，反观中国土货系人工生产以至“绌”而贵，在国际市场上竞争不过外国货物。所以中国应该发展工业，以“熟货”出口，才能在对外贸易中取胜。

陈炽认识到逐利和竞争对工商业发展的作用。“五六强国喜新尚异、争名逐利之心。然而天下之人不以为非，且孜孜然慕而效之者，何哉？以其有益于国也，有益于民也。”① 在《博物开会说》中，他称赞“泰西各国，君民上下，皆亟亟焉视赛会为要图”，“举经一次赛会，则其国工商技艺各业勃兴……考求物产，利便民生，鼓舞商情，裨益国计，其所见至远而用意至深”。而希望中国能筹集资金举行赛会，特别是在“沿江沿海各埠，各运货物比赛销售”，如此则中国“富强可翘足待”。商品赛会本身就是一种激烈的商品竞争，通过陈列商品的相互观摩，“考其良窳，第其高下，别其精粗美恶，粘贴价目”②，如此“良楛并陈生竞心，新奇多见生巧思”③，增加竞争意识，鼓励用自由竞争不断创新，追赶世界潮流。

上述几点为陈炽从《富国策》中吸取角逐思想发挥而成。当然《佐治刍言》中也曾提到“国人作事宜有争先之意”，“人能用力工作，彼此争先，所得名利不但无害于人，且大有益于世”，并驳斥了时人对争先的误解。④ 这一点也可能作为陈炽上述思想来源，原因是不排除陈炽亦读过《佐治刍言》一书。

---

① 《续富国策·艺成于学说》，《陈炽集》，第201－202页。

② 《续富国策·博物开会说》，《陈炽集》，第254－255页。

③ 张謇：《张季子九录·政闻录》卷2，1933年上海中华书局铅印本，第22页。

④ 傅兰雅：《佐治刍言》，第13－15页。

2. 借鉴西方农学，推行英法农业经营方法

晚清以降，伴随着中国逐渐被纳入世界资本主义市场，中国传统的农本商末的产业结构受到冲击。商业的重要性日益受到有识之士的关注。同时农业与工商业的关系也重新得到审视，形成了农工商协调发展的思路。这就形成了一种新的农业意识，发展新型农业，从世界大势的角度探讨农业的走向，实现农业现代化，以达到国富民强的目的。陈炽顺应时代潮流，对农业问题进行了可贵探索。他很重视农业，这一方面渊源于中国传统的重农思想，另一方面是受了《富国策》的影响。他说："人徒艳西国工商之利，而不知法德奥意诸国，其国之大利皆在于农。"① 为了适应商品农业的需要，陈炽主张仿效西方的成功做法，改变中国的农业生产经营形式。他介绍了两种经营形式：一是机械化大农场生产，一是集约化经营。前者如英国，他在《续富国策》中谈到："英国百年之内，工作大兴，而农民益苦，其国君乃概免田赋以恤之，然犹不能自振也。幸英国用周制大宗之法，举国之田，概归宗子，余皆佃人，故多田之翁，拥膏腴动数百顷，乃讲求农学，耕耘、培壅、收获均参新法，用新机，瘠者皆腴，荒者皆熟，一人之力，足抵五十人之工，一亩之收，足抵五十亩之获。又广开水利，教民广植桑棉葡萄加非烟叶等树，于是农民亦大富，足以与工商相敌，而农具之精良甲于天下矣。由其田主皆富人，故于农业之中，亦能推陈出新，收长袖善舞之效也。"这是农业科学技术广泛应用于农业生产的产物。后者如法国，"人有田亩，则诸子均分，与中国同，故法人之多田者，不过六百亩，少或数亩十数

① 《续富国策·水利富国说》，《陈炽集》，第152页。

亩，无力购置机器，君民上下，专以兴水利、广种树为功。葡萄酿酒为国大利，国制生子者，必种葡萄两株，生女一株，违者有罚。人有葡萄三亩已足小康，五亩则中人以上之产矣。田少功勤，国亦大富”①。

陈炽的这些西方农业知识是从《富国策》中吸取的，同时根据自己的理解并结合中国的国情作了阐发。《富国策》中《论小农躬耕之法》、《论制造多寡之异》、《论三要滋生之利》、《论增益财用之理》、《论农田物产贵贱之理》都介绍了英国农业生产的情况："英之地亩，大半属于世家，租其地者，以多为贵，率皆招佃承种。"这是介绍了英国的土地占有方式。"力田之农夫，因用机器而生财倍多，彼则曰：我租田而耕，田之生物，固益盛矣"，"至于农户之大小，种田之多寡，其理亦准此矣"，即使用农业机器的好处。接着从人功之效探讨了使用机器对"大农"的好处，"机器之用愈广，则大农之利愈厚"，"治田多则获利易者，就租地而种者言之，非据地主自佃者言之也。英国租户之田，有增而多，无减而少，机器之用，日盛一日，可知租田愈多，农利愈厚"，"机器之用，利在大户"。同时英国也注意其他方式，"农事之精，沟洫之法尽，而菹泽变为膏腴；机器用，人功省，而薄田亦多收获"。以上是介绍英国的租田之法及农业经营方式。

法国的农业生产情况：对于民间地产，与英国"或遗令子孙永守，或传与遗腹子女"不同，而是"子女均分"，"父有遗田，必分授诸子"，并且多实行的是小农躬耕之法，"人功资本，皆由自给"。这种小农生产方式也有不利之处，如"一切

① 《续富国策·讲求农学说》，《陈炽集》，第173—174页。

农具机器功本至大，购置匪易”，“所产较微”，“田恒小”，皆“不足供机器之工作”。不过也有大田难及之处，如一些“畜牛取乳、种植果品”等事，“功最细腻，非爱养栽培，殷勤而调护之不可”，所以“惟小户是宜”。“欧洲之植橄榄艺葡萄者，终岁勤劳，爱护备至，如慈母之鞠其子。业牛乳者，慎其饲养，早夜经心，其辛勤况瘁，断非大户之农所能胜云”。由于小农“治己田”，故能“克致精勤”，赞扬了小农生产方式的益处。

陈炽在比较了英、法不同土地制度的基础上根据中国的实际情况提出了自己的对策。他把英国租田之法比作“周制大宗”，而法国的农田归属方式则与中国类似。对于这两种经营方式，陈炽认为中国应兼收并蓄，择善而从。对于“拥田数千亩数万亩”的富人，采用英国式大农场经营方式，“考求培壅、收获新法，购买机器，俾用力少而见功多，亩收数十倍，则富者益富矣”。即提高机械化水平，推广新科技，以提高农业生产的劳动生产率和商品率。拥有少量土地的农民则“仿法国之法，因地制宜，令各种有利之树或畜牧之类，而又为之广开水道，多辟利源”，精耕细作，提高单位面积产量，多生产供城市居民消费的产品，如此则“贫者亦富矣”。这是陈炽受《富国策》的启发而得出的观点。《富国策》中曾根据各国国情对英法两国的农业经营形式之利弊作了评价。陈炽权衡利弊，认为中国可取长补短，根据实际情况采取机器生产，这一点比那些反对在土地上使用机器的人要明智和清醒得多。如朱一新在《无邪堂答问》中说：使用农业机器会造成社会不稳定，“西国地广人稀，故耕种亦用机器。若中国用此，一夫所耕，可夺十夫之利。彼十夫者，非坐而待毙，即铤而走险耳。北省或尚有旷地待垦者，南省人浮于地，何处可容机器？西国政令，每先加意于富民，中国当加先意于贫民。西俗重富轻贫，富者嚣而贫者愿，民皆佃户，无能为患。中国风俗与之绝殊，生齿至繁，民多失业。苟夺贫民之衣食，嗷然不可终日，一二桀黠者乘之，则变乱生矣”。① 张自牧在《瀛海论》、沈纯在《西事蠡测》中也持此议论。冯桂芬小心翼翼地说机器耕田“不可常用可暂用”，王韬早年认为“一行此法，数千万贫民必至无所得食”②，而反对使用机器耕田。

黄遵宪在《日本国志》中反对在中国实行小农租佃制，主张仿照日本、欧美之法，用资本主义方式经营大农场和大机器生产。与陈炽相比，黄遵宪的观点不如陈炽的主张更适合当时中国情况。

值得一提的是，陈炽在倡导采用西方农业经营形式时，自然会与封建土地所有制度有所冲突，怎样看待这个问题，史家有不同的看法。赵靖、易梦虹在《中国近代经济思想史》中说，陈炽“不主张改变封建的土地所有制”，但“他心目中的农业经营方式，已不是把土地分成小块出租的传统封建租佃制度，而是剥削雇佣劳动的资本主义农场”。戴金珊认为“有人说，陈炽不主张改变封建土地制度。确实，他没有直接讲这话。但这并不等于说他要保留原有农业生产方式。不能设想，采取资本主义英国和法国经营方式后的农业会继续维持封建土地制。我们只能说，陈炽不主张采用革命手段改变封建土地制度，是个资产阶级改良主义者”。③ 应该说这两种看法皆有其

① 朱一新：《无邪堂答问》卷4，光绪二十一年广雅书局刻本，第50页。

② 分别见冯桂芬：《校邠庐抗议》，王韬：《弢园尺牍·与周弢甫徵君》。

③ 见赵靖、易梦虹：《中国近代经济思想史》，第290页；戴金珊：《陈炽〈续富国策〉经济思想体系初探》，《经济科学》1984年第4期。

合理之处。不过“在中国近代，封建土地所有制是资本主义经济发展的最大障碍，不解决土地问题，一切发展近代经济的宏图良愿只能是空中楼阁”①，而陈炽作为封建官僚之一并未明确反对封建土地制度，这就使他的经济思想带有较大的阶级局限性。

除《富国策》外，其他经济学译著均未见关于小农经济的详细论述。花之安的《自西徂东》有《农政善法》篇，重点是追溯重农历史，提出中国应仿效西方设立农学院。书中谈到法国种植葡萄对生计的作用，“培壅既易，种类复繁，沙积山陵咸可架植，迨成实累累，制用殊广，则果本之可为生计者，实属不少”②，并没有体现出《富国策》中小农经济“田少功勤”的特征。《富国养民策》中提到过英国“土田，率多为富厚之家所有”的“田畴大略”，“务农人自为地主”为“田畴极美诸法中之一法”③，是着重谈论地租问题。严复赞赏过小农经济，“民治小业，各自有其田”，会使“农事以精，地力以进”④，但那是《原富》的案语，在陈炽《续富国策》出版之后。因此可以断定，陈炽的农业经营思想受《富国策》影响无疑。此外，1892年出版的《富国须知》译本中有《论农事》一章，提出“农实立国之始基也，亦富国之要务”，介绍了各国的农政情况。但《富国须知》的内容经笔者查证，实为同文馆本《富国策》的摘抄。

3. 对外通商，自由贸易

① 龚书铎主编：《中国近代文化概论》，第188页。

② 花之安：《自西徂东》，上海书店出版社2002年版，第182页。

③ 《富国养民策》第10章，光绪岁次丙申镌，上海著易堂书局发兑。

④ ［英］亚当·斯密著，严复译：《原富》案语，第342页。

对外贸易是西方经济学的主要观点之一，它对资本主义的发展产生了重要作用。在英国古典学派产生之前，重商主义者也都重视对外通商的重要性，认为这是创造财富的源泉，国家应妥善管理。但随着资本主义的发展，这种观点受到了重农主义者的批判。1776年亚当·斯密《国富论》的出现，更是以自由主义的观点对重商主义进行了批评，从此“资产阶级经济学摆脱了重商主义的影响，转从‘比较成本’角度论证国际贸易的重要性”①。

促进国际国内贸易发展的因素很多，诸如交通对降低成本的重要性等。《富国策》中多处谈及转运之法对商务的重要作用：“凡有便利转运之法，皆为增益地利之方。今天下良田美土，半弃之于不耕不种者，徒以距城市太远，转运之费无从出耳”；增益人功也，“系乎转运之便利。转运愈艰，则获益愈细，印度之所以常处于贫弱者，道路不良，贸迁多阻”。（《论三要滋生之力》）英国“数年前，道途转运维艰，商贾不便，彼之所有余，此之所不足，以故一国之中，货物贵贱悬殊。如鸡鸭之价，在伦敦都城恒四倍于他邑。自有铁路而转运顿利，有无顿通，商贾便之，行旅便之，不独物价无贵贱之悬殊，即工价亦不至同业而异等”。（《论工价》）

受此影响，陈炽特别重视交通运输的作用。在提到开采煤矿之法时，陈炽痛心地指出：中国由于“道途险远，转运艰难，以致奇宝瑰材，永弃于地，窑藏金玉而日叹饥寒”，若“能筹转运之方”，则会有“非常之利”。他在《续富国策》中有《急修铁路说》、《遍驶轮舟说》、《大兴邮电说》等，即着重

① 戴金珊：《中国近代资产阶级经济发展思想》，第190－191页。

强调了交通运输对商务发展的重要性。在《急修铁路说》中，他把各国的贫富视“以铁路之多寡定之”，并说“商务之要术，转运而已矣。有铁路则运道通而运费省，无铁路则运道塞而运费昂。一通一塞之间，商业之兴衰霄壤悬绝”。在《遍驶轮舟说》中，他提到泰西各国富而强，我国贫而弱，原因是“轮舟铁路一行一不行”，并且把中国的“负载而行”与西方的“舟车而载”的商务的影响进行了比较，指出在“今洋货通行，充斥内地，民间市肆，财力已空”的情况下，“人之货细而精，我之货粗而重，苟不以轮舟铁路载之，则旷日稽时，车烦马殆，虽竭蹶抵埠而运脚已昂，能获几何之利”。即轮船在降低运输成本中的作用。在《治道之工说》中，他说：泰西“工商各业之兴也，始于治道”，并借日人之口说“商非道路坦平，百货不能通达，故修道者，殖财之本也，即国家制用之原也”。看到了交通近代化对国家富强的作用。

《富国策·论邦国通商》论述了通商的益处。“通商之利，不专在商贾，而在居民也。要之，通商则生之者益众，为之者益疾，于生财之道，两国固均有裨益”。“通商之利国利民，有断然而无疑者，何也？以其所易，易其所难，以其所有余，易其所不足，生之者益众，为之者益疾，斯其国之财用，必因之而益足也。”

陈炽也认为通商益处颇大。“商务之要术无他，通而已”。通商能够增加财富，能够养民，“江海通商，食力之民趋之若鹜。每月工资，至少数元，以养妻孥，绰有余裕”。呼吁中国大兴商埠以通商。

当然《佐治刍言》、《自西徂东》等译作中亦有谈及贸易之事。前者指出“贸易之事，其人专为求利起见，似有贪鄙性情，究其实在却有大益于人，以能将各国所产之物分运他国，便各人之用。且贸易既通，各国人民互相来往，声气渐投，非特可免彼此侵凌，而由此见闻渐广、智慧渐增，又能令文教日臻兴旺”①。后者则提到国贵通商，“国家通商，当令使天下万国俱获其益，合天下为一家”②。陈炽因阅览过一些西书译本，故不排除也受过这些书的影响。

戊戌变法以前，在中国大地上传播的西方经济学说，主要宣扬的观点是经济自由主义的调子。《富国策·论资本》中说：“大抵有所营造，官办恒不如民办，官办则虚縻恒多，实济恒少。”《佐治刍言》中也说：“贸易事须听买卖人自行作主，国家不能与闻。如欲设立律法，强令民间遵照定例买卖，则弊端百出矣。”“贱买贵卖，为贸易中不易之理。……人欲以物售我，我自能以贱价买之；人欲购我之物，我自可以贵价卖之。其情两相需，其事无相害也。”③《富国养民策》中亦探讨了官办与民办的利弊。

陈炽由于接触过《富国策》以及其他西方经济学译著，深受其宣扬的经济自由主义观点的影响，因此在甲午战后，他审时度势，极力鼓吹经济自由主义。他说：“商人牟利之心无孔不入，其操奇计赢，因利乘便，先知逆测之窾要，父且不能传之子，徒且不能受之师，无中外古今一也。苟官为经理，或加以限制，或侵其事权，必将掣肘多方，弊端百出，欲振兴商务而商务益衰。所谓太上任之者，诚千古之要言妙道也。”④

---

① 傅兰雅：《佐治刍言》，第58页。
② 花之安：《自西徂东》，第196页。
③ 傅兰雅：《佐治刍言》，第108页。
④ 《续富国策·博物开会说》，《陈炽集》，第253页。

陈炽在《披纱拣金说》指出，由于金矿办理不力，用人不当，致使“天珍地宝，终听沉埋，强敌生心，司农仰屋”，故正确做法是“通行天下，听民自开，所得之金，官以平价采买，而薄收其税”。①

陈炽宣传的经济自由主义，主要有两种来源，一种是古代自由放任思想，特别是司马迁的观点；另一种即是西方资产阶级经济学译著所宣扬的自由主义的见解。而这种对于顺其自然、自由放任思想的推崇，即是陈炽中西方经济学知识交汇的结果。他赞美司马迁“善者因之”的观点，吸纳西方经济自由主义原则，对国家干预经济进行了批判。正如后人所说，这是陈炽借“司马迁《货殖列传》中的一段名言，大弹经济自由主义的调子”，“公开向人们表明经济自由主义是救当时中国经济的出路所在”。②

当然陈炽呼吁让商人自由经商，并非完全否定国家的作用。他说：“泰西诸国商务大兴，其所以教诲整齐而利导之者，实有其法。盖恐商人愚暗，自私自利，受制他人不能复规远大也。”因此实行经济自由主义后，国家也有自己的作用。他指出：“商力所不足者官辅之，商情所不愿者官通之，商之计虑所不能及者官成之，西国之性命于商也若此”③。接着陈炽又说：“整齐之法，则公司而已矣，商律而已矣，商会而已矣。利导之法，则游历也，减税也，开埠也，行轮也，修道也，建官也，设兵也，给文凭也，助经费也”，教诲之法，则包括日

① 《续富国策·披沙拣金说》，《陈炽集》，第187页。

② 戴金珊：《中国近代资产阶级经济发展思想》，第41页。

③ 《续富国策·博物开会说》，《陈炽集》，第253页。

报、学堂、赛会。①

陈炽的这一观点也是得自《富国策》，同时也符合司马迁在《史记·货殖列传》所说的“太上任之，其次教诲之，其次整齐之，其次利导之”的精神。

陈炽之后，梁启超在 1897 年也对司马迁的这句名言进行了阐释，并在最后指出：“与之争者，不思藏富于民之义，徒欲朘民之脂膏以自肥，挽近之计臣，日日策画筹度者，大率皆与之争也。”② 在此，梁启超不但批评了当时的官办和官督商办企业和制度，同时正面肯定了自由经济的效率与制度。

这是戊戌变法发生前的议论。在这段时间内举国上下致力于变法，洋务运动的弊端也显露无遗，国家干预过多对中国的富强并不十分理想。而洋务运动时期传入的西方经济学说主要来自英国这个自由主义经济的故乡，《富国策》等译著中所宣传的自由通商的观点对致力于追寻国家富强的知识分子有很大的吸引力。因此，陈炽、梁启超、严复等人开始鼓吹西方经济自由主义。在这之前马建忠、郭嵩焘均批评过洋务派设关卡、抽厘金、官办企业政策的弊端，不利于自由资本主义的发展，强调自由放任流通在国计民生的作用。甲午战后，清政府开始鼓励商人自由办厂，并鼓励民间和华侨承办亏损的军事工业，这是“经济自由主义原则在实践中的更大范围、更深程度的贯彻”③。陈炽、严复、梁启超皆是深受西方经济自由主义学说

---

① 《续富国策·博物开会说》，《陈炽集》，第 253 页。

② 梁启超：《〈史记·货殖列传〉今义》，《饮冰室合集》文集之二，第 38 页。

③ 周建波：《洋务运动与中国早期现代化思想》，山东人民出版社 2001 年版，第 276 页。

影响之人物。虽然他们所接受的渠道并不相同，严复本人曾到英国留学，学习过经济学课程，亲身感受过自由主义经济土壤的熏陶，而且本人又懂英语，能够直接阅读有关经济学原著，而梁启超与陈炽则不懂英语，他们的西方经济学知识主要是通过阅读西书中译本来获得的，但他们在追求国家富强方面殊途同归。在他们的呼吁和推动下，戊戌变法前后，中国出现了一股主张经济自由主义的呼声。当然长期受儒家学说熏陶的国人，在接触到西方经济学知识时往往也会像遇到其他西学一样，从中国古代典籍中寻找理论依据，并用中国旧的经济词汇去附会是可以理解的。

第四章　《续富国策》经济思想体系探微

陈炽的富国思想包括经济、政治、教育、国防等方面。例如，他曾在《庸书·议院》文中指出："泰西议院之法，本古人悬掉建铎、闾师党正之遗意，合君民一体，通上下为一心，即孟子所称'庶人在官'者，英美各邦所以强兵富国、纵横四海之根源也。"这说明在陈炽看来政治改革也是国家富强的重要因素。同时，在国防建设、发展新式教育与富国的关系等方面，陈炽也有论述。不过，陈炽的富国思想的精华最主要体现在经济方面，而《续富国策》是其探讨经济问题的专著，因此本书侧重研究《续富国策》中的经济思想与富国之间的关系。

《续富国策》是陈炽在甲午战争后感于中国之贫弱而作。在探索如何实现中国经济近代化，如何实现国家富强，该书提供了许多有价值的思想。这是近代中国经济思想史上一份宝贵的遗产。

第一节　《续富国策》的写作动机

一、寻求富强成为时代发展最强音

甲午战败及战后面临的危局，成为朝野关注的问题。清政府发布上谕："自来求治之道，必当因时制宜，况当国事艰难，尤应上下一心，图自强而弭隐患。"① 各级官吏纷纷递呈自强之策，最有代表性的是胡燏棻的说法："今日即孔孟复生，舍富强外亦无治国之道，而舍仿行西法一途，更无致富强之术。"② 一部分官员认为甲午战败的重要原因之一就是中国积贫积弱，而造成缘由即是工商业落后。只有发展工商实业，才能达到自强御侮的目的。

报刊舆论也纷纷发表对时局的看法。《申报》载文呼吁："创巨痛深之际，正当卧薪尝胆之时，亟宜奋发有为，以图整顿，借材异地，变法自强。"并提出具体措施："精工艺、广制造，以收利权"，"整顿商务，以臻富强"③。

康有为在 1895 年 5 月《公车上书》中呼吁进行变法，并说："变之之法，富国为先。……富国之法有六：曰钞法，曰铁路，曰机器轮舟，曰开矿，曰铸银，曰邮政。……行此六者，国不患贫矣。"④ 而孙中山在《兴中会章程》开首即指出："中国贫弱，由来已久。"另一维新志士汤寿潜也于 1895－1896 年撰写了《理财百策》，以"理财"为中心提出了解决财政问题的对策。可见甲午战争前后探寻中国富强问题已成为一些有识之士的共识。

在甲午战后要求变法图强的形势下，陈炽撰写了《续富国策》，并在自序中说："《续富国策》何为而作也？曰：为救中

① 《清德宗实录》卷 369，第 23 页。转引自《中国近代铁路史资料》第 1 册，第 199－200 页。

② 《顺天府尹胡燏棻条陈变法自强事宜疏》，《光绪政要》卷 21，第 16 页。

③ 《洋务刍言》(上)，《申报》1895 年 5 月 6 日。

④ 《康有为政论集》(上)，第 123、126 页。

国之贫弱而作也”。至于造成中国贫弱的原因，陈炽认为：“通商六十年矣，中外之不通如故，意见之不同如故，议论之不合如故，此中国贫弱之原也”。接着他分析了造成这种现象的缘故是“由中国政教合一。泰西各国，则政自政，教自教”①。这是从中西政教关系的方面来探讨的。显然，陈炽的见解比当时许多官吏的建议高明。他希望中国解决好上述问题，就能踵英之后富强寰宇。

二、英国利用《富国策》一书阐述的原理而致富强

在这之前，陈炽就已认识到《富国策》的重要性。他著《庸书》时所参考的西书译本中即包括同文馆译的《富国策》。1896 年他在《续富国策》的序中说：“嘉道间，英与法战，擒拿破仑，流诸海岛，虽自矜战胜，而本国之商务顿衰，政府复曲徇富民，创为保业之法，重征进口税以困行商，商情益窘。有贤士某著《富国策》，极论通商之理，谓商务裒多益寡，非通不兴。英人举国昭若发蒙，尽涤烦苛，以归简便，而近今八十载，商务之盛，遂冠全球。……识者推原事始，归功于《富国策》一书。”② 这表现了陈炽对《富国策》一书的钦羡。当然陈炽在此所指《富国策》应为亚当·斯密的《国富论》一书。

既然《富国策》对国家富强如此重要，所以中国若有一部像《富国策》这样的书定能“他日富甲环瀛，踵英而起”。这也是引发陈炽之所以作《续富国策》的重要缘由。

---

① 《续富国策·自叙》，《陈炽集》，第 147 页。
② 《续富国策·自叙》，《陈炽集》，第 149 页。

第二节 《续富国策》的主要内容

《续富国策》共4卷60篇，具体分为《农书》16篇、《矿书》12篇、《工书》14篇、《商书》18篇。《农书》被放在首篇，内容涉及农、林、牧、渔、水利等方面，可见陈炽对农业问题的重视。陈炽这样的安排应是有用意的，在他看来，农业和矿业作为第一产业，可以为工业生产提供原料，再经过工业加工，最后经过商业流通、对外贸易分布到各地。陈炽开始把经济的发展从流通领域转到生产领域，认为生产决定流通，生产才是富国之源。

一、农业近代化思想

中国是个农业大国，经济近代化离不开农业的近代化。陈炽在关注时务的同时，对中国农业近代化也提出了自己的见解，例如强调农工商协调发展、政府的督导作用、科技兴农、保护农业生态环境等，为中国农业的近代转型起到了前驱先路的作用。

1.“经制国用，举出于农”，强调农工商协调发展

中国自古以农立国，“国以民为本，民以食为天”。农业在物质资料生产和消费生产中占重要地位。马克思说，农业是“供应人类世世代代不断需要的全部生活条件”，指出了农业在国民经济中的重要性。时至近代，外国资本主义的入侵造成了自然经济的解体，对农村经济影响很大，传统农业急剧衰落。加上人口增加，灾荒不断，苛捐杂税层出不穷，农民负担沉重。特别是直隶等地“水患频仍，陇亩浸为鸥乡蟹舍，生民失

业，困苦难堪”①，引起了有识之士和清朝统治者的忧虑和关注。陈炽在户部任职，又到各地考察，对小农经济的现状深有了解，所以在甲午战争前所著《庸书》中即辟有《农政》篇，通过中西对比阐发对当时农业问题的认识，指出西方各国利用农业技术而增产，中国农民不知变通而受贫。在《续富国策》中他再次指出农业对国计民生的重要性，“经制国用，举出于农”，“五谷之利，在各业中为至微，而耕作之功在各事中为至苦。然一日不耕，天下有饥者，农政之所关，又在各务中为至重”。② 近代中国农民占绝大多数，农业始终是社会经济发展的基础，但大多数农民生活贫困，而农民赖以为生的农业，耕作方式又落后，“国以民为本，民以食为天，爱民之心，天心也，养民之道，天道也。富国莫要于养民”，③“不能养民，何能富国”。④ 当然陈炽呼吁重视农业指广义的农业，包括种植业、林业、畜牧业、副业和渔业。

农业是国民经济其他部门发展的基础。陈炽指出农业是商业发展的基础，“商之本在农，农事兴则百物蕃，而利源可浚”。⑤ 农业能为轻工业的发展提供原料和为商业提供产品。养蚕用的桑叶、造纸所用的竹子、纺织所用的棉花、酿酒用的葡萄、熬樟脑所用的樟树、制橡胶用的橡树等等，无不都是来自于农业，如果没有农业为之提供这些原料，工商业的发展就

① 李文治编：《中国近代农业史资料》第1辑，三联书店1957年版，第715页。

② 《续富国策·讲求农学说》，《陈炽集》，第172—173页。

③ 《续富国策·水利富国说》，《陈炽集》，第153页。

④ 《续富国策·种树富民说》，《陈炽集》，第155页。

⑤ 《续富国策·创立商部说》，《陈炽集》，第232页。

会失去基础。陈炽再三呼吁重视农业，加强与西方产品竞争的构想，在当时条件下作为拯救国家贫弱的一种手段，并非是像一些守旧人士所固守的“以农立国”的基调，而是主张农业与工商业协调发展。

2. 强调政府、农官在发展近代农业中的作用

中国虽是传统的农业大国，但缺乏管理农业的专门机构。近代面临国际贸易市场的冲击，发展商品农业，加强对农业改革的管理和指导，调动民间人士的积极性，成了当务之急。孙中山的《上郑藻如书》、郑观应的《盛世危言》、康有为的上清帝第二书中，皆提出仿效西方设农官的建议。陈炽也有同样的看法。他在《庸书·农政》中指出了国家重农与否所产生的不同结果：“地力之肥瘠，树获之多寡，统视人功之勤惰以为差。所谓上农夫食九人，其次食七人，最下食五人者。卤莽灭裂，断无倖获，藨蓘致功，必有丰殷。此盘庚所以致戒于惰农，后稷所以开基于穑事也。”

中国古代素有重农的传统，“古圣王所以春省耕，秋省敛，补不足，助不给，劳农劝相，欢若一家者，诚知其故矣。故教之树畜，使桑麻机杼、狗彘鸡豚、五谷之外，余利充溢，即所以补之也；浚以沟渠，使畎浍距川、井泉塘堰，一夫之力，倍获丰收，即所以助之也。大约种谷之外，苟不树不畜，水利不兴，则其地之民必贫窘而不能自给也决矣”①。而现在情况有所变化，政府不重视农政，对改革传统农业不感兴趣。外国人购买中国农产品再用机器加工后售于中国，夺我大利。这固然是由于“商民愚昧，积习难回”，而“在上者，不能因势利

① 《续富国策·讲求农学说》，《陈炽集》，第173页。

导”，也难辞其咎。①

为什么要发挥政府的作用？陈炽解释说：“民情可与乐成，难与图始……水利沟渠，备旱潦，非一人一家之力所能为者，无以董之，则废而不修矣。”② 他以鱼与水的关系呼吁官民之间消除隔膜，“譬一池之鱼……上无活水，下有溢流，其始也，相吻相濡，相攻相夺，彼此犹不及觉耳。久则合池皆涸，处陆而枯，巨细千鳞，同归于尽，欲如前日之相忘于江湖也，岂可得哉？吾人之智，奚不若鱼而乃自利自私，目暗丘山而祸悬眉睫，不早决西江之水以自救乎？”如果政府官吏帮助农民，“官民上下，痛痒相关，视民之事如己之事，除其疾苦，牖其愚蒙，助其工资，谋其乐利，一念之仁恕，万命之存亡系焉。较之施食于衢，救死于颈，善堂荒政，事过即停者，其功德之久暂、大小相去何如也。”所以政府应该关心农民，发挥督导作用，“以养无算之闲民，广无涯之生计，收无穷之大利，塞无限之漏卮”。③

如何加强农政，促进农业发展和技术进步呢？陈炽认为仿效西方，设立农官，加强农业管理。诚如修水利必先筹费，种树必先购秧，中国此时“诚宜设立专官，认真经理，乃能创兴大利，救我兆民。此王道之真功，圣贤之实效”。④ 同时派人到各个国家学习具体的农业生产技术，回国传播普及。如对于法国葡萄生产的先进技术，“诚宜选觅聪颖学生，通达各国语言文字者十人，分赴英法德奥俄意六国，专考葡萄酿酒之事。

① 《续富国策·种蔗制糖说》，《陈炽集》，第 170 页。
② 《庸书·教养》，《陈炽集》，第 20 页。
③ 《续富国策·种烟加非说》，《陈炽集》，第 172 页。
④ 《续富国策·讲求农学说》，《陈炽集》，第 174 页。

……一二年后学成而归，分派各省专任此事……然后将成法颁布民间”。① 为了改善和促进农业生产的管理，陈炽主张实行根据业绩考核农官的奖惩措施。他在《庸书·渠树》中提出：“应修者修，应禁者禁，应浚者浚，应种者种。……以文告牖其先，以奖劝持其后，以勘验考其成。官吏之厉民者有诛，虚应故事者有罪，重赏严罚，督过劝功。”在《续富国策》中，他又把植树多少作为官吏升迁考核的一个标准。他说：“有主之地，民种之；无主之地，则官种之。擅伐一株者，责种两株。富者罚钱千文以充公用，丞倅诸官，劝种三十万株以上，点验得实，立予保升。故事奉行者，加以罢黜。地方官吏入之考成，以种树之多寡为殿最。”②

当然政府与农官的作用还体现在其他许多方面。例如农田水利建设，需要大量劳动投入和资金，单靠农民自己并不能完成这一重任，这就要求各级政府加大投资力度，成立专门机构，组织人民，兴修水利，保护和促进农业的发展。倡导和组织植树造林，通过各种渠道筹集林业发展资金；搜集中外农书对农民进行宣传和教育，引导农民科学种田等，皆需要政府为之出面组织。西方各国与日本举行农业博览会而使国势强民生富，中国应该禁止各省举行“糜费无艺，伤人肇事”的迎神赛会，“开场造屋”，举行各种农业博览会，也应“由官主持”。③

陈炽等人倡导的设立农官管理农业的设想，引起了清廷的重视。1897年光绪帝诏谕：“桑麻丝茶等项，均为民间大利所

① 《续富国策·葡萄制酒说》，《陈炽集》，第161页。

② 《续富国策·种树富民说》，《陈炽集》，第155页。

③ 《续富国策·博物开会说》，《陈炽集》，第255页。

在，全在官为董劝，庶几各治其业，成效可观。着各直省督抚，督饬地方官，各就土物所宜，悉心劝办，以浚利渊。”戊戌变法期间，光绪帝又颁发上谕：“中国向本重农，惟向无专董其事者，非力为劝导，不足以鼓舞振作。”① 因此在京师设立了农工商总局，各直省设立分局，作为发展农业的重要措施之一。清廷制订农业法规，实行以法治农，虽未收到明显成效，与现在农业行政管理部门的职能也有差距，但提倡政府行为以调动农民的生产积极性在当时的社会自有它的积极作用。

3. 兴修水利

水利是农业的命脉，而农业是国民经济的命脉。中国自古水患严重，对农业生产造成极大破坏。王韬在《兴利》中指出：“西北之地，古帝王之所兴，建都立业，南向以驭天下，初何尝转输于东南。今河道日迁，水利不讲，旱则赤地千里，水则汪洋一片，民间耕播至无所施”。② 陈炽对水利与农业生产的关系同样有着深刻认识。他通过比较南北方对水利的重视程度对农业生产的不同影响，强调兴修水利的重要性。陈炽指出：三代以上之民“家给而人足”，而三代以下之民“患寡而患贫”，“观于江浙两省而恍然矣”。“浙之杭嘉湖、苏之苏松常太各属，沟渠河道，经纬井然，每三家之村必有一浜可以通船者，井里桑麻，蓬茸荟蔚，黄云四野，亩收十钟。江南下湿之区，禹贡厥田下下，今何以忽居上上也？则水利之修举为之也。”而反观北方，“水则一望滔天，旱则千里赤地，黄河、永

---

① 《光绪朝东华录》（四），中华书局1958年版，第4160页。

② 王韬：《兴利》，《弢园文录外编》卷2，中州古籍出版社1998年版，第96页。

定河岁岁漫决，百姓流离转徙，无岁不灾，官赈商捐，永无了日，则沟浍不通之故”。① 即水利废弛是导致生态环境恶化、南北方经济发展差异的主要原因之一，所以陈炽认为治理水旱灾害成为发展农业的急务。他痛心地指出，“比岁以来，山西之赈二，河南之赈一，至于顺直、山东之赈，则至再至三”，除地处上游的陕甘等地因渠工尚在，灾害较少，其他各方“几于无岁不饥，无人不赈”，北省之民更是“赈则生，否则死，赈则存，否则亡”②。河泥能够肥田也是陈炽呼吁修水利的因素之一。他指出：“河水之泥，肥泥也。河水所至之地，肥地也”。暹罗的澜沧江、湄南河，越南的富良江，缅甸的潞江，印度的恒河，埃及的尼禄河，“其水之浑浊，皆与黄河等”，但是“所种稻粱黍稷，收获丰富，甲于寰区，越南、暹罗之米，且岁以数百万石接济闽粤，而黄河独有患无利，敝我中邦，有是理乎?”③ 陈炽从以上几个方面指出了兴修水利，加强农田水利建设，增强农业抗御洪涝灾害的能力的必要性。

解决办法之一是开渠种树。陈炽在《庸书·渠树》中提出解决灾害的办法主要是修水渠，让北方各省督抚查明所属之地有多少沟渠，多少山泽，多少泉流，“应修者修，应禁者禁，应浚者浚”。在《续富国策》中，陈炽认识更深刻，把视角转向森林对水利的作用。他指出：“泰西各国，百年以前亦犹今日之中国”，但自从福禄特尔“创兴种树之议，广开水利之源”，不到三年，各国相继出现“一望膏腴百产喷盈，万民殷

① 《续富国策·水利富国说》，《陈炽集》，第151页。
② 《庸书·渠树》，《陈炽集》，第22页。
③ 《续富国策·水利富国说》，《陈炽集》，第153页。

富”的局面。印度的恒河，“横溃四决，与黄河相若，中南印度岁构沉灾”，英国人“在沿河两岸，广购民田，多植树木，不及十载，两岸各成一宽一里、长二千里之树堤，多辟沟渠以杀水势，树木根株盘结，水力不能溃之”；至于“沟渠四达，硗瘠皆腴，物阜民殷，兵强国富”。对于临沧海，近江湖，泉源之所在，高原旱地分别施以不同的办法，如此“土膏脉润”，即使“秋阳蒸暴”也无“龟拆之虞”。① 修水利，固然需要增土固堤，但这是治标不治本，如果大洪水倾斜而来难保水渠不被冲塌。如果在水渠两边广植树木则效果完全不同，因为树木能够将水势延缓，保持土壤层不被破坏，使大坝在暴雨期间安然无恙。同样树木还有涵养水源的作用，能够将雨水储存起来随后通过地下径流方式缓缓流出，保护了河流附近土地的土壤免于或减少流失。陈炽从西方各国种树对水利和农业的作用的事例中，提出开渠种树能促进农业生产的思想是有远见的。

治水先治人。陈炽在《庸书》即已看到国家每年兴修水利之费，皆被各级官吏绅商所瓜分。“一事也，一案也，河官有大利焉，河兵河夫有大利焉，河南之官绅与闻者有大利焉，沿河之百姓售刍藁者有大利焉，来往之绅商市易告贷者有大利焉，工部之官吏核报销者有大利焉”。故“每值口决，独宵旰焦劳于上，司农仰屋于中，亿万灾民愁苦于下，而在事之官绅吏役，皆欢欣踊跃于河干。欲求河之治也，犹抱薪而救火耳，其何裨乎?”陈炽痛心地指出：“不设官则河犹可治，设官则河必不可治。”② 在《续富国策·水利富国说》中，他又指出：

---

① 《续富国策·水利富国说》，《陈炽集》，第152页。

② 《庸书·河防》，《陈炽集》，第37页。

“中国自按察使以迄同知县丞诸官，虽有兼管水利之名，未有能尽心民事者。旧日河渠，听其湮废，而遑论新开。旧有经费，任意侵渔，而况乎筹备。盖官之漠视乎民，而民之疾苦终无由上诉也，亦已久矣。”陈炽在此指出的是有些水患是完全可以预防的，但官吏的贪污腐败，使水患不能得到根治。

4. 提倡科教兴农，发展农业机械化

近代中国农业生产技术落后，所产产品很难在国际市场上竞争。陈炽认为农学不发达是主要原因。他指出：“天下农民大都愚拙，安常习故，不愿变通，又恐舍旧图新，利未形而害已见，此中外古今之通弊。”① 所以他认为对农民进行教育是当务之急。

农民是农业生产的主体，其素质状况直接关系到农业生产的效益，所以对农民进行教育引起近代有识之士的重视。孙中山在1890年《致郑藻如书》中就建议学习西方各国“立一兴学之会”，办学校培养农业人才。薛福成在1893年所写的《西洋诸国导民生财说》中说：“西人于艺植之法、畜牧之方、农田水利之益，讲求至精，厥产已颇胜于膏腴之地”，强调学习西方国家的农学知识。② 与上述人士相同，陈炽也认识到了讲求农学的重要性。他在《庸书·农政》中指出：中国农学“自《齐民要术》外，罕有专书。乡曲老农，卜岁祈年，间有传习”。而西方各国虽“以商立国”，但对“农政亦所究心”。在《续富国策·讲求农学说》中，他又提到德国、意大利“国中聚集讲求，各有农学之会，则田主不富，不用新机，而亦可以

① 《续富国策·讲求农学说》，《陈炽集》，第174页。

② 《庸庵海外文编》卷3，光绪二十一年望龙学社重刊本，第8页。

自收大利者也”。通过中西农业的比较，陈炽在《庸书·农政》中指出：“同此人民，同此土地”，而造成“腴瘠不同、贫富不同”的原因，是“教不教之分耳”，即与农民接受教育情况有关。所以他介绍了泰西各国运用科技兴农的做法，并提出了自己的主张：（1）改良土壤，化瘠为腴。泰西各国“农事有书，植物有学，近更化分土质，审别精粗……所验各土质外，植物所断不可缺者有三：曰硷、曰燐、曰钙”，广泛使用硷、燐、钙这三种化肥，能够“朽腐化为神奇”，使农产大增。科技在改造自然方面的作用可见一斑。因此中国宜荟萃中外农书，博采旁稽，利用通俗易懂的文字，“颁之乡塾以教童蒙，俾蔀屋穷檐，转相告语，家人妇子，力穑劝功”[①]。在《续富国策》中，陈炽再次阐发了同样的主张，“将旧日农书，删繁就简，择其精要适用者，都为一卷。仍翻译各国农学，取其宜于中国凿凿可行者，亦汇为一编，颁布学官，散给生童，转教农人之识字者”。农民接受教育后，眼界有所开阔，传统的价值观会发生变化，有利于新技术的接受和推广。（2）因地制宜，多种经营。陈炽介绍道，“法兰西一国，百年以前，四境萧条，林木稀少，居民困苦”，但后广行种树之法，“举国大富”，所以中国应“因地制宜，广植材木”，以使“家给人足”，“保邦富国”。又如西方各国发展畜牧业以致富，“每田百亩，必空数亩不耕不获，专殖青草，圈作牧场”。美国在西部广辟牧场，“畜牛百万，所制牛乳，封以铁瓶，行销五洲，精美冠天下，今日子孙犹然世业”。这些致富的例子中国皆可根据国情具体仿效。当然中国地域辽阔，各地气候条件差别较大，不宜千篇一律，

① 《庸书·农政》，《陈炽集》，第27页。

而应该借鉴西方获利之法并结合中国传统的农业经验，因地制宜，发展多种经营。如北方地区，草原广阔，森林茂密，应调整农业生产结构，发展畜牧业与林果业。沿海地区可发展渔业，“自渤海以至朝鲜、东三省沿海之区，皆鲸鱼所萃”，宜仿照西人设立捕鲸公司，设厂制烛，转运行销，利国利民。同时发挥各地优势，进行农副产品加工，如种棉轧花、种茶制茗、种蔗制糖、种橡制胶、种桑育蚕、种樟熬脑。

主张使用西方机器发展农业，并非始于陈炽。19 世纪 60 年代冯桂芬即已指出：“农具、织具，百工所需，多用机轮，用力少而成功多，是可资以治生”①，认识到了西方农业采用机械生产所产生的高效率。王韬、薛福成、钟天纬、郑观应、孙中山等皆认识到了农业中采用机器对农业生产的作用。孙中山在 1894 年的《上李鸿章书》中提出了地尽其利在于“农政有官，农务有学，耕耨有器”，“农官既设，农学既兴，则非有巧机无以节其劳，非有灵器无以速其事，此农器宜讲求也”。陈炽在《庸书·农政》中虽认识到各国“农事有书，植物有学”而致“百产蕃昌，亩收十倍”，介绍了西方各国重视农政、运用科技兴农的具体做法，但是并没提出中国农业使用机器走机械化这个主题。甲午战争后，陈炽对机器的认识进一步深化，不仅工业上用机器能获利，就是农业上使用机器，也能提高产量。他看到英国采用机器，“一人之力，足抵五十人之工，一亩之收，足抵五十亩之获”，而提出中国有多田之富人，可以购买机器，“俾用力少而见功多，如伊尹之区田，亩收数十

① 冯桂芬：《校邠庐抗议·采西学议》，《冯桂芬、马建忠集》，辽宁人民出版社 1994 年版，第 83 页。

倍”。[1] 主张中国要改良农业生产工具，走农业机械化的道路。虽然在当时条件下中国走近代资本主义的农业之路还不现实，但百年前陈炽即能提出这样的思想是非常可贵的。

5. 保护农业生态环境

对与农业有关的生态环境保护问题的深切关注，是陈炽农业思想的特色。《续富国策》中的《水利富国说》、《种树富民说》、《种果宜人说》、《种木成材说》等文均与环境问题有着密切关系。《种桑育蚕说》、《葡萄制酒说》、《种竹造纸说》、《种樟熬脑说》、《种茶制茗说》等文虽主要是从发展商品性农业与外国争夺利源的角度出发，但是这些树木的栽植，客观上回答了保护环境和发展经济的关系问题。

森林是保护人类生存的重要因素之一。森林与生态环境的关系，可追溯到两千多年前。《汉书·贡禹传》中说：“斩林木亡有时禁，水旱之灾未必不由此也”，已认识到森林在保持水土、防止水旱灾害方面的生态效益。晚清时期，人口大量增长而引起的移民垦荒，虽对发展经济有一定作用，但是乱砍滥伐现象严重，造成许多森林被毁坏，气候反常，农业赖以生存的生态环境恶化。如1883年秋，内蒙古赤峰县突起黑色风暴，时间长达三昼夜，田禾尽毁，颗粒无收，冬春饿死者不计其数。[2] 内地破坏环境者也比比皆是。如山西“南山之木，采无虚岁，而土人且利山之濯濯，垦以为田，寸株尺蘖，必铲削无遗。天若暴雨，水无所碍，朝落于南山，而夕即达于平壤，延涨冲决，流无定所”。[3]

---

① 《续富国策·讲求农学说》，《陈炽集》，第173—174页。

② 转引《中国社会通史·晚清卷》，山西教育出版社1996年版，第485页。

③ （光绪）《山西通志》卷66，光绪十八年刊本，第31页。

对于森林的重要性，近人也有所认识。如王韬在《漫游随录》中引用西人之语谈到种树有五大好处："一、气清，令人少病；二、阴多，使地不干燥；三、落其实可食；四、取其材可用；五、可多雨，不免旱乾。故伦敦街市间，有园有林。人家稍得半弓隙地，莫不栽植美荫，郊原尤为繁盛。盛暑之际，莫不得浓阴而休憩焉。"① 薛福成出国后在日记中谈到欧美资本主义国家工业化对生态平衡造成的破坏，提出了"栽种树木花草，使地转有生机"，"多植草木，可免旱灾，亦免水患"的认识，并将引进澳洲桨树作为兴利的重要措施之一。左宗棠在新疆时曾鼓励种树，张谕"有毁树者即军法从事"，并命令士兵从玉门关至迪化，沿途栽植柳树，有"新栽垂柳三千里，引得春风渡玉门"之句，可谓有清一代疆吏倡栽行道树之壮举。② 上述几人对树木的重要性虽有所认识，但至于它与人类的关系言之未详，陈炽的论述可谓弥补了这一不足。

陈炽对森林与人类的关系的认识之深刻，在中国近代思想史上无出其右者。他在《庸书》中明确提出了北方灾害频仍的原因之一是森林的大量被破坏。他说："北五省之地，平坦沃衍，数倍东南。三代以前，物产之丰饶，人民之富庶，风俗之敦庞，天下无与为比。"唐、宋以后，情况渐渐改变，"户渐少，俗渐悍，性渐愚，乐岁无仓箱，而凶年有沟壑，神京廪给，悉仰南方，饥馑洊臻，朝不保夕"。到了近代，"山泽禁弛，树木斩伐殆尽，重以捻回之乱，萌蘖无存，土膏既枯，泉流胥涸，郑工塞决，求一拱把之木不可得。万里中原，风沙茫

① 王韬：《漫游随录》，岳麓书社1985年版，第109页。

② 转引陈嵘：《中国森林史料》，中国林业出版社1983年版，第53页。

茫，几同塞外”。原因何在？陈炽认为这是由于“水利废而河患增，地力瘠，树畜之道，阙然不讲”之故。① 在《续富国策》中，他再次指出东南各省对树木尚知爱护栽培，而西北各地则任意砍伐，结果造成“千里赤地，一望童山，旱潦为灾，风沙扑面。其地则泉源枯竭，硗确难耕；其民则菜色流离，饥寒垂毙”。有人将这种“地瘠民贫”的情况“归之于人事”，有人“诿之于天灾”，在陈炽看来，两者皆不正确，真正原因是“无树”。② 陈炽的上述论证既说明了北方地区水土流失严重，水源枯竭，土地沙化，自然灾害频繁的情形，也指出了滥伐森林和破坏植被、过度垦殖等人类对自然资源的不合理的开发利用是造成生态环境不断恶化的主要原因。正如恩格斯的一段发人深省的话所指出的，“我们不要过分陶醉于我们人类对自然界的胜利。对于每一次这样的胜利，自然界都对我们进行报复。……美索不达米亚、希腊、小亚细亚以及其他各地的居民，为了得到耕地，毁灭了森林，但是他们做梦也想不到，这些地方今天竟因此而成为不毛之地，因为他们使这些地方失去了森林，也就失去了水分的积聚中心和贮藏库。阿尔卑斯山的意大利人，当他们在山南坡把在山北坡得到精心保护的那同一种枞树林砍光用尽时，没有预料到，这样一来，他们就把本地区的高山畜牧业的根基毁掉了；他们更没有预料到，他们这样做，竟使山泉在一年中的大部分时间内枯竭了，同时在雨季又使更加凶猛的洪水倾泻到平原上”。③ 指出了世界许多地区违

---

① 《庸书·渠树》，《陈炽集》，第22—23页。

② 《续富国策·种树富民说》，《陈炽集》，第153—154页。

③ 恩格斯：《自然辩证法》，《马克思恩格斯选集》第4卷，人民出版社1995年版，第383页。

背自然规律的恶果。陈炽所指出的灾荒引起的悲惨景况，何尝不是人类违背自然规律而造成的后果。

林业具有生态、社会和经济三大效益。它不仅能够调节气候、涵养水源、防风固沙、改良土壤、减少污染、抵御自然灾害、维护生态平衡等功能，而且森林还是一种重要的自然资源，能够为经济建设和人民生活提供大量的木材和林产品。所以，陈炽大力倡导全国植树造林，“以种树为当务之急”，以“迓天和”、“培地脉”、“养人身”，富甲六洲，比隆三古。他反复论证种树的好处：“树木之本能，吸土膏，烂沙石，故细根入地，硗确可变膏腴；树木之枝能，收秽恶，化洁清，故绿荫宜人，贫病顿成殷富。且天气下降，地气上升，而万木之阴别饶润泽，长林之内，自致甘霖，水旱遍灾，不能为害，有益于人，有益于地，并有益于天。天壤之间，更无他物可以相比。”森林与富国富家关系密切，“今以一省计之，林木蕃昌，无不富者。其少者无不贫。以一地计之，一村一镇，林木蔚然，无不富者，否则贫甚矣。林木之为功于人者，至大且远也”①。说明了森林覆盖率与人民的生活水平成正比。

森林与人类关系如此密切，如何取得成效呢？陈炽设想了种树的计划。设立各级专任官吏，“都守牧令，总揽其成”，“同知通判县丞主簿等闲官，专任其事”。同时植树范围和种类陈炽也有思考，“自城而乡，自近而远，自郊而野，自薮而泽，自平地而高山，先就土性所宜，取其易活，然后增种有利之树，以辟利源”。为了获得土肥民富，他建议把植树多少作为官吏升迁考核的一个标准。他指出丞卒诸官如果能劝种三十万

① 《续富国策·种树富民说》，《陈炽集》，第153—154页。

株以上，点验得实，立予保升。对于那些故事奉行，因循不思进取者，予以罢黜。如劝民广种木桑茶之类有利之树，则给以不次之升。为保持森林资源一定的再生复苏能力，陈炽主张砍伐森林有序有时。在《种木成材说》中，他指出："因地制宜，广植材木……无论官私树木，妄加戕贼者有罚，数年后，树木长成，则择其可材者，以时采伐，售之民间，仍须按年补种"，岁岁添栽。如此则能化腐朽为神奇，家给人足，内治有基，得到既殷且富的效果。

鉴于植物（绿色森林）与人类健康的关系密切，陈炽呼吁植树时应多种果树（经济林）。草本植物与木本植物的果实是原始社会人类广泛利用的食物。"古者民茹草饮水，采树木之实。"① 一些水果营养丰富，不仅能够防治疾病，而且能使年轻人增添青春活力，老年人延年益寿。陈炽认为中国果木品种繁多，种植面积广阔，"自广东距赤道十七八度起，东北抵奉天，西北抵甘肃，皆在四十五度之间，天启中原，为百花芳艳之园，万果骈罗之府"，"百产蕃昌，可云富有"。由于不合理利用，"薪蒸樵牧，兵火摧残，绝不一加宝惜"，而"愚夫妇既鲜知能，贤长官又不加劝导，土宜物产，消息盈虚，亦惟有听其自生自灭已耳"。这是没有认识到果树的重要性所致。陈炽借用西医之口说："百果之鲜汁，大益人身，谓人生由少而壮而老，其戕伐寿命者，皆土性盐类为之。"这种盐类物质可通过呼吸，饮水，五谷鱼肉进入人体内，使人"肌肤骨干、手足筋骸，皆变坚顽，不能灵活"，严重者可导致"痿痹瘫痪、半

① 《淮南子·修务训》，见《诸子集成》第7册，上海书店出版社1986年版，第331页。

身不遂之症”。而水果中则不含土性盐质，常吃则能化痰疏血。陈炽举例说明，有人曾做过实验，十天之内禁吃他物，而专吃水果，“周身所化之血，清而不浊，淡而不浓，精神涣然，血行愈速，旧时淤塞之管，一律疏通，耳目聪明，倍于平日”。因此陈炽指出：“全地球如能广植果木，人皆节减食物，多进鲜果，培养人身”，将会“举世咸臻寿考”。

感于此，陈炽希望中国多种果树，因为水果不仅能够使人延年益寿，而且能坐收大利，“珍木佳果为人间大利之所存”。美国、欧洲即把苹果、葡萄，“以轮舟铁路贩运五洲，获利如恒河沙数”。中国如能把广东的龙眼、橙子，福建的荔枝、橘子，江苏的枇杷、杨梅，山东的梨、枣，直隶的葡萄、苹果，加以利用，“每岁所获之利，皆以数十万百万计。苟能日月推广，闾阎之富实，何可胜言！”所以陈炽建议“劝谕民间，身先倡率，各随土性，植果成园”，定能“经营四海”，“长驾远驭”，“保我中邦亿万年之富庶”。①

自洋务运动来，主持事务的当政官僚虽然是一批勇于接受新鲜事物的士大夫，但他们最初感受到西洋厉害的是坚船利炮的威力，所以他们认为“自强以练兵为要，练兵以制器为先”，把兴办军工民用企业和训练新式海陆军作为强兵富国之举。由于对英国了解较多，故他们采用了近代英国发展经济的模式，以工商为主轴实现自强的目的。而对如何发展近代化农业却没有引起他们的重视。对此孙中山曾批评洋务运动的失误，自实行“西法以来，惟农政一事未闻仿效，派往外洋肄业学生亦未闻有入农政学堂者，而所聘西儒亦未见有一农学之师，此亦筹

① 《续富国策·种果宜人说》，《陈炽集》，第156—157页。

富强之一憾事也”。[①] 而陈炽则特别强调改革与振兴农业，把农业近代化作为国家振兴的基础，这一认识是独具慧眼的。当然，此时孙中山、郑观应、张謇等人也有呼吁重应视农业的思想，不过均没有陈炽的思想全面和深刻。在他们的呼吁下，谈论农业问题很快成为舆论的热门话题。1896 年罗振玉等倡设农学会，出版《农学报》，翻译东西农林书籍，在《农学会章》中说农、工、商为治国之本，但“农实为工商之本”。1897 年张謇在《请兴农学会奏》中说：“农不生则工无所作，工不作则商无所鬻，相因之势，事所固然。”1898 年张之洞在《劝学篇》中分析了农、工、商三者关系，指出：“大抵农、工、商三事，互为表里，互相钩贯。农瘠则病工，工钝则病商，工商聋瞽则病农。三者交病，不可为国也。”[②] 农工商协调发展得到了一些人的认可。在陈炽等人推动下，发展新型农业逐渐成为 19 世纪末的一股新潮流。清政府顺应时势，下诏进行农业改革，设立农工商局，创办农业学堂，发展农业教育，采取了发展农业的新政策，促进了中国传统农业向近代农业的转化。

二、工业近代化思想

19 世纪以来从英国掀起的世界工业化潮流冲击着东方各国，中国也开始了艰难的工业化进程。魏源提出的“师夷长技以制夷”主张中，除包括学习西方的制炮造船和养兵练兵之法外，还包含建立民族的机器工业，设立造船厂和机器局的思

① 孙中山：《上李鸿章书》，《孙中山全集》第 1 卷，中华书局 1981 年版，第 17 页。

② 张之洞：《劝学篇·农工商学》，第 146 页。

想。洪仁玕在《资政新篇》中则明确地提出了资本主义近代化的经济纲领，其中包括兴办近代工业、开采矿藏、兴建交通运输业等。洋务运动时期，在采西学、制洋器思想指导下举办了一批军用和民用工业。早期维新派通过对洋务运动进程的关注，要求工商立国，指出“工为商基”，“工实为商之先”，机器能够殖财养民，主张在国民经济各部门中采用机器生产。陈炽也认为“工商二事，实泰西立国之本原，于是轮船商局，江海通行，电报公司，水陆联接，开煤炼铁，织布纺纱，部拨二百万金为东省铁道岁需之费，此富国之初基也”。走近代化、工业化之路，成为近代有识之士的共识。陈炽发展工业的设想即是在这种大背景下的产物。

1. 发展以铁路、轮船为主的水陆交通运输业和通讯业

工业化的发展不仅需要强盛的物质基础，而且还要有便利的运输条件。也就是说，工业近代化与交通近代化关系密切。正如马克思所说：“工农业生产方式的革命，尤其使社会生产过程的一般条件即交通运输工具的革命成为必要”；“工场手工业时期遗留下来的交通运输工具，很快又成为具有狂热的生产速度和巨大的生产规模、经常把大量资本和工人由一个生产领域投入另一个生产领域并具有新建立的世界市场联系的大工业所不能忍受的桎梏。因此，撇开已经完全发生变革的帆船制造业不说，交通运输业是逐渐地靠内河轮船、铁路、远洋轮船和电报的体系而适应了大工业的生产方式”①。列宁说：“铁路是资本主义工业的最主要的部门即煤炭和钢铁工业的总结，是世

① 《资本论》第1卷，人民出版社1975年版，第421页。

界贸易发展与资产阶级民主文明的总结和最显著的指标。”①晚清中国交通运输落后，影响着经济领域各部门的发展，所以主张对外通商的思想家极力提倡发展轮船和火车为主的近代交通业。到19世纪90年代资本主义国家铁路里程“日增月多，密如蛛网，大国有铁路数十万里，小国有铁路二三万里”。②但是在19世纪八九十年代铁路开始在中国修建时，清政府内部众说纷纭、莫衷一是。“主开铁路者，则曰捷漕运也，利征调也，通货殖也，速戎机也，广荒政也，便旅行也。主停铁路者，则曰碍坟墓也，糜度支也，病民生也，启争讼也，贻后患也。故东三省定议兴建，岁拨帑金二百万，而腹地各省，仍阏遏而未行，聚讼纷纭，莫衷一是。”③ 陈炽对顽固守旧势力反对学习西方科技极为愤慨，尖锐地批评道：“当日之阻挠铁路如刘锡鸿者，皆阴袒西人，以锢我中国四万万商民之生路者也。”④

为了能使铁路在中国大地上轰鸣行驶，陈炽在《庸书·铁路》中分析了铁路在西方出现时并非一帆风顺，说：“始事之不易，非独中国为然也，即泰西创建之初，亦复众谤群疑，交相沮格，至今日而推行日广，翕然不复以为非者，利害之故，历久而始明。”接着他从军事与国防的角度，指出中国的东北、西北、西藏、云南、广西等地，俄、英、法皆有铁路“直指邻疆”，“鹰瞵虎视”。“中国万四千里之海疆，轮舶驶行，捷如风雨，环三面之陆路，所有铁路，计日皆成。他人越国鄙远，相

① 《列宁全集》第22卷，人民出版社1958年版，第182页。

② 张之洞：《劝学篇·铁路》，第157－158页。

③ 《庸书·铁路》，《陈炽集》，第93页。

④ 《续富国策·急修铁路说》，《陈炽集》，第238页。

距数万里之遥，往返程期，不逾十日，而我之征兵转饷，累重稽延，必数月而始达，试问沿边城镇将守之乎，抑弃之也?”①这是多么可怕的事实，清廷统治者却岌岌于争论铁路利弊而不去思考如何筹划。陈炽的呼吁刚刚过去半年，日本即挑起战端，“成败利钝，较然可睹”。铁路的重要性再次掀起涟漪，群臣所上自强奏折中即有筹办铁路之议。陈炽在《上清帝万言书》中也再次提出创修铁路，“无事则通商，有事则用兵，使万里中原，期成殷富，四方外患，不敢凭陵，我国家亿万载无疆之休，实基于此”。

如果说此前陈炽兴修铁路的议论偏重于国防用兵方面，而在《续富国策》中他则从国富民生的角度来考察。他研究了英美等国经济发展的经验，得出“天下万国之贫富，以铁路之多寡定之”的结论。他指出：“欲考天下万国之贫富，以铁路之多寡定之矣。英美二国铁路最多，国最富，商力最雄。德法俄奥次之。今中国之铁路，在天下各国为最少，中国之民生国计视天下各国为最贫，而中国北方数省舟楫不通之区，又较天下各国为最广”。铁路“在中国为发轫之始，在泰西各国则通行已久，习见习闻，其利弊之所存，一比较而昭然若揭”。铁路“旁之镇埠，商民大富，百业俱兴，获利之丰，不可计算”②，并不像一些人所说能夺人生计，糜国家之帑金。因此要中国国强民富，就要借鉴欧美各国广修铁路。

当然提出修建铁路，并非始于陈炽。洪仁玕在1859年就主张仿效西方兴筑铁路。洋务官员李鸿章、丁日昌等，出洋人

① 《庸书·铁路》，《陈炽集》，第93页。

② 《续富国策·急修铁路说》，《陈炽集》，第238—239页。

员王韬、张德彝、薛福成、马建忠等发出了兴建铁路的呼声。王韬指出火车能“远近相通，可以互为联络，不独利商，并且利国”。马建忠的《铁道论》认为铁道建设是国家“富强之基”，“铁道所通，无水旱盗贼之忧，无谷贱钱荒之弊”，主张借洋债以修铁路。宋恕在《道路章》中提出铁路可救岁荒，所以腹地宜“开造铁路，以便运米救饥”。郑观应和张之洞等认为铁路尚有移风易俗有利于社会风气的好转的作用。[①] 可见19世纪末期，铁路问题已引起一些思想家的重视，他们根据自己的体认阐发铁路的作用。与之相比，陈炽比宋恕的修铁路为救岁荒的认识深刻而广泛，与郑观应相比，陈炽少了对铁路建设与社会文化风俗变迁的联系的认识。

如何修筑铁路？郑观应主张商办，陈炽则认为铁路干路官办为宜。“尝合各国铁路而综计之，而知国中之干路官办为宜，如财力不足，或借款，或由外商承办，均无损于国家之大计也。”接着他根据英、美、法、德、俄、日等国修铁路的经验，提出“大利所存，理宜归国，且调兵运械，应变无方，商路究有不便也。此各国阅历而始知者。中国创行之始，商办难成，何如将干路各条一律官办，以免日后购回之多费周折也，则官办宜也”。至于修建范围，陈炽在《庸书·铁路》中主张“筑路之道，仍宜以京师达汉口为干，而分枝以入陕甘”。在《续富国策》中他进一步论述，应“专任重臣，广借巨款，以五年

---

① 郑观应认为“中国以清议维持大局，拘挛束缚颇难挽回，有铁路则风气大开，士习民风顿然丕变，而士大夫之鄙夷洋务者亦可渐有转机”（《盛世危言·铁路》，《郑观应集》上册，第653页）。张之洞认为有了铁路后，“从前一切颓惰之习，自然振起，迂谬耳食之论，自然消释泯绝而不作，至于吏治不壅，民隐不遏，驿使不羁，差徭不扰，灾歉不忧，皆相因而自善”（《劝学篇·铁路》，第157页）。

之内先将干路造成，然后纵令四海商人开办枝路，俾南北各省消息灵通，以速戎机，以兴商利”。

铁路之外，陈炽对公路建设也十分重视。陈炽修路的思想主要体现在《上清帝万言书》、《庸书》中的《虞衡》、《续富国策》中的《治道之工说》三文中。他在《治道之工说》中曾指出道路一端为万国富强之根本。通过对中国道路芜秽满天，西方各国道路清明严整的对比，陈炽指出道路问题不仅关系到国家体制尊严，也与工商各业发展、国势盛衰息息相关，所以中国应该参酌中西，专派一工部侍郎主持其事，街道以京师为主，而后渐及于城镇乡村。至于修路之费，可从房屋捐和往来车辆捐获得；修路之人可以用轻罪之犯人与无业之贫民，如此可以养民，使“无穷盗贼皆化良民，百万孤穷陡饶生路”。至于公路修成后的管理，他建议“各处分设工务局以总其事”，“设官经理”。然后再在适要之地铺设铁路，驶以火车，与公路相辅相成，相得益彰，如此则“地中之矿金、地上之物产，皆得流通转运，贩鬻外洋，则中国富强可立而待”。① 注意西人道路的问题并非始于陈炽。此前，已有不少有识之士提出类似见解。例如，王韬在英国游历时曾赞叹其市政建设，康有为在乡试失败游香港时见到道路之整洁而发出西人治国有法度的感叹，郑观应在《盛世危言》中也提出修公路之议。陈炽之后，梁启超在《时务报》（1896 年 12 月）上发表《治始于道路说》指出道路为“国之枝叶支面”②。宋恕在《六字课斋卑议》

① 《续富国策·治道之工说》，《陈炽集》，第 227—228 页。

② 该文疑为麦孟华所写。梁启超在 1896 年冬回广东时给汪康年的信中说：“其中治道路说，乃麦孺博之文，弟乞得之，以塞责者”。麦孺博，即麦孟华。（《梁启超全集》第 10 册，第 6084 页）。

(1897年)中增写了《道路章》,比较了中国与西方资本主义国家的道路,“其秽洁颇平,不啻地狱天堂之别”,提出在京师开造西式木路或沙路,“以新气象,以鼓精神”。[①] 在陈炽等人的倡导下,修路问题在维新运动期间作为一项改革内容被提出。光绪帝曾发布上谕称,“京师为首善之区,现在道路泥泞淄污,河道塞壅不通,亟宜大加整理,以壮观瞻”。[②] 虽然政变发生,修路之议未能付诸实施,但是他们指出道路与国家尊严、富强之间关系的认识确是有远见的。

要想富,先修路。修筑铁路、公路与经济发展、国家富强的关系是不言而明的。陈炽超出了梁启超、宋恕等人把修路作为“支面”、“新气象”的思想,提出交通建设与国家兴衰关系密切更是发人深省。陈炽去世后,中国铁路建设出现一个高潮,到1911年已修成铁路9618.1里。[③] 中华民国成立后,孙中山也重视铁路建设问题,认为振兴实业要以建设铁路为中心,“交通为实业之母,铁道又为交通之母。国家之贫富,可以铁道之多寡定之,地方之苦乐,可以铁道之远近计之”[④]。这种说法与十几年前陈炽的思想如出一辙。

至于水路交通计划,陈炽也有自己的构想。第二次鸦片战争以来,外国货轮凭借不平等条约的特权肆意航行于中国沿海和内河各地,获利颇丰。这引起了国内一些商人的忧虑,他们思考中国应自办航运以夺回利权。如盛宣怀在1872年指出:

① 《宋恕集》(上册),中华书局1993年版,第144页。

② 转引梁启超:《戊戌政变记》,《饮冰室合集》专集之一,第46页。

③ 《中国社会通史·晚清卷》,第364页。

④ 孙中山:《在上海与〈民立报〉记者的谈话》,《孙中山全集》第2卷,中华书局1982年版,第383页。

“伏思火轮船自入中国以来，天下商民称便，以是知火轮船为中国必不能废之物。与其听中国之利权全让外人，不如藩篱自固。……今人于古人尚不甘相让，何夷狄之智足多哉!”① 在洋务官僚的支持下，轮船招商局得以建立。不过这仅仅是与西人分沿海与长江之利，而具有广阔前景的内河航运却远远没有提上日程。1892—1893 年间，一些士绅虽曾请求在长江内河内港地方试行小轮船，但张之洞对“洞庭湖拟设小轮济渡”给以“批禁”，刘坤一以“虑日久滋弊，各处有所假借，或致有碍民生”为由而加以反对。② 对此，陈炽不以为然：“民间共知轮舶之利……轮船所达，则商务骤兴，贫民随事可以谋生，何必概操舟楫？况轮舶之侧，小舟如蚁，失业者何人？今内河固未行轮也，然而市肆萧条，帆樯寥落，禁止之有益于贫民者安在?”因此他要求政府“明谕天下，准中国商民自制轮舶，行驶内河以及外海”。③ 在《续富国策》中，他再次驳斥了行使轮船会夺民生业之说是“肆口雌黄，逞其臆说”的“拘眉睫之见”、“迂执之论”，从降低生产成本的角度指出发展内河航运的重要性，并作了具体规划：“中国沿海及长江，轮舶之利已与各国共之矣。自余若江苏之太湖、吴淞江、苏州河，扬州之里下河，浙江之钱塘江、余姚江，安徽之淮河、巢湖、新安江，江西之鄱湖、赣江、邗江，湖南之洞庭、湘江、沅江，湖北之汉江，贵州之盘江、牂牁江，四川之岷江、大渡河，云南之澜沧江、潞江、滇池、

① 盛宣怀拟《上李傅相轮船章程·序言》(同治十一年)。转引夏东元：《盛宣怀传》(修订本)，南开大学出版社 1998 年版，第 11 页。

② 《刘坤一遗集》(四) 书牍卷 9，第 2017 页；书牍卷 10，第 2049 页。

③ 《庸书·轮船》，《陈炽集》，第 100—101 页。

洱海，广西之左江、右江，广东之东江、西江，福建之闽江，北方之黄河、白河”，皆可以行驶轮舟。① 与陈炽同时代的何启、胡礼垣在《新政真诠》中认识到“天下之利莫大于通商，通商之利莫大于轮舶”，但对轮船怎样行使江海内河没有具体的规划。汤寿潜在《危言·小轮》指出了招商局“但知与西人分江海之利，而并不就内河筹自擅之利”，是“坐失绝大利权而不察”，提出了要发展内河之利，内河航运路线分天津、镇江、上海、广东四路。这可以与陈炽的规划相得益彰。不过汤寿潜没有陈炽关注的内河范围广泛。

发展通讯业。晚清沿用驿递方式，中央与地方的公文、情报等由快马兼程一站一站递送。民间书信一般通过民营信局传递。这种方式弊端甚多，“中国置驿设台，专递公文，不通私信，经费既巨，流弊孔多，道路稽延，人马瘼毙，及军情瞬息，警报纷纭，虽有官司，仍虞旷误”；民间设立的信局虽能方便旅人，但“办理一切，官不过问，故劫掠逃闭之事，时有所闻”，而且“信局惟利是图，耳目见闻，有所不及，遂有土匪伏莽，逆书秘信任意飞传”。② 同时军事上需要改善通讯条件。特别是 1874 年日本侵台后，沈葆桢力主在福建与台湾之间架设电线，以利“消息常通”。郑观应也指出：“兵机万变，瞬息不同，一旦有事疆场，飞章入告，庙算遥颁，动稽时日，而彼以电线指挥如意，如桴应鼓，如响应声，一迟一速之间，即胜负所由决矣。”③ 1880 年清政府在天津设立电报学堂，同

---

① 《续富国策·遍驶轮舟说》，《陈炽集》，第 240—242 页。

② 《庸书·驿传》，《陈炽集》，第 114 页。

③ 《盛世危言·电报》，《郑观应集》（上册），第 665 页。

时又设立电报总局，电信业有所发展。陈炽在《续富国策》中从商业发展的角度呼吁广设邮电，指出："商务之要术无他，通而已矣。销路之或畅或滞，货价之或低或昂，转运之或难或易，一知之，一不知之，则知者胜矣，不知者败矣，知者赢矣，不知者绌矣，知者安矣，不知者危矣。"一个地区经济要发展，便捷的通讯手段也是不可少的。电报传递的各种信息，便于了解各种行情，能够产生巨大的经济效益。所以中国要想由衰而盛，由塞而通，由昧而明，由散而聚，必须在"繁盛之乡"和"荒僻之处"广泛设置邮电局。[①] 同时陈炽反对将邮政大权交给外国人，这是"国之利器，不可假人"。[②] 电报部门不应收费过高，否则会影响商业的发展。"中国虽有电局……报费所需，依然昂贵，虽以较外国尚觉稍廉，然中国日用所需皆廉于泰西十倍，则此价在泰西廉而在中国乃甚贵也。"[③]

2. 发展机器制造业

马克思说："手推磨产生的是封建主的社会，蒸汽磨产生的是工业资本家的社会"，"资产阶级，由于一切生产工具的迅速改进，由于交通极其便利，把一切民族甚至最野蛮的民族都卷到文明中来了"[④]。机器生产取代手工劳动所产生的重要变革是欧美资产阶级得以向世界扩大市场的基础。洋务运动时期，有识人士认识到了购置机器设厂的重要性（容闳向曾国藩建议创办机器总厂，并亲自赴美购买机器，而始有江南制造局的建立），但也是一波三折。像修建铁路一样，发展机器工业

① 《续富国策·广通邮电说》，《陈炽集》，第242－244页。

② 《庸书·驿传》，《陈炽集》，第115页。

③ 《续富国策·广通邮电说》，《陈炽集》，第244页。

④ 《马克思恩格斯选集》第1卷，第142、276页。

受到刘锡鸿、方浚颐辈保守人士的反对。但是机器生产比手工生产提高生产效率的优越性得到了许多人士的认可，如钟天纬、薛福成、郑观应等人都指出发展机器生产的重要性。

陈炽也是使用机器生产的积极倡导者。在《庸书》中，他以英国与日本为例，指出两国作为海中岛国，物产不多，但由于工艺繁兴，而先后崛起。“外洋入口之货，皆工作所成，中国出口之货，皆土地所产，工拙相越，贵贱相悬”，提出中国应设立商政局，纠股集资，购机仿造，以收利权。① 在《续富国策》中，他又进一步指出中国自通商以来六十年中，出口者皆系材料土产等生货，进口者皆系“工作所成，佳美精良，便于行用”的熟货。并且中国所出口的生货，“皆以箱计，以石计，以包计，以百斤千斤万斤计，取值至贱，获利至微，盈舟溢屋，捆载而去”。而西人入口之货“则以件计，以匹计，以瓶计，以盒计，以尺寸铢两数目多寡计，一物之值，贵至万千”，如此“以贱敌贵，以粗敌精，以拙敌巧”，“中国虽强，安得不弱？中国虽富，安得不贫？”② “洋货之来也，皆以机制，而后能夺我利权；则我之仿造洋货也，亦必以机制，而后能收回利权。”③ 强调发展机器工业的必要性与重要性。

陈炽还论证了机器生产的作用：“人之目所不能见者，以机器见之；人之耳所不能闻者，以机器闻之；人之手所不能举者，以机器举之；人之足所不能及者，以机器及之；人之心思智慧千力万气所不能成者，以机器成之。”④ 同时他同薛福成

---

① 《庸书·考工》，《陈炽集》，第82—83页。

② 《续富国策·器用之工说》，《陈炽集》，第218—221页。

③ 《续富国策·制机之工说》，《陈炽集》，第224页。

④ 《续富国策·工艺养民说》，《陈炽集》，第230页。

观点相似，提出了机器养民论，驳斥了守旧派阻挠发展机器工业的言行。并且主张中国设立机器厂自行制造，“中国不能制机，中国之工商即永不能力争先着也”。这与郑观应“宜设专厂制造机器”的主张不谋而合。

至于何业应该使用机器，陈炽的认识范围非常广泛，而不仅仅局限于军械制造方面。鸦片战争以后，被国人称为奇技淫巧的西方器用传入中国，对社会物质生活方式的变化产生了深刻影响。照明由植物油或动物油作燃料的油灯改为从石油中提炼出的煤油作燃料的新式煤油灯，以后又改善为煤气灯、电灯。漏壶等传统的计时工具被寒暑、地平、风雨诸表所取代。西人所制胰皂、刀针、磁漆、药饵、食用之物也纷纷进入中国市场。对于这些器用食用之物，中国“既不能闭关绝市拒彼族以不来，又不能酷罚严刑禁吾民之不用”，所以陈炽主张应该采用机器“自造自用自收利权”。具体来说，应自酿洋酒、自炼洋糖、自备牛乳、自造烟卷、自贮鲜果、自蓄干酢、自制饼饵、自种咖啡。玻璃用处大，应自行设厂，精制出售以收回利权；广采煤油，购机制蜡，以工廉费省；设立自来火厂，“自行配制以收大利而养贫民”。另外钟表、胰皂、刀针、磁漆、药饵、纺织等业也皆需要机器生产。

发展工业要有推动力，要有鼓励措施。凡有创造发明用专利方法予以奖励，是陈炽对欧美各国科技新成果频频出现得出的重要认识。洪仁玕在《资政新篇》中即已提出对能制造火车、船只、器皿之人，给予专利若干年，不准他人仿效。陈炽在《庸书·工艺》中提出对能出新意、制成有益民生之物的人，准上之工商二部，赏给护照宝星，许其专利，以开风气。在《续富国策》中，他具体阐述了欧洲国家利用专利之法而至工艺兴，国家富。他指出："泰西诸国，百年以前亦与中国等耳。自法国王泰理曼创立一例，遍国中有能创一新法、得一新理、制一新器，实有益于国计民生者，准其进呈，考验得实，则给以文据，奖以金牌，准其专利若干年，不许他人仿效。……一时才贤辈出，法国之工艺遂冠欧洲。英、美、德、奥诸国，慕而效之。法王拿破仑第一，以枭杰之资，倚其士卒选练，器械精良，遂以胜德挫俄，纵横一世。各国知其不敌，故于劝工一事，尽力整顿，而欧洲之工艺骤兴。"所以中国应"仿各国给凭专利"。① 陈炽对"专利"法的议论，与薛福成在《振百工说》文中所言政府扶助及奖励发明家之重要，可谓不谋而合。1898 年总理衙门颁布新学新法章程中即有如此规定："凡发明军用船械者，得受特赏，专利五十年；凡发明日用新器者，给以工部郎中实职。"陈炽等人的呼吁，为专利法规的颁布起了推波助澜的作用。

开技艺学堂。发展科技推动中国经济发展，并不是陈炽的创见。此前，1874 年李鸿章与张之洞的亲信朱采建议在京师以及沿海各省设立科技学校，教授数学、工程、地理等学科。1884 年御史潘衍桐奏请在科举考试中增加艺学科。郑观应在《盛世危言·技艺》中指出中国广开艺院，教育人才，"以格致为基，以制造为用，庶制造日精，器物日备"。陈炽表达了与同时代人相类似的见解。他指出："中国之工艺，何以不如泰西也？曰学不学之分耳。中国之购机器开制造者有年矣，何以终不若泰西也？亦学不学之分耳。"② 因此，中国应该多设各

① 《续富国策·劝工强国说》，《陈炽集》，第 200—201 页。

② 《续富国策·艺成于学说》，《陈炽集》，第 201 页。

种技艺学堂，培养科技人才。同时选派人员游历各国，“博访良法”。“选学生之熟悉西文而通古今、识大体者，分赴各大学堂，分门学习，暇则游历各厂，考证见闻，博访西国著名工师，籍而记之，期以五年，学成归国。”①

3. 开采矿藏业

中国历朝对采矿业采取严格的控制政策。清朝鉴于明朝矿税之弊端，封禁犹严。鸦片战争后开始出现开矿助饷之说，徐鼒在《务本论·自序》中说：“辛丑之夏，英夷犯广州，御史某请开矿助饷。”洋务运动时期，矿利富国之说成为多数人的共识。王韬在《兴利》中论述“利之最先者曰开矿”。郑观应作《开矿》文，呼吁“五金之产，天地自然之利，居今日而策富强，开矿诚为急务矣”。李鸿章也提出自购机器创办近代煤矿，不仅能够减轻成本，而且即使“一旦有事，庶不为敌人所把持，亦可免利源之外泄。富强之基，此为嚆矢”②。洋务运动期间，除部分守旧人士认为开矿会破坏风水外，不少士大夫是赞成开矿的。到 1894 年，全国出现了规模不等的新式煤矿 16 座，金属矿公司及厂号有 24 家之多。③ 陈炽认为中国矿藏非常丰富，由于“守旧者胶执成见，谋新者任用非人，遂使古今以来良法美意，悬为厉禁，视若畏途，而山川无尽之藏，终无由一见于世，日皇皇然忧贫患寡，怀金玉而啼饥”。④ 所以

① 《续富国策·军械之工说》，《陈炽集》，第 223 页。

② 李鸿章：《直境开办矿务折》，《李文忠公全集》奏稿，卷四十，光绪三十一年刻本，第 42 页。

③ 转引朱英：《晚清经济政策与改革措施》，第 97 页。

④ 《庸书·丱人》，《陈炽集》，第 85 页。

他主张“各山各矿一律驰禁”①，提出采用习矿师，集商本，弥事端，征税课的办法来处理矿政。

煤矿是动力工业的重要原质。陈炽指出，欧美资本主义国家能够纵横四海，丰富的煤矿资源对工业的支撑是重要原因。“比来机器大兴，用煤日广，如白煤红煤合炼铁冶金之用，烟煤一项为火轮舟车及各种机器之需，煤泥提炼煤油，以供灯火，行销各国为数尤多。英国蕞尔三岛，富甲寰瀛，其未得印度之前，徒倚煤铁二宗，纵横四海。”中国煤矿之富，地球万国无与伦比，湖南、山西，每省之煤，皆可敌英国一国，这已为游历中国之西人所承认。只是中国由于生产技术和交通落后不能尽采。如何开发中国的煤呢？陈炽建议有三：（1）雇募工师，修筑铁路。如与山西省相邻的京西南房山地方，煤产富，煤质佳，若将津卢铁路展长一段，“既备轮车之用，复开大利之源，然后逐渐拓充，将山西合省之煤悉行开采”。（2）遣矿师，行轮船。湖北省创开铁厂，需煤日多，但由于“湘中悬隔洞庭，风潮稽阻，民舟往来不便”，必须用两种办法并行，“以轮舶拖驶，转运始灵”，与“遣矿师，按埽寻求，遍开美利”。（3）采用英国煤矿章程，设立督理之官，严定防维之法，以“保全民命”、“赡养穷民”。②

铁矿是钢铁工业的重要原料。洋务运动转向求富后，企业对铁的需求量大增，大至海防制造，小如寻常日用，无不用铁，以至洋铁盛行，尽夺中国之利。陈炽在《庸书·铁政》中认为“铁之为用，实冠五金”。在《续富国策》中，他又进一

① 《庸书·奉吉》，《陈炽集》，第47页。

② 《续富国策·分埽采煤说》，《陈炽集》，第184—185页。

步指出："地球上下动植飞潜山海土石水火之质，几无一物不具有铁质"，"盈天地之间，几触目而无非铁器"。中国铁矿富甲五洲，只是"采取未多，熔铸又拙"，"人顾玩而忽之，偶有所需，事事求之外国，天下安有事事求人者而可以自立"，主张中国应大兴铁政。①

石油是主要燃料。陈炽认为美国与俄国出产较多，并销入中国，风行各埠，这是除洋药洋布之外，造成"民贫"、"国困"的又一"罅漏"。其实中国的四川、云南等地均有大量油井，只是华人"不知取用"、"不知开采"，以至每年将二千万白金"畀诸异国之人"。所以中国要想塞漏卮，收利权，"诚宜考求物产，纠集公司，测验何处油矿最多最佳，即行开采"。②

金矿。中国采金，历史悠久，蕴涵量丰富。漠河与阿尔泰山有"东西金山"之称，西藏有"金穴"之称。山东、奉天、吉林、黑龙江、蒙古、新疆、青海、四川、云南等地也蕴藏着大量金矿。"俄英两国，南窥北伺，皆思捷足先登"，而中国之人"掩聪塞明，不以为意"，"官民隔膜，封禁綦严，税课太苛，无人顾问，天珍地宝，终听沉埋，强敌生心，司农仰屋"。为此，中国应该"专派清正大员，督开金矿，参酌中外，明定章程，延订矿师，讲求地学"，"自购机轮"，铸造金钱，通行天下，藏富于民，藏富于国，以防中国的黄金全部流失外国。③

陈炽的发展采矿业的思想是与甲午战争后面临的危局紧密

① 《续富国策·大兴铁政说》，《陈炽集》，第192—193页。

② 《续富国策·石油石盐说》，《陈炽集》，第185—186页。

③ 《续富国策·披沙拣金说》，《陈炽集》，第187页。

相关的。为图富强，维护利权，应付赔款，清政府发布上谕讲求练兵、筹饷。一些官员请求开矿，如伍廷芳上奏阐明："中国地大物博，各国环伺，乘间要求，非第利其土地，实亦羡其矿产"，中国应早为筹办，以"杜他族之觊觎"。① 1896年王鹏运上请开办矿务折，呼吁朝廷"特谕天下，凡有矿之地，一律准民招商集股，呈请开采，地方官吏，认真保护，不得阻挠"，如此"期以十年，矿产全开，民生自富，而国用犹有不足，国势犹有不强者，未之有也"。② 清廷接受了朝臣的建议，改变了甲午战争之前的禁止或限制私人开矿的政策，鼓励私人投资办厂，成立路矿总局，民间采矿业获得了发展。但是由于民族资本较少，外国侵略势力在中国的矿产开采占据主导地位，使中国的利源不能完全为已所用。

三、振兴商务思想

鸦片战争前，对外贸易在中国国民经济中不占重要地位。两次鸦片战争后，先进的中国人看到了对外通商是大势所趋。薛福成指出："夫商务未兴之时，各国闭关而治，享有地利而有余；及天下既以此为务，设或此衰彼旺，则此国之利，源源而往；彼国之利，不能源源而来，无久而不贫之理。所以地球各国，居今日而竞事通商，亦势有不得已也。"③ 王韬指出目前的局势是："合地球东西南朔九万里之遥，胥聚于我一中国之中，此古今之创事，天地之变局。"面临世界大变局，中国

---

① 《矿务档》第1册，台湾中央研究院近代史研究所1960年版，第42页。

② 王鹏运：《请通饬开办矿务鼓铸银圆折》，《戊戌变法》(二)，第291页。

③ 薛福成：《筹洋刍议·商政》，《薛福成选集》，上海人民出版社1987年版，第541页。

应如何做呢？王韬认为中国应顺应时势，“善为治者，不患西人之日横，而特患中国之自域。天之聚数十西国于一中国，非欲弱中国，正欲强中国，以磨砺我中国英雄智奇之士”①。陈炽也有类似的认识，他说：“今日者，五洲万国，贸迁有无，风气大通，舟车四达，可知道里广远，货币往还。此端既开，断难再塞，前有千古，后有万年，从兹四海通商遂将一成不变也。”② 英国“遥挟其利炮坚船，遂以纵横四海”是全恃“商之力”。日本仿效西方，农工商业蓬勃发展，“骎骎乎国未可量”。③ 他以英、日两国富强之例强调了商务的重要性。与王韬一样，陈炽认为西方各国驾船东来，对中国并不见得都是坏事，至少可以增加中国人的忧患意识和危机感。

陈炽发展商业的方法很多。在《庸书》中他即有多篇文章分析商务问题，《续富国策》最后一卷中他又写了18篇文章详细阐述了自己的主张。如《创立商部说》、《纠集公司说》、《考察商途说》、《急修铁路说》、《遍驶轮舟说》、《广通邮电说》、《大兴商埠说》、《仿设巡捕说》、《修举火政说》、《商开税则说》、《博物开会说》、《保险集资说》、《酌增领事说》、《多制兵船说》、《创开银行说》、《通用金镑说》、《畅行日报说》、《分建学堂说》。其中许多思想前人已有所论述，这里重点探讨陈炽商业观中较为有特色的几点。

1. 创立和发展公司制度思想

---

① 王韬：《代上苏抚李宫保书》，《弢园尺牍》卷7，光绪十九年淞隐庐铅印本，第2—3页。

② 《庸书·商部》，《陈炽集》，第80页。

③ 《续富国策·创立商部说》，《陈炽集》，第231—232页。

公司制在西方出现最早可追溯到古罗马时期[①]，它能聚集资本，对西方资本主义的发展起过巨大的促进作用。马克思将公司制度称为“发展现代社会生产力的强大杠杆”。[②] 晚清以降，公司制伴随着西方的坚船利炮传入中国。魏源在《海国图志》中说：“公司者，数十商辏资营运，出则通力合作，归则计本均分，其局大而联。”这可能是近代中国文献中对公司的最早的文字记载。其后，王韬、薛福成、马建忠、郑观应、钟天纬等曾分别撰文论述过公司的重要作用。洋务运动期间，洋务派也仿照西方公司之例兴办了一批企业。对于公司的作用，陈炽也比较重视。甲午战争之前，他就对西班牙、葡萄牙、英吉利等国靠公司之力“开辟新地”深有感触，指出“公司一事，乃富国强兵之实际，亦长驾远驭之宏规”。[③] 在《续富国策》中，他又作了《纠集公司说》，对公司制度进一步加以论述。他列举了公司的益处：（1）设立公司于官于商皆能获利。“一物焉，运而售之于外，商之资本多者，除运脚食用外尚有赢余也，资本少则获利虽同，或所得不偿所费，何如选立商董，创设公司，则既省川资，以廉价而可收大利。此益于商者也。零星商贩，偷漏走私，故丁役多而设卡密。今合散为总，货物多则无从绕越，资本重则各顾身家，大可减卡裁丁，与民休息，而比较收数，视昔逾丰，此官之益也。”（2）行销外国公司之利，可以避免由小商经营而易受洋商操纵市价造成的损失。“今日丝茶二业受弊深矣，多由小商跌价争售，以致巨商

---

① 李玉：《晚清公司制度建设研究》，人民出版社 2002 年版，第 4 页。

② 马克思：《英国的贸易和金融》，《马克思恩格斯全集》第 12 卷，人民出版社 1962 年版，第 610 页。

③ 《庸书·公司》，《陈炽集》，第 97—98 页。

受害，自有之货不能定价，转听命于外人，每岁受亏动数百万，我分而彼合，我散而彼整，我贫而彼富，我弱而彼强，虽他日工作遍地，物产塞途，仍将低首下心，默而听他人之把持抑勒已耳。诚能纠集资本，凡土产、矿金、制造诸物，各立公司，由商人公举明通公正之人主持其事，则贫者骤富，弱者骤强。”

虽然当时中国已经仿照西方设立了一些股份制公司，但是由于多采取官督商办经营形式，企业内部产权关系不明，经常出现公司官员侵吞商贾利益的现象。“当日矿务公司聚数百万之金银，而以亏闭一言付之流水。今日电报、轮船商局每岁入赀数百万，股商仅收官息八厘，公积则虚有其名，余利则不能过问，人人知有二三分之息而仅得八厘，是不啻取大众之悭囊，以饱一二人之私橐也。”为此，陈炽指出：“此习不变，此弊不除，而欲纠股集资，冀中国商务之能兴、公司之能立也，虽良马生角，黄河再清，不可得矣。”①陈炽将西方股份制难以在中国推广归因于缺乏相应的法律保护，“前此矿务诸公司亏闭卷逃，有股诸人控官不准，而此后招股一事，通国视为畏途，虽苦口婆心，无人肯应者，职此故耳。商律之法良意美，其他不必言，即以控欠不追、无罪受罚二事论之，中国商人之屈抑何如乎？”而为公司立法则是解决问题的途径，“不定商律，何以护商？”②应该“将英美各国公司章程择要删繁，通行刊布，使商人传诵揣摩，以明其理”。③ 此前，郑观应、薛福成等人，此后的汪康年、康有为、张之洞、盛宣怀等人，也有呼吁制定商律之议。

① 《续富国策·纠集公司说》，《陈炽集》，第235—236页。

② 《续富国策·创立商部说》，《陈炽集》，第233页。

③ 《续富国策·纠集公司说》，《陈炽集》，第236页。

在社会各界的呼吁下，清政府陆续出台了一系列经济政策与法规，并在1903年（光绪二十九年）正式颁布了中国第一部《公司律》，为晚清公司制度的建设提供了法律保障。

建立一个公司，需要核算成本、筹集资金，但公司信誉问题也至关重要。陈炽指出："公司者，秉至公而司其事之谓也。""公司一也，而有行有不行、有胜有不胜者，无他焉，公与不公而已矣。宁失信于天下，而决不能失信于同人；宁受亏于一身，而决不能亏及于同事。此英国商会之所以恢宏光大、冠绝万国之根原也。"反观中国所开公司，"各牟其利，各怀其私"，① 不能维护投资者的利益，企业内部没有统一的价值观和道德观，人人为己，缺乏一股向心力，取得更高的效益和利润则是难上加难。陈炽之前，薛福成也表达了类似的看法。他在《论公司不举之病》文中指出，西方各国所设公司无不举者，由于"纠众智以为智"，"众志齐"，"利害相共，故人无异心；上下相维，故举无败事"，而中国公司所以无一举者，"众志漓"是重要原因之一。② 陈炽等人提出的企业文化建设问题，不仅对当时塞漏卮、挽利权有重要意义，就是对目前中国进行的社会主义市场经济建设也有借鉴作用。

2. 市场信息对商业发展的重要性

企业要发展，产品要销售，注重信息的搜集至关重要。洋务运动期间虽建立了一些股份公司，但官督商办的经营形式使官与商之间矛盾重重，从而使二者并无暇顾及经营销售策略中的商业信息问题。郑观应虽说过，"商务一端必须统筹全局，

---

① 《续富国策·纠集公司说》，《陈炽集》，第234—235页。

② 《薛福成选集》，第480—481页。

果有把握而后可行。若预先买货待涨，非熟悉该处市情消长，货色盈虚不可”，商部大臣责成驻外领事汇报国外“物产之丰歉，出入之多寡，销数之畅滞”。① 但并未引起当局者的重视。陈炽对于如何准确掌握国际市场信息发展商务，有自己独特的看法。他认为有四点：

（1）派人出国考察游历。眼见为实，耳听为虚。“中外各国之土产若何，矿质若何，工艺制造若何，何者因何者创，何者后何者先，何路宜水，何路宜陆，道里之远近，山海之高深，价值之低昂，转运之难易，天时之寒暖，地利之险夷，人性之刚柔，物产之丰歉，应取何道而费可省，应用何法而利可兴，应作何整顿经营而贸易可旺，虽广搜图籍，遍访情形，终不若身亲阅历其间，然后灼见真知，绝无疑滞。”所以中国应派遣廉明清正、熟悉商务之人到各国考察，然后将结果荟萃起来，“参合其间，奏定章程，通行天下，君臣上下，一心一力，扩将来之商利，塞当日之漏卮”。②

（2）举行博览会。博览会始于 1851 年英国伦敦，通过展陈产品以促进销售扩展市场，对国家经济发展有促进作用。它与中国古代所称的迎神赛会或庙会的涵义有所不同。中国政府于 1873 年派员参加在奥地利举办的维也纳博览会，这是清政府首次出国参赛。1876 年李圭参加在美国举办的费城国际博览会，认识到了“各国设会之意，原以昭友谊，广人才，其着重尤在扩充贸易四字”。③ 郑观应、张謇等从事实业的人也认

---

① 《盛世危言·商务二》，《郑观应集》（上册），第 610、607 页。

② 《续富国策·考察商途说》，《陈炽集》，第 236—237 页。

③ 李圭：《环游地球新录·各物总院》，岳麓书社 1985 年版，第 207 页。

识到举办赛会的重要意义。郑观应说："泰西以商立国，其振兴商务有三要焉：以赛会开其始，以公司持其继，以税则要其终。赛会者所以利导之也"，而中国对这"三事皆未能因时制宜，取长弃短，无惑乎日日言商务而商务愈不可问也"。① 陈炽虽然几乎没有参加工商业活动的实践，但作为户部职员使他格外留心与国家经济生活有关的问题，西方各国举办赛会而使商业勃兴的例子自然引起了他的兴趣。他在《庸书》中即有《赛会》篇表达了同郑观应类似的见解，谈到西人维持商务之法，"其始，莫亟于开博览之会，所以开其先也"。由于五洲各国风土不同，每隔几年将各地物产汇集一处，"互证参观，以耳目代心思之用"，"审其良楛，别其美恶，时其弃取，决其从违"，以致"商务振兴，不遗余力"。甲午战争后，他对赛会的认识更加完善，在《续富国策》的《博物开会说》指出："赛会一事，实扩充商务之本原，所以浚发心思，开明耳目，使商人之智慧日增，而商货之流通日广者"；"泰西各国，君民上下，皆亟亟焉视赛会为要图……经一次赛会，则其国工商技艺各业勃兴"。他介绍了美国四百年博物大会，"游观者多至三千万人，皆知天下之大，万物之赜，各国人民风土物业之若何，因而扩其见闻，增其识力，益其技能，知本国之所出何者可以行销，他国之所成何者可以仿造"。日本仿效西方举行赛会收效甚大，工艺商务勃兴，能够"颉颃泰西"。所以陈炽建议中国应严禁名同实不同的"迎神赛会"，在沿江沿海各埠，设法仿行西方赛会，"各运货物比赛销售，则风气渐开"，"富强可翘足待"。陈炽等人的呼吁，意义重大。因为赛会不仅是不同

① 《盛世危言·赛会》，《郑观应集》（上册），第730页。

国家、地区之间文明的交流和比较，而且可以引起价值观念的变化。当时中日两国均参加过美国百年大会，但是中国政府不太重视，“拨款无多，备物过少，逼窄褊小，贻笑远人”，而日本在赛会上展览的“器物既精，占地复广，西人称其工艺必将远胜中华”。陈炽痛心地指出，日本对外通商不过十几年，而得到西人如此之高的评价，可以说“工业商业之盛衰，即以觇国势之强弱耳”。① 陈炽之后，1897年刘桢麟在《知新报》上发表《论中国宜开赛会以兴商务》文，张之洞在《劝学篇》也主张在重要口岸，设立劝工场，“集本省之工作各物，陈列于中，以待四方估客之来观，第其高下，察其好恶，巧者多销，拙者见绌”。1905年，清朝商部颁发了《出洋赛会通行简章》，对华商出国参加国际性赛会作了统一规定。同时，清政府在国内倡办各种类型的赛会，以刺激工商业的发展。陈炽等思想家在19世纪末对举办博览会促进工商业的呼喊，体现了社会经济发展的趋势。

（3）报纸的作用。中国古代虽有被称为邸报的报纸，但是属于封建王朝官办的政府机关报，不具备“大众传播媒介的性质”②。鸦片战争时期，林则徐曾购外国新闻纸了解外情，已经朦胧意识到报纸的作用。19世纪60年代，洪仁玕在《资政新篇》中主张“设新闻馆以收民心公议，及各省郡县货价低昂，事势常变……商、农览之，得以通有无”，对报纸作用的认识进一步深化。洋务运动时期，外国人在华创办了《教会新报》、《中西闻见录》、《万国公报》、《申报》等报纸，配合了外

① 《续富国策·博物开会说》，《陈炽集》，第253—255页。
② 《中国社会通史·晚清卷》，第227页。

国的对华扩张，但也传播了大量西方信息。陈炽对报纸的认识比前人有所发展，他赞誉报纸为“国之利器”，不仅可以广见闻，“达君民之隔阂”，而且对商务发展也有利，如“制一精器，登报以速流传，而工作兴矣。立一公司，入报以招贸易，而商途辟矣”。[①] 在《续富国策》中，他进一步说明报纸对振兴商务关系极大。具体说来日报对商务的作用有四：①刊登游历日记，鼓舞人心。“游历之使，所以辟商途也，一地图一日记，各报争先快睹，举国风行，心力目光毕注于是，前者死，后者继，虽千艰万苦，无一还心，天下有不可成之事哉？”②了解商业约章制度。“条约之章，所以保商务也。约章登报，愚智瞭然，何者照约，何者违约，何者为约中之利，何者为约外之意，销何货，遵何道，工制之，商运之，亿中先知，寻声赴响，天下有不可收之利哉”。③了解市场行情。“天下通商各埠，市情之长落，物价之低昂，五金百货之多寡利钝，或函或电，入之报中，操奇计赢，若辨黑白，以明者敌瞽者，天下有不可估之便宜哉”。④互相交流，征求意见，相互促进。“探一新地也，得一新法也，成一新器也，制一新物也，著一新书也，不过潜德幽光，孤芳自赏耳。一登报而心得之精微流传四海，彼此互相印证，聪明智力，日进无疆，天下有不可通之学问哉。”所以陈炽建议：中国欲振兴商务，各省应分立商报，“以开耳目而收利权”，“导万商之智虑心思而日规深远”。[②] 陈炽看到了传媒对商务发展的作用（包括广告营销战略）。同时代的其他一些思想家对报纸的作用亦有自己的认识。郑观应虽

① 《庸书·报馆》，《陈炽集》，第106页。

② 《续富国策·畅行日报说》，《陈炽集》，第268—270页。

提到西方各国“士农工商亦各有报”，将“商务制造有何西法”列之报章，但主要目的是“通民隐，达民情”，而不是从振兴商务的角度出发的。王韬认为报纸通过对政治现象的批评，可以影响舆论，缩小君民隔阂。孙中山在《香港兴中会章程》把“设报馆以开风气”作为兴中会的一个志向。上述对报纸的作用的认识侧重点不一样，无可非议，但陈炽从发展商务的视野而发的呼吁却是独树一帜的。在近代商品推销中，报纸是了解商业信息的重要渠道。商场就是战场，谁先获取信息，占取了主动，谁就是最后的赢家。这是市场营销策略。

（4）邮电通讯业。邮电通讯业不仅具有国防上的意义，对商业发展也有好处，“商民之转输贸易者亦藉电报速达”①。陈炽认为邮电业与发展商务关系密切，“关系之至大至要而至繁者，则尤在商务”，与“商务之盛衰”密切相关。通过信息传递将各行各业有机联系起来，是邮电行业的特色。陈炽指出：“中国及各国各埠，一物之缺也，一货之多也，一金银市价之长落也，一舟车运载之通塞低昂也，本埠尚为周知，而密电风传，万商云集。”而“中国之人，掩耳塞目，非惟不及知，亦不能知，非惟不能知，亦不欲知，成败盈亏，付之命运，不能尽人事而妄欲贪天功，遂致利权举授他人，贸易无不亏折，是犹明者瞽者，捷足争先，明者振臂长驱，瞽者不知趋避，有落坑堕堑已耳。此关不破而欲振工艺、兴商业、策富强，其必无望矣”②。邮电能够缩短空间和时间，迅速了解市场行情的变

① 刘锦藻编：《清朝续文献通考》（四），浙江古籍出版社 1988 年影印本，卷 372，邮传 13，考 11173。

② 《续富国策·广通邮电说》，《陈炽集》，第 243 页。

化，加快流通速度，便于信息的交流，产生巨大的经济效益和社会效益。所以要“兴商业”、“策富强”、“塞漏卮”，“由塞而通，由昧而明”，必须要大兴邮电。

3. 建立商业学堂

人才问题进入近代即已经引起有识之士的重视。龚自珍高喊“我劝天公重抖擞，不拘一格降人才”，表达了对传统科举教育下培养的人才的不满。洋务运动兴起后，国内设立了一些新式学校，但由于偏重于艺学，所以所设学校以军事学堂居多，而能够传授商业教育的学校寥若晨星。[①] 同时传统商业人才的拜师习业的培养方式存在弊端。对此在华日本人曾对中国商人的素质和知识状况作过一些考察，认为中国商界对生意上“之授其徒弟者，不过引以入门，而示之以路。至一切点缀变化、布置行为等，却皆须自省自悟，自揣自摩，遇事多，习业广，为日久，乃能出类拔萃，而为领袖之人。中国商人之所以养成其商业上之知识者，由斯道也”。[②] 这样培养出来的人才非常不利于商战。郑观应曾注意到这个问题，在《盛世危言·商务》中提出德国师法英人，设商学堂“以教贸易”，以至人材蔚起，商务因之大兴。故他主张在设商部与商务局之外，另在商务局中“兼设商学，分门别类，以教殷商子弟”。[③] 陈炽对商学的重要性也有着同样的认识。他指出西人能够开拓疆

① 1896 年刘襄勤在湖南湘乡建立的东山精舍、张之洞在南京创设的储才学堂曾设有商务专业。分见《中国近代学制史料》第 1 辑上册，第 323 页；高时良编：《中国近代教育史资料汇编·洋务运动时期的教育》，上海教育出版社 1992 年版，第 573 页。

② 《中国经济全书》第 2 辑，光绪戊申两湖督署藏版，第 12－14 页。转引周建波：《洋务运动与中国早期现代化思想》，第 117 页。

③ 《盛世危言·商务三》，《郑观应集》(上册)，第 614－616 页。

土，大半由于商会，而“商会之所以能举大事者，一曰财，二曰人。……其人才之众多则皆出于商学”。鉴于商学的重要，西人在通商辟埠之地皆安家业，长子孙，设商学，分为总学和分学，“略视其天资之高下以为断”。其基础稍差者，学习本国语言文字、外国语言文字、算数会计；其基础好者则学习天文地舆、测量绘画、文事武备、光重化电等学，“无不循序渐进，深思力索，务底于成”。至日后专习何业，则又分设学堂。华人并不比西人、日人智力差，而他们能够创开大利之源，尽夺华民之业，其原因不过是“人皆学而我独不学，因循颓废，听客所为耳”。所以陈炽指出中国拥有商业资本数十万数百万或数千万金者，应该各提公积倡立各种商业学堂。① 至于设立地点，陈炽建议应在各城各埠遍设商务学堂，“以激扬鼓舞、整齐教诲诸商”。②

虽然陈炽之前，郑观应对商学有所认识，其后张之洞也指出：“不讲农工商之学，则中国地虽广，民虽众，终无解于土满人满之讥矣。”③ 而能够对商业教育如此重视，提出“天下事未有不学而能者，亦即未有学而不能者”，撰专文予以论述者，综观晚清一代惟有陈炽一人而已。

陈炽振兴商务的具体措施还有裁撤厘金、保护关税；建立商会；设立保险公司；修举火政；在南洋等地增设领事、订立保护华商华工章程；多制兵船以护商、阜民财、丰国用、振商务、收利权；在通商各埠广设银行等。这些振兴商务的措施，

① 《续富国策·分建学堂说》，《陈炽集》，第271—273页。
② 《续富国策·创立商部说》，《陈炽集》，第233页。
③ 张之洞：《劝学篇》，第143页。

反映了甲午战争前后中国人对经济事务的认识与对策，同时为晚清设立的保护工商业法令的颁布做了铺垫。晚清所设立的商务局的职能即体现了陈炽等人的建议。如1899年成立的上海商务局，分饬各属“考求地方物产所宜，贸易兴衰之故，广劝绅富，自行设厂制造土货，以及挽回利权。并令立商学以究源流，搜商律以资比例，设商会以联心志，撰商报以广见闻”。[①]其后，1903年清政府设立商部，颁布经济法规，保护工商业。这些要求与陈炽在《续富国策》中所畅想的完全一致。可以说几年前陈炽等人倡导发展商务的呐喊渐渐为统治者所接纳。

第三节 对《续富国策》的总体评价

《续富国策》是陈炽根据当时中国国情，结合自己所涉猎的经济知识而作的一部专门谈论经济问题的著作。他在《续富国策》中表现出来的经济思想，在甲午战争至戊戌变法期间的思想界具有重要的意义。书中所表达的对生产与流通关系的看法，既表明了陈炽经济思想的发展，也反映了甲午战争以后中国人渐渐摆脱了前期重商主义思潮的影响，对经济现象有了新的认识。另一特点是陈炽把农业放在首位，论述了工商业与农业之间的关系。虽然郑观应也说过“以农为经，以商为纬”，梁启超也曾说“西人富民之道，仍以农桑畜牧为本，论者每谓西人重商而贱农，非也”，[②] 但皆没有像陈炽那样不仅论述了三者之间的关系，而且著有多篇文章进行详细阐述。其中的环

① 《刘坤一遗集》（三）奏疏卷29，第1088页。

② 梁启超：《读西学书法》，第11页。

境保护思想、科技兴农的设想，虽在当时的社会没有实践的机会，但对现在有着借鉴意义，体现了陈炽经济思想的深刻性。另外书中的工业近代化思想、振兴商务思想也较为突出，这些具体内容前文已作论述，这里不再重复。笔者在此着重探讨一下《续富国策》另一个非常突出的特点：全书充满了反对西方经济侵略，维护中国利权、开辟利源的思想，反映了陈炽的强烈的爱国主义精神。

19 世纪末期，随着西方列强对中国经济侵略的加深，洋货充斥中国市场，中国利权大受损失，大量财富流向西方，清政府财政收入非常困难。经济上的落后是近代中国陷于被动挨打的重要原因之一。如何探求富国、富民之路，以抵制西方资本主义的入侵，壮大中国经济，成为忧国之士思考的对象。康有为、梁启超等人在呼吁变法维新时，对富国问题提出自己的看法，不过他们远没有陈炽对经济问题关注得广泛。陈炽对世界经济大势有着清醒的认识。他指出："门户已开，藩篱皆撤，人将下手，我始留心，及今而为之，其难有十倍于当日者。然及今而不为之，则亦更无能为之日矣，印度、越南、朝鲜、缅甸，其前车也。""通商六七十载，轮舶飞行，而印度、越南、缅甸诸邦，无一商运货自通中国者，利权一授他人，则贫苦艰难、永作终身之奴隶耳。呜呼，可胜叹哉！"① 在严酷的现实面前，陈炽等有识之士不甘心国家利权的大量丧失，于是他们大声疾呼要收回利权，追寻富强中国之策。

陈炽认为中国的贫弱与资本主义列强的侵略有关。他说："古之时，财不在上则在下，否则饱于中，今则不在于内，而

① 《续富国策·通用金镑说》，《陈炽集》，第 268、266 页。

流溢于外。”中国大量财富流向海外，怎能不民弱国穷，所以中国要大力发展农矿工商业，增加财富，以与外国资本主义竞争。他指出：“农也，矿也，工也，商也，皆取我地上地下本有之物，制之售之，以收外泄之利源，而还之中国者也”，①即具有明显的抵制外人经济侵略的特征。

从农业方面来说，由于外国农产品充斥中国市场，以至中国“大利渐为外人所夺”。例如，“洋布洋纱之入中国也，数十年于兹矣。自咸丰同治以前，每岁入口之数，不过千万而止，光绪以后，岁岁骤增，值银至六千余万，较洋药多三分之一，而土布之利，遂尽为所夺矣”②。为夺洋人之利，他从几个方面分析了收回利权、增加财富的重要性。他指出：中国生产的蚕丝比日本、意大利等国精致柔韧，只是中国人“毫不讲求，致大利渐为外人所夺”，如果将太湖、洪泽湖、巢湖、鄱阳湖、洞庭湖等处加以利用，“遍植蚕桑”，“以太湖例之，每岁丝绸之利，不下一万万金，每湖万万，即数十万万金。即云地利人工，势难齐一，得十分之一二，每岁亦数万万金”③。完全是从与外国争利的角度出发的。另外他提出种樟熬脑、种木成材、种橡制胶、种棉轧花、种茶制茗、葡萄酿酒等发展出口性产品的主张，也是为维护中国利权。陈炽认为中国地脉、天时非常适合橡树生长，如果在云南等地种橡制胶，“十年之后，此项利权，将与嵩岱比崇，江河同永”。因为洋酒浸淫中国内地，“岁值华银千余万两，岁岁加多，方兴未艾”，所以为辟利

① 《续富国策·分建学堂说》，《陈炽集》，第273页。

② 《续富国策·种棉轧花说》，《陈炽集》，第168页。

③ 《续富国策·种桑育蚕说》，《陈炽集》，第158—159页。

源，堵塞洋酒入华而造成的漏卮，应广种葡萄并参用西国机器酿酒。外国木材运入中国后，“公私上下，资其营建，岁费且千万金”，若中国广植材木，则“闾阎日用所需，无俟远求于外”。中国植棉之利渐为日本、印度所夺，如果能够劝民广种棉花，不仅获利多，能够渐渐“衣被中倭，并可经纶欧美”。在向种甘蔗之地，购买制糖机器，设厂制造，收回洋糖所占之中国市场，“已失之利可以收回”。中国官商民不讲求制茶之法，使印度、日本等国所制之茶，“与我相埒，已能夺我利权”，应种茶制茗，以与外国争利。西人将中国所产羊毛运回国内，“织造毡绒，售我重价，岁销大呢、羽毛洋毡、法兰绒等项，不下二千万金”，中国应在北方畜牧业富饶之地，广置围场，养羊剪毛以织造毡绒，以收回利权。

从矿业方面来说，我国地下宝藏丰富，由于不知所用，“自窒利源，使宝气灵光终埋土壤，致他人先我而为之也”。①中国的矿物资源受到列强的掠夺，所以陈炽提出维护中国矿权，发展采矿业的主张。

中国瓷器佳美绝伦，受到各国的欢迎。但是由于中国人因循简陋，无意追求精巧，虽然每年出口价值一百余万的瓷器，不过“大抵彩画粗笨，物贱价低，无关轻重”。而英法等国参用机器，所造瓷器精致，物多价廉，渐渐浸淫中国内地，使中国“利权日失，物产日窳，国运之所由日衰”。当此之际，陈炽认为中国应该“细意熨帖，开拓利源，自立公司，行销海外，则以我无穷之泥土，易彼无算之金钱”，“夺西人之利”，

① 《续富国策·精究地学说》，《陈炽集》，第182页。

"遏洋货之流"，"以保我圣域神区亿万年之富庶"。[①] 中国金矿丰富，但不用来铸币，"每年出口金砖金页，值银三千万两之多，国宝外流，真元内斫，奇赢贵贱，惟人所操"，目前所做之事应开金矿，购机器铸钱。另外中国的铁矿、煤矿、石油也比较丰富，应该采用西法进行开采。

从工业方面来说，陈炽主要关注的是机制品与手工制品，"生货"与"熟货"的问题。他指出，西人输入中国的商品大都用机器所制，而中国出口者多为手工品，"中国每年入口及免税之货，并计不下一万五千万金，皆西人机器之所成而华人之所用也"。西人利用织机所制的纺织品，精巧绝伦，"四海风行，执万商之牛耳"，"坐收亚洲之大利"；酒、糖、牛奶、烟卷、饼干等日用商品，西人都用相关机器加工，运销中国；日常器用品，如油腊、钟表、胰造等，经过机器精巧加工后，充溢中国沿海、内地，夺我大利。他指出："洋货之来也，皆以机制，而后能夺我利权"，中国应该利用机器自制自造，方能收回利权。如果仅仅满足于手工制品，"持此以与机器争利，是犹驱跛者躄者竭蹶奔赴与骏马争先，其不绝膑折足也几希矣"[②]。陈炽不无担心地指出，中国若不"急行设法，维持保护，自辟利源，正恐收利于桑榆者，又将失利于东隅，拒虎进狼，依然故我，岂计之得者哉！"[③] 中国如果工业发达，能够自开煤铁、自造机器、自行保险、自收运脚，即使减价售卖，亦当别有赢余，"为国家增无量税课，即为薄海内外塞无限漏

① 《续富国策·取土制磁说》，《陈炽集》，第197—198页。
② 《续富国策·制机之工说》，《陈炽集》，第224页。
③ 《续富国策·织作之工说》，《陈炽集》，第215页。

卮”；生产的国货还将打入国际市场：“中国工价既廉，费用又省，所成器物，价必倍贱于外洋。我之货而精于彼也，彼将喜而购之；我货之精与彼等也，彼亦必贪其价廉而购之。”

商业方面，陈炽非常关注中国的通商贸易情况。他通过阅读海关出入货税册，看到北方的通商口岸牛庄、烟台、天津等地，出口之货远远少于进口之货，每年耗费巨金才能使收支平衡。所以他感叹道：“官民上下有限脂膏，安能禁此莫大漏卮，岁岁敲吸，欲其不穷不困也，得乎？”① 中国通商六十多年来，“频年海溢川流，岁出金钱万万，遂使廿一行省无一富商，内外穷民之失业无依者，尤如恒河之沙不可计算”。原因何在？陈炽认为有两个方面的因素：一是外国资本主义的经济侵略，一是清政府“将利权所在举而畀诸异国之人”，② 在他看来，“利权举授他人，贸易无不亏折”。③ 面对这种现状，陈炽认为“既不能慎之于始，又不能拒之于外，则惟有振兴商务以与彼争”。

商务的发展与关税问题息息相关。西方列强来华后，迫使清政府签定了有利他们商品倾销的关税政策。在这种片面的关税政策的保护下，外国商品以低价运销中国，使中国的土产品受到竞争和排挤，严重影响了民族经济的发展。陈炽强烈反对外人控制中国的海关，反对关税协定，主张通过外交手段逐步收回海关管理权并废除片面的关税协定。他指出：“税则者，一国之私权也；约章则譬如合同，互议互商，各执一纸，两国

① 《续富国策·葡萄制酒说》，《陈炽集》，第159页。
② 《续富国策·创立商部说》，《陈炽集》，第232页
③ 《续富国策·广通邮电说》，《陈炽集》，第243页。

之公权也。中国甫议通商，情形隔膜，误将税则载入约章，由是私化为公，能自主者不能自主，英人阴谋相劫，盛气相凌，太阿倒持六十余载，中国之受亏也深矣，英人之攘利也亦至巨矣。”“税则者，商务盛衰之根本也”，“今欲兴商务而不先改税则，是犹救溺者不援其手，治病者不究其源，虽心力交疲，终归无济耳”。① 同时，为国家富强，堵塞漏卮，挽回利权，他主张中国设银行，发钞票；开金矿，自铸金钱，“使天下利权仍归于己”，以抵制外国金融侵略；纠资集股，自立保险公司，以保众人之物业，收各埠之利权；派人游历各国，设法仿行赛会，通商惠工，利国宜民；在交通便利、物产丰富之地，自行建埠，以“殖货通财，辟无涯之利赖”；大兴邮电，以塞漏卮，“君民上下之显收其利”；广派贤员出国考察，“外邦之虚实周知，内地之町畦渐化”，以“辟商途”、“兴地利”；设立公司，“合亿万人之财力，收六十载之利权”等等。

以上可以看出，为了国家的富强，陈炽对挽回利权、开辟利源的措施作了周密的考虑，反映了在西方资本主义的经济人侵面前有识之士的爱国情怀。这一点非常重要，同时破除人们心中“讳言利”的传统观念以求富也必不可少。陈炽之前，薛福成提出了“圣人正不讳言利”，“人人各遂其私求”的经济思想，冲击了传统的义利观念。继薛福成之后，陈炽在《续富国策》中对义利问题作了进一步的解析。他指出：“吾虑天下之口不言利者，其好利有甚于人也，且别有罔利之方，而举世所不及觉也。”陈炽认为圣贤都不讳言利：“古圣人盖日日言利，以公诸天下之人，而决不避言利之名，使天下有一夫稍失其利

---

① 《续富国策·商改税则说》，《陈炽集》，第251—252页。

也。”何况芸芸众生呢？况且“财利之有无，实系斯人之生命。虽有神圣不能徒手而救饿夫”。① 这就是说，在现实生活中，物质需要不可少，呼吁人们去求利。陈炽对义利观的重新解释，为发展近代农工商业提供了理论论据，也反映了19世纪末期士人立身心态的变化，不再局限于“重农抑商”、“重义轻利”的传统价值准则。

《续富国策》是陈炽追求中国经济近代化的设想。它具有承前启后的作用，上承洪仁玕的《资政新篇》、冯桂芬的《校邠庐抗议》、郑观应的《盛世危言》，下启孙中山的《实业计划》。特别是《续富国策》所规划的发展中国经济的宏伟蓝图，可与孙中山的《实业计划》比肩，但在时间上却比孙中山的《实业计划》早了二十多年。陈炽应与郑观应、张謇、张之洞、孙中山等人一样成为中国近代化的开拓者。当然，《续富国策》中也有不足之处。一是对经济现象的认识上流于空泛，失之过大，并没有过多地考虑中国是否存在保证计划实现的条件；一是对某些问题的看法也有误解，例如对煤矿的开采，陈炽认为不存在资源危机问题。他说：“全球各国，文明日启，生齿日蕃，樵牧薪蒸，地面之草木万不敷生人之日用，幸地下蕴藏煤产，阅时数十万年，多者九重，宽者千里，以供薪爨，永无匮竭之时”，② “他日器用必皆用铁，薪蒸必皆用煤，取之不穷”。③ 按照地理学的观点，地下煤矿有一定的使用周期，并非取之不尽，用之不竭。这一点，薛福成认识比陈炽高明，他

① 《续富国策·攻金之工说》，《陈炽集》，第211—212页。

② 《续富国策·分塥采煤说》，《陈炽集》，第184页。

③ 《续富国策·精究地学说》，《陈炽集》，第181页。

指出："余闻西士之精矿学者称，地中之金、玉、银、铜、铅、铁、锡、煤等物，多系太古以来所含孕，非若五穀草木之随取随产也。余于是知宇宙间开辟日久，人民日多，攻取日繁，千万年后必有销竭之时。"① 陈炽利用自己掌握的一些西学知识，用中国传统的文化模式对当时经济问题发表一些具体见解和主张，虽存在不成熟、不完善之处，但如果我们用列宁所说的"判断历史的功绩，不是根据历史活动家没有提供现代所要求的东西，而是根据他们比他们的前辈提供了新的东西"② 来评价陈炽的经济思想，就不会去苛求前人了。

① 薛福成：《出使英法义比四国日记》，岳麓书社 1985 年版，第 168 页。

② 列宁：《评经济浪漫主义》，《列宁全集》第 2 卷，人民出版社 1959 年版，第 150 页。

第五章　陈炽与郑观应、汤寿潜的经济思想之比较

近代伊始，国事渐渐衰微，朝野上下，无不争言自强。从19世纪60年代开始，洋务派接过了林则徐、魏源的“师夷”旗帜，将学习西方的主张付诸实践。在洋务运动的兴起和发展过程中，一些有识之士不仅要求学习西方的科技，并且要求实行某些政治、经济方面的改革，希望中国早日走向富强。这些人主要有王韬、薛福成、马建忠、郑观应、陈炽、陈虬、邵作舟、何启、胡礼垣、宋恕、宋育仁、汤寿潜（另有人将冯桂芬、郭嵩焘、黄遵宪、容闳列入早期维新派行列）等。他们在政治、经济、教育、对外观等方面有许多共同之处，如君民共主的政治设想、重商富民的经济思想、兴学育才的教育思想、反对外国侵略的爱国思想等。这些观点为维新运动提供了丰富的养料。

赵丰田在《晚清五十年经济思想史·序》中指出，第二次鸦片战争以后，探求中国富强问题成为经世思想的主题。但是富强之道，“标在政治，本在经济，故经济思想尤为当时维新运动之根本焉”。所以通过考察维新之士的经济思想，不仅能够更加深刻地剖析每个人的思想体系，而且对晚清中国的维新运动思潮的研究也有很大帮助。当然早期维新派中王韬、薛福

成、马建忠、郑观应、汤寿潜等人皆有经济思想，笔者不打算一一都与陈炽作比较，而是选择经济思想较突出的郑观应、汤寿潜与陈炽进行比较，同时兼顾其他维新思想家。

第一节 郑、汤与陈炽进行比较的基本依据

陈炽、汤寿潜、郑观应三人皆曾生活在洋务运动与维新运动时期，有一定的社会地位，作为忧国忧民的思想家出现在历史舞台上。按出生日期算，陈炽比汤寿潜大1岁，比郑观应小13岁，可以说郑观应走在陈炽、汤寿潜的前面。在晚清从传统农业社会向近代工业社会转型过程中，三人走了同中有异、异中有同的道路。选择三人作为比较对象的具体理由，主要有三方面。

第一，他们所处的历史环境大致相同。陈炽的情况前已见论述，这里简略介绍汤寿潜、郑观应的情况。汤寿潜（1856—1917）出生在富有人文传统的浙江，年轻时由于家贫，曾入山东巡抚张曜幕府多年，从而有机会“习闻国政之得失，喟然论列时弊”①。列强侵略造成的危机使他寝食不安，“往往夜半闻风雨声，寝而复起，绕室行者再”。② 为了实现中国富国强兵，早日摆脱屈辱地位，他与陈炽一样，中年时曾“长游四方，以代力养”，又“留心经制，推之世务，慨然有革易时弊之志”。③ 1890年著成《危言》40篇，思考解决社会矛盾的途

① 张謇：《汤君蛰先先生家传》，《辛亥革命浙江史料选辑》，浙江人民出版社1981年版，第580页。转引自熊月之：《中国近代民主思想史》，第179页。

② 汤寿潜：《危言·北河》，光绪十六年石印本。

③ 汤寿潜：《自传·遗诫》，转引自陈又雄、王永强：《汤寿潜教育思想初探》，载陈志放主编：《汤寿潜研究》，团结出版社1995年版，第312页。

径。该书问世后，受到时人好评。翁同龢在日记中称该书“于时事极为有识”（光绪二十一年二月十二日）。孙宝瑄在《忘山庐日记》中称赞此书：“洞悉中外利弊，当兴当革，牛毛茧丝，剖析无遗。而文笔则如长江大河，浩渺无际。令读者爽心豁目，开拓心胸，足以辟中朝士大夫数百年之蒙蔽。”《危言》的问世奠定了他作为维新思想家的基石。陆学源在《危言》40卷本前的识语中说，汤寿潜“开敏而沈毅，耻为夋用之学，实从偕际，抵掌天下之故，持论侃侃，风发而泉涌。盖其坐人，今之杜樊川、陈同甫一流也”。

郑观应（1842—1922）出生在广东香山，一生主要从事经济活动，同时有所著述。他比较注意留心天下弊病，曾著《救时揭要》、《易言》、《盛世危言》。郑观应更是受到时人高度评价。彭玉麟、郑藻如、陈炽在为《盛世危言》作序时分别表达了对郑观应及其著述的看法。彭玉麟认为郑观应少有“奇志，尚气节”，曾与西人交游，“足迹半天下”，所作《盛世危言》对“中西利病了如指掌”，为“时务切要之言”。郑藻如认为其“知大义”，所著《危言》“纵论中外情势，商榷古今利弊，旁搜远绍，网罗无遗，有当世贤豪欲言而不知所以言，循谨巽柔之辈，知言而不敢尽其所以言者”。陈炽也赞其“负经世之才，综贯中西，权量今古”。

从以上简介可以看出汤寿潜、郑观应与陈炽一样，都是晚清的“识时务者”。在这一时期，列强不断侵略和压榨，使中国利权尽失，积贫积弱。他们忧心忡忡，为探索中国的富强之道，通过著述指陈利弊，呼吁中国变法自强。汤寿潜的代表作《危言》、郑观应的代表作《盛世危言》、陈炽的代表作《庸书》均出版在甲午战争前后，对戊戌变法以前的思想界产生过重要影响，后都被收入梁启超的《西学书目表》。巧合的是，《危言》、《盛世危言》、《庸书》在甲午战后作为“主变法”① 之书皆被呈递皇帝御览，这充分说明了它们之间的共性所在。《盛世危言》由江苏布政司布政使臣邓华熙、帝师孙家鼐推荐给光绪帝。《危言》与《庸书》由翁同龢一并呈送皇帝，而《庸书》又是在《盛世危言》的影响下完成的。可见他们三人的思想确实有一致的地方。

第二，三人在晚清社会中扮演的社会角色基本相同，有一定的社会地位。陈炽中过举人，作过户部郎中、军机章京等官职；汤寿潜在 1892 年考中进士，当过三个月的安徽青阳县知县；郑观应与陈炽、汤寿潜有所不同，科举不中后弃学经商，作过洋务买办，经营过洋务企业，是思想家兼实业家。总之，陈炽、汤寿潜、郑观应在近代史上以思想家的影响而名于世的。

第三，经济思想的来源基本相同。晚清人士经济思想的来源不外乎受西学与中国古代思想的影响。其中受西学影响主要是通过报纸、西书译本、出国等途径。陈炽、汤寿潜、郑观应的一些经济知识主要是从报纸以及西书译本中获得的，不过由于个人的感受不同，吸收的侧重点也不一样。陈炽的经济思想受《富国策》一书影响较大（具体情况见第三章）。汤寿潜在《危言》中引用了不少译著，如《西学凡》、《列国岁计政要》、《格致汇编》以及一些西方报纸。郑观应经济思想的来源可明显地从《盛世危言》本身及其所附录的文章中窥见一斑。《盛

① 孙家鼐：《请饬刷印〈校邠庐抗议〉颁行疏》，《戊戌变法》（二），第 430 页。

世危言》中的《税则》篇后附有《泰西征税论略》,《度支》篇后有《俄国出入度支总数考》,《商战》上附录上海《沪报》所载的《变通商务论》,《商务五》后附有英驻沪领事哲美森编辑的《英国颁行公司条例》,《铁路下》、《邮政下》、《铸银》、《开矿》、《技艺》等文后皆附录有多篇文章。从以上可以看出郑观应的经济思想既来源于他从事工商业的实践，也吸取了当时《沪报》、《万国公报》等刊登的有关经济方面的文章。虽然他们三人吸取的具体书籍有所不同，但途径是一样的。

陈、郑、汤都受过封建传统的教育，在寻找其维新主张的理论依据时，传统著作中的经济思想难免成为他们寻求的对象，如《周礼》、《管子》、《史记·货殖列传》等书。特别是《周礼》中的经济思想，受到陈、汤、郑三人的共同关注。陈炽在《庸书·巡捕》中指出，“读《周官》一书，而知古圣人之为天下计者，至纤至悉”，借鉴其中的思想阐发自己对经济事物的认识。郑观应在《盛世危言·旱潦》中说：“《周礼》之成规，开渠种树而已。”汤寿潜在《危言》中谈到，“《周礼》秋官野庐氏以达之四畿，地官合方氏以达之天下。盖王者之治，即道路间亦经画翲然，所谓治天下至纤至悉者”。[①] 另外，他们三人皆持西学中源说，将西方的工艺说成是由中国所传而精益求精所致。陈炽指出：“中国自经秦火，《周礼》之《冬官》既逸，《大学》之《格致》无传，图籍就湮……当日者，必有良工硕学抱器而西，故泰西、埃及、罗马之石工，精奇罕匹。明季以后，畸人辈出，因旧迹，创新器，得新理，立新法，著新书，及水火二气之用成，而轮舟、轮车、火器、电报

① 《危言·京路》，光绪十六年上海刊本。

及各种机器之制出，由是推之于农，推之于矿，推之于工，推之于商，而民用丰饶，国亦大富，乃挟其新器新法，长驱以入中国，中国弗能禁也。”[①] “矿产、化学，卝人之职也；机轮、制造，考工之书也；几何、天算，太史之官也；方药、刀圭，灵台之掌也。倚商立国，《洪范》八政之遗也；……气球炮垒，即输攻墨守之成规；……理财则为疾而用舒，巡捕皆惊夜之鸡人”。[②] 郑观应与陈炽有着非常类似的见解，他在《盛世危言·道器》中也认为西方之器是由中国传过去的，西方的声学、光学、电学、化学都是来源于中国古代典籍。汤寿潜虽没有像陈炽、郑观应谈到西器东传之路，但也认为“西人政教，泰半本之《周官》；西人艺术，泰半本之诸子”[③]。可见他们糅和中西的共同心态和趋向。

正是由于上述共同性，我们可以将他们三人作为比较对象。正如刘家和在《历史的比较研究与世界历史》文中所指出的，“无异之同不具有比较研究的条件”，“无同之异也不具备比较研究的条件”，“有相同，才能比其异同；有相异，才能比其同异”[④]。由于学界已经基本确认三人为早期维新思想家，所以我们将根据黑格尔在《小逻辑》一书中所说的，要“比较两个近似的东西”，“我们所要求的，是要能看出异中之同和同中之异”的方法对三人进行比较。

需要说明的是，汤寿潜、郑观应活动时期较长，本文主要选择他们与陈炽著述年代大致相同时期的思想活动。

---

① 《续富国策·自叙》，《陈炽集》，第148页。
② 《〈盛世危言〉序》，《陈炽集》，第304—305页。
③ 《危言·中学》。
④ 《北京师范大学学报》1996年第5期。

第二节　经济思想之比较

早期维新派的经济思想是对鸦片战争以来的经济思想的继承与发展。到郑观应、陈炽、汤寿潜等人走上历史舞台时，封建社会存在的经济危机，资本主义国家对中国的经济侵略比前之更加严重，使他们的忧虑更深重，在其社会经济思想中有明显的反映。由于个人经历不同，他们对经济问题的关注的深刻性与广泛性也有不同。

一、所涉及范围的比较

郑观应的经济思想主要体现在《易言》36篇本中的《论税务》、《论鸦片》、《论商务》、《论火车》、《论开矿》、《论电报》、《论开垦》、《论治旱》、《论机器》等文，以及《盛世危言》中的《条约》、《税则》、《停漕》、《盐务》、《度支》、《国债》、《商战》（上下）、《商务》（1—5）、《商船》（上下）、《保险》、《铁路》（上下）、《修路》、《电报》、《邮政》（上下）、《驿站》、《银行》（上下）、《铸银》、《圜法》、《开矿》（上下）、《纺织》、《技艺》、《赛会》、《农功》、《垦荒》、《旱潦》、《治河》等。

汤寿潜的经济思想表现在《危言》和《理财百策》两书中。《危言》有两个版本，1890年40篇本、1895年50篇石印本。《理财百策》作于1895年，完稿于1896年6月。前者涉及经济方面的主要有《包厘》、《盐捐》、《小轮》、《开矿》、《洋税》、《钱粮》、《国债》、《官号》、《商局》、《口岸》、《鱼课》、《节流》、《邮政》、《铁路》、《京路》、《水田》、《水利》、《北河》、《东河》，涉及财政经济的篇数几乎占全书一半。《理财百策》则以“理财”为中心，围绕解决当时清政府的财政问题提出的革新建议，其中许多方策是在《危言》所涉及经济问题上的进一步阐发。

陈炽对经济问题的关注主要表现在《庸书》和《续富国策》以及《茶务条陈》和《铸银条陈》中。对经济领域的大部分方面，陈炽都有专文加以分析，涉及范围之广，在早期维新派中是比较突出的。例如，《庸书》中的《水利》、《渠树》、《和籴》、《蚕桑》、《农政》、《厘金》、《三品》、《烟税》、《仓储》、《商部》、《税则》、《考工》、《商务》、《卄人》、《圜法》、《交钞》、《铁政》、《利源》、《虞衡》、《铁路》、《赛会》、《税司》、《公司》、《轮船》、《西法》、《驿传》、《天文》、《电学》、《格致》以及《续富国策》中的农书、矿书、工书、商书共60篇文章。有关经济问题共有92篇文章，几乎占陈炽全部著述的一半。就《续富国策》来说，所论农务不仅包括传统的农林水利问题，还提出了利用农业产品作原料的加工工业，如造纸、茶、咖啡等生产。矿务中包括范围更加广泛，提出大兴矿务，发展采煤、石油石盐、金银铜铁矿、砖、瓷等生产。工务中提到发展工艺制造方面，如建筑、纺织、食品、军械、冶金、日用品等，同时旁及要学习西方的声光化电天文数学等方面的自然科学知识。在《续富国策·商书》中他把在《庸书》中所提到的商业措施在原有的基础上又进一步发展，内容更加多样，包括设公司、立商部、建银行、办学校、发展邮电交通，配置饮水、电灯、消防等城市基础设施。

可以看出，陈炽、汤寿潜、郑观应皆有较丰富的经济思想，不少篇目都相同，如铁路、邮政、厘金、开矿、水利、税则等问题是三人共同关心的问题。不过总的来说，陈炽对经济问题的关注要比郑观应、汤寿潜二人所接触的经济问题都广泛。如对茶务问题的重视即是汤、郑二氏所不及的。虽然陈、汤、郑三人皆为南方人，家乡可能都种植茶树，但是在近代茶政作为出口大宗的情况下，郑观应仅仅是在《盛世危言·商战》文中略略提到西人通过丝茶贸易夺我大利而主张振兴茶业，汤寿潜则连只言片语都没有，反观陈炽，不仅在《庸书·蚕桑》中将茶荈作为“出口之大宗”，于《续富国策》中专写《种茶制茗说》，甲午战后又上《茶务条陈》，洋洋洒洒三千余言，论述茶务而涉及交通、社会意识等问题。当然，陈炽虽对当时经济问题的关注的范围比汤寿潜、郑观应广泛，不过对有些问题的认识，陈炽则不如郑观应、汤寿潜。如郑、汤两人分别在各自的“危言”中撰有《国债》一文，讨论解决资金不足问题的种种途径，而陈炽仅仅提到过或集民捐，或集官款，在《铸银条陈》中谈到中国不铸银对国债的影响，却没有详细论述国债问题的文章。被称为清朝四大政之一的盐政问题，郑观应有《盐务》篇，提出在盐法推行舍票盐制，推求廓清窠臼、平减赋则、制造洋船、广建盐仓四法；汤寿潜有《盐捐》篇，提出“人人许煮盐，人人许贩盐”的放任主张；而陈炽则仅仅在谈到开矿问题时提到“仿盐法之制”、“仿盐法缉私之利”，并无这方面的详细论述。

二、具体经济思想的探讨

陈炽、郑观应、汤寿潜对外国资本主义的经济侵略有着深刻的认识，提出了革除社会经济弊端，发展资本主义工商业，以使中国富强的经济纲领。不过，由于他们的出身、经历不尽相同，其观点也不尽相同，以往的研究多是将他们作为一个整体进行考察，所以往往忽略了每个人思想的内在特质。

陈炽的经济思想与郑观应、汤寿潜相比，既有共性又有个性。下面就其所关注的经济问题的主要方面对三人进行比较。

第一，他们的经济思想的立足点基本相同，都是为了抑制外国的经济侵略，不过提出的解决措施略有不同。他们三人对世界经济大势有着相似的清醒的认识。陈炽指出英国所以“屡执牛耳于欧洲，西并美利坚，南兼印度，东南括澳大利亚，属地之广方二千万里”，即凭通商之力。① 当前的形势是，西方各国“轮舟以行水也，铁路以行陆也，电报以速邮传，火器以抗威棱，而后风发雾萃，七万里如户庭。中国乃闭关绝市而不能，习故安常而不可”。② 汤寿潜有着同样的描述，指出列强对中国的侵略，“创不谓不巨也，痛不谓不深也”③，中国目前所能采取的措施应是对外通商，而不能闭关锁国，“为今之人，度今之势，虽尧舜之圣智，秦政、汉武之雄略，万不克闭关而谢客矣”④。

郑观应由于多年从事工商业的实践，提出了比陈炽、汤寿潜更为深刻的见解。他指出：“古之时，小民各安生业，老死不相往来，故粟、布交易而止矣。今也不然，各国并兼，各图利己，藉商以强国，藉兵以卫商。其订盟立约，聘问往来，皆为通商而设。英之君臣又以商务开疆拓土，辟美洲，占印度，据缅甸，通中国，皆商人为之先导。彼不患我之练兵讲武，特

① 《续富国策·创立商部说》，《陈炽集》，第231页。

② 《〈盛世危言〉序》，《陈炽集》，第304页。

③ 《危言·书院》。

④ 《危言·盗工》。

患我之夺其利权。凡致力于商务者，在所必争。”① 认为经济侵略比军事侵略更为严重，“兵之并吞祸人易觉，商之掊克敝国无形。我之商务一日不兴，则彼之贪谋亦一日不辍。纵令猛将如云，舟师林立，而彼族谈笑而来，鼓舞而去，称心餍欲，孰得而谁何之哉？吾故得以一言断之曰：‘习兵战不如习商战’”②。

以上议论是陈炽、汤寿潜、郑观应三人对中西经济交往的深切感受。这是他们的相同之处。可是对于处理这种情况所采取的措施，三人之间略有差异。如对关税问题，三人各有自己的看法。汤寿潜与陈炽对中国当年将税则问题载入约章非常痛心。汤寿潜在1890年指出中国同意西人所提出的值百抽五的税例，“不谙泰西进口税则之重，又狃于国初广东所收洋税仅及值百取二之额，遂漫焉许之，铸成大错”。③ 陈炽也认为中国当年将税法载入条约是“太阿倒持，授人以柄”。④ 如何处理这个问题，陈炽与郑观应主张关税自主，修改税则，反对外国人把持中国海关，都有批评赫德的言论。汤寿潜提出的对策则是中国与外国平等交往，中国货物运往各国，也要援值百抽五之例纳税，“值百抽五，来而不往，礼乎？非礼乎？”⑤ 陈炽与郑观应的认识也并非完全一致。郑观应认为“凡我国所有者轻税以广去路，我国所无者重税以遏来源，收我权利，富我商民”，通过重征进口税的办法促进商业的发展。陈炽虽也认识到“出口税必轻，轻则成本不贵，本国商人之获利者多也；其

① 《盛世危言·商务三》，《郑观应集》（上册），第614页。

② 《盛世危言·商战上》，《郑观应集》（上册），第586页。

③⑤ 《危言·洋税》。

④ 《庸书·税则》，《陈炽集》，第81页。

入口税必重，重则物价过昂，本国诸民人之爱异物者少矣”，但是他并不赞同郑观应所说，而认为通过重征进口税的做法不利于商业的发展，自由贸易更有利于增加财政收入。“通商之局，彼固利矣，苟得其道而行之，我亦何必不利？海关之税二三千万，利于国者也。纱布杂货，日用所资，利于民者也。果能通商惠工，务农殖货，以其所有易其所无，使出入之间足以相抵，而贫民之素无生业者，并可倚为海外之尾闾”。①

其实，三人的经济思想有不少共同之处。除对世界经济大势有相似的认识外，一些主张如发展新式工矿业，学习外国科技，三人都持赞同态度。汤寿潜以日本为例，指出其“自维新后，力崇西法，一切制造，皆能仿行”，使国势大增，而中国“事事以官为之，踵行者复失初旨，敷衍欺饰，草创未久，锢习已成，不过袭人之旧制，拾人之唾余，以为位置闲员、报销帑项地步”，这种情形非常不好，中国应该聘请外国专家来华建厂。他认为：“今欲兴制造，破窠臼，非任洋商以徕洋匠不可。”② 郑观应经营过企业，自然体会到外国先进技术的重要性，所以他认为泰西诸国富强之基，根于工艺，日本“处处借西邻为先导”，“西人创其难，彼袭其易”。中国应像日本那样，善于借鉴外国先进的科技成果，赶超世界强国，“驾而上之犹反手耳”。③ 陈炽对东邻日本仿效西方而成为强国也比较欣赏，同时主张学习西方科技，“工则彼巧而我拙，商则彼富而我贫，

---

① 《庸书·慎战》，《陈炽集》，第134页。

② 《危言·洋匠》，光绪二十一年石印本。该本比光绪十六年本增加了《亲藩》、《鬻爵》、《国债》、《官号》、《商局》、《口岸》、《鱼课》、《节流》、《华工》、《洋匠》、《返朴》，下文出现上述所提篇名时不再注出版年代。

③ 《盛世危言·商战上》，《郑观应集》（上册），第591页。

……学不学之分耳"①，如果中国与日本一样善于学习，"不患不作东方之盟主"。

对发展商务方面所采取的措施，陈炽与郑观应的认识基本一致，如设公司、立商部、增领事、开赛会、改税则、立银行，但有些方面不如郑观应的议论细致深刻。汤寿潜则有许多不同于陈炽、郑观应之处，现举例予以说明。如对外人强迫中国开辟通商口岸问题，郑观应指出："今日开海上某埠头，明日开内地某口岸。一国争，诸国蚁附；一国至，诸国蜂从。滨海七省，浸成洋商世界；沿江五省，又任洋舶纵横。"② 很明显，他对外国在中国沿海沿江开辟口岸而造成的现象不满。陈炽虽然称赞英国君臣通力上下"专以通商辟埠为要图"，但并非赞成西方各国在中国开辟口岸的"占地之谋"，而提出中国应在交通便利和工业集中之地提取官款购买民田，自开商埠。汤寿潜既没有像郑观应批评洋人在华开辟口岸，也没有像陈炽的自开商埠的主张，而认为通商口岸的开辟有利于中国经济的发展。他说："世之诟病互市者，唯恐口岸之多，谓将耗尽中国之精华而仅留此躯壳也。蒙则谓幸赖口岸之多，中国犹为失半而得半"，多开放口岸对中国有好处，所以中国"转不如重门洞开，广为招徕，俾彼互相牵制，互相倾轧，令为连鸡不能俱飞之计"。③

第二，革除社会经济弊端。鸦片对中国社会危害甚重，不仅摧残人的身体，而且使白银外流，严重影响着中国的财政收入和人民的身体健康。陈、郑、汤三人都有禁烟的主张。陈炽

① 《庸书·学校》，《陈炽集》，第 29 页。

② 《盛世危言·商务二》，《郑观应集》（上册），第 610 页。

③ 《危言·口岸》。

论述禁烟问题时，主张采取渐禁，重征其税，最后“禁绝”的办法。他指出“洋药”流毒中国，“中华士庶，半癖烟霞”，而此时所持严禁与驰禁两说，“皆是也而皆非也”。“夫势之所积，患之所成，非一朝一夕之故，其所由来者渐矣。事由渐开，当以渐禁。渐禁之法，非重征其税不可”，以使“庶人知趋避而烟害可永除”。① 陈炽论述禁烟问题时，郑观应在其前早有了自己的看法。1873 年，陈炽仍为科举仕途奋斗时，郑观应就写了《拟自禁鸦片烟论》（《救时揭要》）。随后他在《易言》、《盛世危言》中仍然关注鸦片危害，批评鸦片对中国利权与人民身体的危害，分析了对待鸦片问题的三种方式：上策是“无论洋药、土药，严定限期，一律申禁，中、外之吸食者绳以重法，一体戒除”；中策是“广种土药，以杜洋药之来源，目前既塞漏卮，日后徐申厉禁”；下策是“吸者、种者，洋药、土药，一任其自生自灭，自去自来，惟图多收税厘，稍济然眉之急用”。② 至于禁烟之道，他认为立法虽善，奉行尤在得人，而“欲禁烟，必自上始”。汤寿潜在 1896 年《理财百策》中谈到烟捐问题时，也非常痛恨鸦片烟给中国造成的毒害，主张对鸦片征收重税，“以重税为抑制之策，亦不得已者乎!”至于重税对象，他认为在国内行栈、烟馆重征营业税。“他民不可扰，他商不可病，在吸烟之民，售烟之商，正不妨有意扰之，有意病之。若有因扰因病遂不吸不售者，固将祷以求之!”其最终目的是“禁而绝之”。③

① 《庸书·烟税》，《陈炽集》，第 67－68 页。

② 《盛世危言·禁烟下》，《郑观应集》（上册），第 402 页。

③ 俞政：《汤寿潜经济思想之比较研究》，转引陈志放主编：《汤寿潜研究》，第 26 页。

厘金问题是清政府为筹措镇压太平天国起义而新征的税项，起初对保证军饷起了重要作用，但是渐渐地阻碍了工商业的发展。对此，陈炽、汤寿潜、郑观应都有批评厘金制度弊端的言论。陈炽痛心地指出："天下设卡数百，置官数千，增役数万，猛如虎，贪如狼，磨牙而咀，择肥而噬，小民椎心饮泣，膏血已枯……网罗四布，违额取盈，所谓病民甚于加赋者，此也。洋货入口，一税一半税之外，一无稽阻，西商偶到，趋媚不遑，所以待外人者如彼其厚；土货则口口而查之，节节而税之，恶声厉色，百计留难，甚则加以鞭扑，所以待己民者如此其薄"，使"商情困苦，市肆萧条"，"百物滞销，四民俱困"，严重阻碍了民族资本的发展，所以他建议厘税逐年递减，以十年为期，然后代以落地税，最后又提出"通商而后不可不急裁"。[①] 对厘金的弊病，汤寿潜在陈炽之前已经有相似的认识，他指出："厘捐，利薮也，亦弊薮也"，办厘官吏"无奉公守法之人，黩货之根牢不可拔，牟利之术出而愈奇"，对商民们"恫喝、留难、索诈，商民敢怒不敢言，郁气满腔，大则隐酿为水旱，小则显激为仇抗。……尚堪此竭泽之渔哉?"不过汤寿潜并没有主张立刻停止厘捐，认为"居今日而犹谓厘捐可不停，是不顾国之根本，妄人也；居今日而漫谓厘捐可立停，是不审国之缓急，迂儒也"，而提出了包厘的办法，"今斟酌于停与不停之间，则莫如包办。"将各地的厘捐包给坐贾，坐贾再捐之于行商，如此则"内地各局卡可节，去司事巡丁与夫分卡巡船一切浮费，利国利民，无利于此者"。[②] 到 1896 年

① 《庸书·厘金》，《陈炽集》，第 28—29 页。

② 《危言·包厘》。

他才在《理财百策》中提出了裁厘加税的主张。

郑观应对厘金的认识晚于汤寿潜、陈炽。他在甲午战争以后增写了《厘捐》一文，指出厘金属于病民之政。他指出："近来内地局、卡林立，往往数十里之遥，其间多至数卡"，这些厘卡弊端甚多，属于"病民之端"。特别是"迩来趋巧商人多有陋规之献，委员得其费则任意放行，否则必多方挑剔，司事、巡丁更同恶相济，狼狈为奸。商船之过卡者，每月赠以银钱若干，则查舱时便潦草从事，所载货物十成有以二、三成完厘者；其有不先纳贿者，则视之如寇仇，待之如奴婢，措留刁索，无恶不为"。所以他建议："欲纾商困则宜示限制。凡商贾过冲要之卡，既完厘后即给以凭单，所经分卡一体查验放行，不得重捐。倘前卡未及完厘，准在后卡补完，以示体恤。将无关紧要之卡一律裁撤，既可便民亦可省费焉。"最终还是要取消各种厘卡，"厘捐不撤，商务难以振兴，莫若将所有厘卡一律裁撤"。①

停捐纳。捐纳作为选拔官吏的一种途径，早在秦汉时就已出现。清代在顺治年间开始开办捐例，此后断断续续，存在两百多年，对晚清政治、经济、文化产生了不可忽视的影响。陈炽、郑观应、汤寿潜都分析了捐纳制度的利弊，指出对理财的弊端而主张停止捐纳。三人按时间先后来说，汤寿潜最先对捐纳制度的利弊进行了剖析。他在《危言》中对中法战争开行的海防捐例议论有加，批评海防捐例之开是"剜肉以补疮"，每年收入不过数十万金，仅为海军岁饟十成之一，并不能敷海军之用。所以他质问道："以司农之开源节流，以中国之地大物博，区区数十万金，当不至别难筹措。不解朝廷何苦开此捷

① 《盛世危言·厘捐》，《郑观应集》（上册），第553、554、557页。

径，海署亦何乐专此恶名也?”况且“人人以官为市，不待补署，但差委稍优，略一侵吞，即逾捐数”。如果因度支不足而开捐例，“继反缘开捐例而度支愈形不足”，这是“明朘民膏，暗亏国计，享微利而蒙大害，流品之杂，名器之滥，犹弊之浅而易见者也”。所以他请求政府毅然永远停止捐纳制度，“有续请者，以违制论”。①

陈炽在《庸书》中有《停捐》之文，不像汤寿潜那样直接针对海防捐纳实官所发议论，而是从清朝乾嘉年间因“军兴河务，度支偶绌”实行捐例出发，指出捐例在当时并非没有好处，由于“事过即停，不逾岁月。且仅属虚衔，不捐实职。上下皇皇然引为深耻，视若隐忧。民间知其不易得，不可长也，亦复踊跃输将”，所以不久“即溢其量，国帑充裕，而民气安和。盛世开捐，其效如此”。但自咸丰以来，捐纳与厘金“并为筹饷之大宗”，而造成伤吏治、蠹民生两大弊端。他主张“刻期停止捐纳实官”，以后遇到灾歉事变，只准别行筹措，不得率请开捐。②

继汤寿潜、陈炽之后，郑观应在1895年《盛世危言》(14卷本)中增写了《捐纳》一文，指出：“捐纳一途昉于汉之纳粟得官，本衰世之政，而行之于今，几视为终南捷径。窃以为此必须改革者也。何则?官所以维持公道，若私心不绝，则必公道不明。捐纳者仕版未登，债台先筑，势必剥民偿欠、蠹国肥家。其或称饶富、号素封者，而以钱买官，亦复同于垄断，纵使清廉自矢，亦不能取信于人。夫鬻爵卖官乃弊政之尤。”

① 《危言·停捐》。

② 《庸书·停捐》，《陈炽集》，第12—13页。

他指出非“废捐纳不可”。

除捐纳、鸦片、厘金等必须革除外，河防、漕运、各种杂赋陈炽认为可以全裁。汤寿潜指出河运海运，皆病国厉民。郑观应也有停漕之议。总之，三人的认识虽有缓急先后之分，但是革除影响经济发展的弊端目的却是相同的。

第三，对农业问题的重视。洋务运动时期，受国际市场贸易的冲击，改革传统农业成为一些有识之士的呼声。冯桂芬、王韬、薛福成、郑观应等人在陈炽之前对农业生产表达了自己的看法。王韬在《代上广州府冯太守书》中提到：“有铁以制造机器，可推之于耕织两事。或以为足以病农工，不知事半功倍，地利得尽，而人工得广，富国之机权舆于此。”① 陈炽的农业思想虽然较郑观应、汤寿潜等人产生的时间较晚，但比他们更加重视农业，不仅在《庸书》中专辟《农政》章，在《续富国策》中又专门写了《农书》16 篇并将其放于该书之首，足见其对农业生产的重视。

陈炽与郑观应、汤寿潜都肯定了农业的基础地位。陈炽在《续富国策·讲求农学说》中认为农政“至重”，“经制国用，皆出于农”，“(农业）一日不耕，天下有饥者”。郑观应在《垦荒》中表达了类似的见解：“中国伊古以来，以农桑为本，内治之道，首在劝农。阡陌广开，闾阎日富。”“以农为经，以商为纬，本末备具，巨细毕赅，是即强兵富国之先声，治国平天下之枢纽也。”汤寿潜指出：“农者，立国之本根。”② 对于采

① 《弢园文录外编》卷 10，第 375 页。

② 《会试朱卷·井九百亩条》。转引钟祥财：《汤寿潜的经济思想》，《江淮论坛》1995 年第 1 期。

取的农业措施，三人也有许多一致的地方，但认识的时间有所先后。如郑观应在1873年已经认识到机器生产能够使农业产量倍增，他指出："中国之最重者，农事也。其中沃壤数倍泰西，而地气和煦，敏于生物，惟仅用人畜之力，未能因地利之宜。若用西国机器，以之耕种，可使土膏深透，地力腾达，物类易于发生，收成易当倍蓰。若犹未深信，何不先购一小机器，以沃壤数亩试而行之。如果异常，然后购其大者，推行尽利，是地不加广，而农以倍收矣。"① 汤寿潜在1890年出版的《危言》中指出："泰西新制，不特耕田机器，其他撒种、耘耨、刈穫、汲水，亦无不以机器行之，悉力购造，猝恐未逮，可渐以成之也。""泰西新创机器耕田之法，小者每具不过百金，胜人力十倍。直隶、天津有制造局，如法为之，万金可成百具，散之民间，通力合作，可无不耕之地"，② 也对农业中使用机器生产表示认可。陈炽对农业机器生产的认识则晚于郑观应、汤寿潜。他在甲午战争以后所写的《续富国策》中也做过这样的描述：使用机器，"用力少而见功多，如伊尹之区田，亩收数十倍"。

农业生产与环境问题密切相关，特别是自然灾害严重危害农业的发展。晚清频繁发生的旱灾引起维新派的注意。所以兴修水利，促进农业生产，自然成为他们关心的对象。林则徐在《论漕务疏》中提出京东水利是"本原中之本原"，冯桂芬、王韬等人也有所提及。马建忠、薛福成、邵作舟等人或很少涉及，或根本没有考虑到这些问题。汤寿潜对水利问题比较重

① 《易言·论机器》，《郑观应集》(上册)，第89页。
② 《危言·水利》。

视，在《危言》中有《水利》、《分河》、《堵口》、《东河》、《北河》、《水田》6篇文章，部分是为漕运着想，部分是为农业生产考虑，并在《水利》文驳斥了程含章所论北方水利有六不便之说。郑观应在1894年所写的《旱潦》文中也主张兴水利。他介绍西方国家预防自然灾害的办法，广种树木，“不特名材美木获利无穷，且树旁之田瘠者变而为腴”，“而且根株盘结，沙石化为土壤，松脆变而坚凝，墙岸益坚，堤防愈固，则御旱御水无所不宜”。所以郑观应主张中国应讲求树艺，开渠种树，以预防旱灾对农业生产的影响。

与汤寿潜、郑观应类似，陈炽也非常关注水利问题。他在《庸书》中提到了京东水利因“上游尚未开浚，三十六淀故迹全湮”，以至水患不断，主张“循五河而上，开渠建闸”，“距河十里，遍开水田，树艺有方，旱潦有备”，“嗣后沟渠四达，水旱无忧”。[①] 在《续富国策》中，他进一步指出南北方经济的差异的原因即是水利兴废问题，介绍了法国“广开水利之源”，英国“开河一千八百余道”，西班牙“疏渠泄水”而致万民富裕，所以要开浚河渠。同时他介绍了法国种树，“硗确可变膏腴”，“水旱遍灾，不能为害”，指出应广植树木。从维护生态平衡的角度关注农业生产这一点，陈炽与郑观应非常相似，而汤寿潜则相对较少。但汤寿潜对水利问题的认识时间，三人之中为最早。陈炽的认识虽最晚，也最深刻，这可能与他有条件吸收前人的研究成果有关。

采用科技兴农，设农官、讲农学、开农艺博览会，陈炽与郑观应的观点基本一致。在汤寿潜的农业主张中，采用机器生

① 《庸书·水利》，《陈炽集》，第21页。

产、兴修水利、发展渔业与陈炽的观点基本相同，但他尚有区别陈炽之处，主要有两点：一是仿效西方利用商办公司经营农业，“西人每有集成公司以兴农利者，可仿公司之意，而由屯政大臣招集商股。凡经营银钱，则由股多之商；凡军民交涉，则责其成于大臣”。① 二是汤寿潜对土地问题比较重视。他指出：“王者藏富于民，而人语声含乐岁……八家皆私百亩，则瓜肥壶美之场，叟讴而童自舞……其踊跃以养此公田，利无弃地，功敢贫夭乎！”② 农业拥有土地，生活有保障，即更会安心生产。针对当时土地占有的混乱情况，他指出国家应该实施严密的土地清丈制度，并提出了14条相应的措施。

以上议论表明，陈炽与郑观应、汤寿潜对农业生产的见解，既有相同之处，也有不同之处。不过陈炽也有自己独特的见解，如他主张农业与工矿商业协调发展；指出“商之本在农”，从对外贸易的角度发展农业以富国，因地制宜地发展多种农副业；因地制宜地采用英国式的资本主义大农场和法国式小块土地上的集约经营这两种方式。这是郑观应与汤寿潜所不及的。其实，陈炽对农业问题的重视，不仅汤、郑无法比肩，就是在戊戌变法中驰骋纵横的康、梁、谭也不能相比。康有为虽认识到天下百物皆出于农，先后在《上皇帝第二书》、《请开农学堂地质局以兴农殖民而富国本折》、《条陈商务折》中主张翻译农书、兴办农会和农学堂，发展丝、茶、棉、畜牧、种树、养蜂等业，但是他的变法重点不在农业，农业仅是其富国

① 《理财百策·沟田》，转引钟祥财：《汤寿潜的经济思想》，《江淮论坛》1995年第1期。

② 《会试朱卷·井九百亩条》，转引钟祥财：《汤寿潜的经济思想》，《江淮论坛》1995年第1期。

思想的一小方面，而且他的发展农业现代化的看法大都是其他人已经提及过的，并无创新；梁启超虽在 1896 年所写的《西书提要农学总序》中批评了谈治国者多言强而寡言富，言富国者多言商而寡言农，是“舍本而图末”，是造成中国贫弱的原因；1897 年又在《农会报序》中指出秦汉以后，学术日趋无用，“学者不农，农者不学，而农学之统，遂数千年绝于天下，重可慨矣”，强调了农业与农学的重要；谭嗣同在《仁学》中也说过，“地球之治，必视农学为进退”，“有学之农，获数十倍于无学之农”的言论，但是他们都没有提出发展农业的详细计划。陈炽则不然，其有系统的发展农业的计划，不仅在《庸书》中有专章论述农业问题，在《续富国策》中更是立 14 篇专门论述农业问题，其见解可谓发前人之所未发，皆是康、梁、谭不能与之相提并论的。

第四，对生产与流通、工农业与商业，国民经济各部门之间的关系的探讨。在发展资本主义工商业的问题上，注重生产还是流通，国民经济各部门之间的关系如何，成为早期维新思想家思索的对象。西方重商主义理论认为财富有交换价值，只有对外贸易才是财富的真正源泉；重农主义理论认为农业生产才是制造财富的源泉。产生于资本主义时代的这两个理论，通过西学东渐或多或少地影响着晚清士人对国计民生的思考。早期维新派开始多受西方重商主义理论的影响。马建忠特别强调对外通商是一国“求富之源”，强调重征进口税，轻征出口税，具有浓重的重商倾向。郑观应指出：“商以贸迁有无，平物价，济急需，有益于民，有利于国，与士、农、工互相表里。士无商则格致之学不宏，农无商则种植之类不广，工无商则制造之物不能销。是商贾具生财之大道，而握四民之纲领也。”[①] 他们都从商业对工业的促进作用立论，把流通领域的商业部门视作财富的来源和起决定性的经济部门，没有看到生产对流通的决定作用。汤寿潜没有这方面的明确认识。陈炽注意到生财之道在于生产，生产才是富国之源：“昔者吾友尝言之矣，曰：‘三代后之言财用者，皆移之耳，或夺之耳，未有能生之者。’移之者何？除中饱是也；夺之者何？加赋税是也。然亦未有能移夺外国之财以归中国者。若生财之道，则必地上本无是物，人间本无是财，而今忽有之。”[②] 在这种认识的基础上，他又提出了“商之本在农”、“商之源在矿”、“商之体用在工”，分析了农业、矿业、工业与商业之间的关系的理论，将经济理论认识的发展从流通领域转向生产领域，突破了他人的局限。正如马克思所说：“真正的现代经济科学，只是当理论研究从流通过程转向生产过程的时候才开始。”[③] 陈炽对生产与流通关系的论述超出了郑观应的认识，启发了康有为、梁启超，标志着经济思想领域认识的深化，开始从流通领域转向生产领域。

第五，关于官商关系的认识。中国近代民族资本主义企业虽然在洋务运动中兴起，但是面临着相当大的困难，不仅当时传统势力为之阻挠，官权侵夺民权的现象也时有发生。为解决这些困难，依靠政府的支持是企业发展的比较合适的途径。所以当时所办企业多采用官督商办的形式。陈炽、郑观应、汤寿

① 《盛世危言·商务二》，《郑观应集》（上册），第 607 页。

② 《续富国策·自叙》，《陈炽集》，第 149 页。

③ 《资本论》第 3 卷，人民出版社 1975 年版，山东人民出版社 1975 年重印，第 376 页。

潜生活在洋务运动的大背景下，对官与商之间的关系有着较多的议论。陈炽虽然认识到官吏对商民的迫害，但是在开矿业问题上，他还是倾向于官督商办的形式。在他看来，全采用商办之法，因“良莠杂糅”，使“商民百万资本尽付东流”，所以此时再言开矿“已几乎望影惊心，谈虎色变矣”；设矿务大臣后，情况并没好转，“经营屡年，反不若开平、漠河之卓著成效者，积重难返，成本过昂，所得之数，不敌所费，商办非，官办亦非也”，解决办法是“考之于古，则增设卝人；参之于今，则官督商办”。[①] 在《续富国策·维持矿政说》文中，他再次指出开矿应采用官督商办的办法。他指出：“官则止能得利，不能失利。假浪掷资本，再试无成，即日奏停，因噎废食矣。商既集资，必得利乃已也，则商办宜矣。沪上奸商，借矿为名，集资以供浪费，大信既失，招股遂难，即股集矣，矿成矣，而工人麕集，动虞滋事，奸商垄断，难服群情，非临以清正之员，不能息争止竞，则商办而官督宜矣。”

汤寿潜的观点与陈炽有异，他在陈炽、郑观应之前已经认识到官督商办的弊端，提出了“任官不如任商”的主张。汤寿潜认为中国商民“无良敢于不信朝廷，特不信官与吏耳。夫在上方授刍牧于官吏，而吾民以为虐我则仇疾首蹙頞，恨不得一反于有司，其肯以锱铢所积者寄食于狼虎之口哉?”[②] 他以上海机器局、轮船招商局等民用企业为例，描述了“官督商办”的弊病。“今招商局特任之官，而商者宜其有弊而无利矣。”[③]

① 《庸书·卝人》,《陈炽集》，第85页。

② 《危言·国债》。

③ 《危言·商局》。

“(开矿)大抵泥于官督商办之说，而无事不由官综其成，遍招商股以资成本。矿匠多滥竽也，机器无实济也。总办、会办、支应、文案，名目既繁，开销自巨，但论情势为任用，不问贤否之混淆。平度金矿、徐州铁矿、三山银矿、鹤峰铜矿，均以是败，率是道也。虽布金满地，如取如携，未有能富者也。西人言理财，从无以商合官者，今乃混官商而一之，官有权商无权，势不至本集自商利散于官不止，特借矿股为戏人之猴焉而已。”① 同时他对官办企业的积弊也有深刻认识，“财者朝廷之大命，行于商则通，藏于民则富，而壅于官则乱”②。

郑观应与陈炽、汤寿潜对官商之间的关系的认识有所不同。在甲午战争之前，他非常赞成官督商办，认为“全恃官力，则巨费难筹”；“全归商办，则土棍或至阻挠，兼倚官威，则吏役又多需索”，所以“必官督商办，各有责成：商招股以兴工，不得有心隐漏；官稽查以征税，亦不得分外诛求。则上下相维，二弊俱去”。③ 但是甲午战争以后他的看法有了改变，认为在官督商办企业中，官派的总办“皆二三品大员，颁给关防，要以扎副，全以官派行之。位尊而权重，得以专擅其事；位卑而权轻者，相率而听命。公司得有赢余，地方官莫不思荐人越俎代庖”，揭露了官督商办的弊端。在1901年他又在《商务叹》中发出了“名为保商实剥商，官督商办势如虎”的感慨。

陈炽虽在某些问题上也曾反对官方的参与，但绝大多数情

① 《危言·开矿》。

② 《危言·节流》。

③ 《盛世危言·开矿上》，《郑观应集》(上册)，第704页。

况下是赞成这种方式的。郑观应曾担任洋务企业的职务，体会过官督商办的弊病，有一个转变的过程。汤寿潜则与陈炽相反，多数情况下是赞成商办，而仅在少数情况下主张官的参与。铁路、轮船、开矿、官库问题，他皆主张由商经营，甚者把自古以来国家视为专卖的盐政问题也提出要自由经营。“不知利之所在，如骛趋，如蛸集，今之窎者僻者，亦有肩贩老弱，贩不尽由盐店也。贩有不至者，附近必有镇集，必有盐店。况海禁大开，泰西无国无华人攘攘而往，皆为利往，岂华地而反以窎僻利或遗，天下有蚁而不肯附羶者乎？天下有蛇而不能赴壑者乎？无有也。”① 可见汤寿潜对商办问题的赞同和支持。在早期维新派中，汤寿潜的商办态度比较突出，是陈炽、郑观应所不及的。

第六，交通、通讯问题对经济发展的重要性。洋务运动兴起以后，虽有保守势力的阻挠，但铁路、轮船、邮电等业在中国逐渐出现并得到了发展，成为“交通之利器，富强之大端”②。陈炽、汤寿潜、郑观应的反映大同小异。三人都强调了铁路的重要性。陈炽对铁路的论述主要集中在《庸书》中的《铁路》篇和《续富国策》中的《急修铁路说》，认为修建铁路不仅是对国防的需要，而且对经济建设的发展也是必不可少，提出在中央设立铁路部，从京师开始修铁路，然后广造支线。汤寿潜非常重视铁路，认为“铁路一成，陆路商务必日新月异，以分海疆之势，以植自强之基”。在《危言》中即有铁路篇对铁路建设进行详细的思考，提出节省三策、变通三策、预

① 《危言·盐捐》。

② 赵丰田：《晚清五十年经济思想史》，第147页。

备二策。郑观应早在1873年即在《易言·论火车》中认为仿造火车铁路，“大则转饷调军，有裨于国计；小则商贾贸易，有便于民生”，“中国富强之转机在此一举”，在《盛世危言》中又专列《铁路》上下篇探讨铁路对国计民生的作用。

至于办铁路所采用的方式，三人之间略有区别。陈炽主张官办，汤寿潜则主张商办铁路，依靠社会筹资认股的办法，“招商认造，以所造之路权利属之，而岁输所入之几于官”，如此可以节省国家经费：“商人多认一里，即公中可少造一里，则制造一项减矣。”① 郑观应也认为铁路最好要商办，“中国各省土地辽阔，若非分段承办，犹恐缓不济急。……若由国家筹款开办，糜费必多；专归华商接办而无西人相助，恐巨款难集，成功不易。似宜中、西股商合力招股，分段承办，较易竣事”。② 对于铁路交通，郑观应的认识比汤寿潜早，汤寿潜又比陈炽早。陈炽的认识虽晚于汤寿潜、郑观应，但是他将铁路看作“万国之贫富”的标准，着重强调铁路对商业的重要作用，比郑、汤深刻。

外商进入中国后，为便于商品倾销和掠夺原料，极力侵夺中国的内河航运权，引起了郑、汤、陈的注意。郑观应在1873年《救时揭要》中即有《论中国轮船进止大略》文，介绍西方船政“泄天地造化之奇”，中国若“仿而行之，势必雄跨四海”；在《易言·船政》中，他提出中国讲求船政，择请西匠，仿造新式战船，以“上则固我疆圉，屹雄镇于海防；次则富我商民，通外洋之贸易”；在《盛世危言》中他进一步深

---

① 《危言·铁路》。

② 《盛世危言·铁路下》，《郑观应集》（上册），第657－658页。

化了认识，指出中国不仅需要派人出国学习船工，而且应该“鼓励之，裁成之”，同时准许“中国商民制造船舰”。① 汤寿潜主要注重内河航运问题。在《危言》中，他主张推广内河小轮，但内河轮船不能夺商船的生业；对轮船招商局的管理上，他主张“任官不如任商，专任华商，不如兼任洋商”。② 陈炽与汤寿潜一样非常重视内河行驶小轮，驳斥了轮舟夺小民生业之说，同时他又提出中国应加强船政建设，一是多制兵船，以护商之用；一是遍驶轮舟，以与外商争利。这是对郑观应、汤寿潜的认识的补充与发展。

对邮电问题的认识。陈炽与郑观应都批评了中国传统的驿传存在的弊端，主张采取西方各国书信馆之法。陈炽指出西方各国所设书信馆，“公文私信，一律通传，酌收微资，以资津贴，不惟设驿之费绰乎有余，而积少成多，遂为每岁大宗之入款。官私利便，消息灵通，既易稽查，永无遗误，利民利国，二者兼之”。③ 郑观应也说，泰西各国在“国中城、乡、市、镇商民聚集之区，遍设书信馆，统以大员，派员经理，凡公文私信莫不递传。……自常年用费外，所入之款岁有赢余。可知邮政一端其利甚宏，其效甚速。轻而易举，无耗费之虞；远而可通，无濡滞之虑。所谓上下均利而无所不利者也。中国幅员最广，而邮政不行，跬步之间远于千里。人通而我塞，人速而我迟，人明而我暗。日皇皇然忧贫患寡，而不知大利之所在，即在便民便国之中”。④ 汤寿潜在《危言》中指出创设邮政的

---

① 《盛世危言·船政》，《郑观应集》（上册），第 895 页。

② 《危言·商局》。

③ 《庸书·驿传》，《陈炽集》，第 114 页。

④ 《盛世危言·邮政》，《郑观应集》（上册），第 669—670 页。

重要性，“国家有大利焉，其事至简至便而其利又至巨，则莫如仿行泰西之邮政”。批评了当时存在的设邮政有“四难二不可”的意见为“一孔之见”，“苟彻始终筹之，将因四难而为四利，无所谓二不可，且有不可不行者二。是岂容泥毛发之小害，而竟置邱山之大利哉？……当轴而有意富强也，愿勿为清议所劫持，勿为成见所胶执，迅速举行，中外方拭目而乐观厥成矣”。① 与邮政相关的电报问题，郑观应在《易言·论电报》中着重谈论了其在军事上的意义，“两国构衅，赖电报以传递军机，则有者多胜，而无者多败”；又在《盛世危言·电报》中指出“先发制人，后发制于人者，非电报不足以当之矣”。陈炽则强调的是电报与商务盛衰的关系，而汤寿潜则没有对电报的认识。

汤寿潜、郑观应虽在陈炽之前即已看到了发展交通、通讯业的重要性，但是他们所关注的焦点与陈炽还是略有差异。例如，郑观应对邮电的认识多侧重于国防与外交方面，汤寿潜仅注意邮政的便利而对电信业则未涉及，陈炽则看到的多为邮电与商务的关系。尽管认识有所差别，但他们与洋务大臣相呼应，将交通、通讯问题与国家富强联系起来所作的探讨，是符合中国近代社会经济发展趋势的。

第七，城市近代化的设想。城市是一个地方的政治、经济、文化中心，它的发展与当地经济建设密切相关。林家有认为“城市的近代化不仅包括人口增长，工业、商业和文化的发

① “四难两不可”指：“驿站之难撤也，信局之难停也，轮舟之难逮外洋也，各国之难守邮约也；且成本太巨，必废半途不可行者一；锥刀是竞，恐伤国体，不可行者二。”见《危言·邮政》。

展繁荣，以及基础设施的先进和合理配置，比如道路、桥梁、住房、公园、供水、电话、电报、消防、运输、排污系统，以及城市的绿化等；还包括城市的管理，比如城市的综合治理、市民阶级近代化意识的增长，居民的工作、居住、流通、生活水平，以及交通和电信的近代化等”。① 所以城市与经济之间的互动关系成为晚清人士关注的对象。特别是街道的整洁是近代国人认识西方文化的一个窗口，“当其目睹外人租界街市道路之整洁，警政之周密，自强之念，油然而生”②。近代中国人对西方市政建设的了解主要通过三种途径获得：或是出洋亲眼看到西方的街市建设，或是在租界内目睹市政，或是通过西书译本及出国游记的记载。陈炽、郑观应等人对西方市政建设皆有所了解，通过中西对比提出整修道路的主张。陈炽介绍到，“泰西各国，街衢整洁，途径平夷，日月修治，罔敢废坠，宾如有归之乐，民无致疾之因，严肃清明，宛存古意。其旅于中国者，亦依其国制，设立工局，整理洁清，坦然秩然，荡荡翼翼”。而中国城镇，虽然“肩摩毂击，人物殷阗”，但是由于“古制沦亡，无专官以隶之”，而使北方许多城市“芜莱满目，埃尘蔽天，杠梁废弛，沟渠湮塞”，“逼仄熏蒸，酿为疾疫，旱则风沙卷地，潦则泥淖载途”。两相对比，差距甚远。所以中国应整修街道，“街道以京师为主，而后渐及于军州，途路以冲要为先，而后渐达于荒僻，区以支干，别以山原，审其重轻，权其缓急。而桥梁沟洫，堤防林木，一切便民之政，均得

① 林家有：《孙中山和中国近代化道路研究》，广东教育出版社 1999 年版，第 641 页。

② 赵丰田：《晚清五十年经济思想史》，第 147 页。

会同牧令处置而经营之”。①

我们再看一下郑观应对道路建设的态度。郑观应在《盛世危言·修路》附言中提到：“见上海租界街道宽阔平整而洁净，一入中国地界则污秽不堪，非牛溲马勃即垃圾臭泥，甚至老幼随处可以便溺，疮毒恶疾之人无处不有，虽呻吟仆地皆置之不理，惟掩鼻过之而已。可见有司之失政，富室之无良，何怪乎外人轻侮也。”在《修路》正文中提到：“泰西各国皆设工部局，司理道路桥梁以时修葺。化艰险为平易，变欹侧为整齐，以水车洒尘埃，以木车收垃圾，街道洁净迥异寻常，非若中国各府、州、县，道路则任其倾圮，污秽则任其堆积。”显然他对中国路政失修表示不满。他指出：“道路之修否，可觇国政之兴废，可征人事之勤弛，商务之衰旺系之，行旅之苦乐因之，市面之兴衰系之。”这与陈炽在《续富国策·治道之工说》中所指出的泰西各国工商业的兴起“始于治道”，“道路一端为万国富强之根本”，“商非道路坦平，百货不能通达，故修道者，殖财之本也，即国家制用之原也”的建议何其相似。

汤寿潜在陈炽、郑观应之前对京师的路政有自己的见解。他指出：“我朝定鼎燕京，道路皆因（原文为‘茵’）袭明制，夷其旁而为甬道，其中车驰毂击，修整日少，蹂躏时多，驯至中洼，侧足无所且也。轻风初来，灰尘蔽天，小雨乍过，涂潦没锞，有虩虩之警，无坦坦之吉。此殆畏途（原文为‘涂’）矣。今将一律整治，诚非易易，宜就城内外经纬各道，由官葺之，以为之干，巨石易损坏，值（原文为‘直’）又费，不如

① 《庸书·虞衡》，《陈炽集》，第92页。

碎石廉，碎石又不如粗沙刚柔摩盪耐久，且不留水。层柞叠筑，如砥如矢。既无灰尘涂潦之苦，复不致随轮而去。”① 汤寿潜看到了中国京城道路的脏乱不堪，主张改善交通，虽没有把中西方的市政建设予以对比，但是对路政问题表现了同样的兴趣，说明了三人对改进城市环境卫生建设的态度。

对于城市的警政建设，郑观应与陈炽都发表了看法。他们赞扬西方的巡捕制度，揭露清朝治安管理“百弊丛生”，主张建立警察制度。陈炽在《庸书》中赞扬西方的巡捕制“意美法良”，“清洁街衢，逐捕盗贼，永朝永夕，植立途间。号令严明，规模整肃，风清弊绝，井然秩然。为之董率者，数西人，十数印度人耳。而华捕千人，皆循循然谨守范围，罔敢逾越，徒以事无瞻庇，俸有盈余，赏罚之法，行身家之念，重贪饕之性，悉化廉能”。② 郑观应在 1895 年重印《盛世危言》时增设了《巡捕》一文，介绍了美国纽约和上海租界内的巡捕制度，并予以高度赞扬，称之为“泰西善政”。反观中国的“看街巡丁，然似是而非，名实不符，有其外观无其实效也。今中国各省奸民布满市廛，……此辈不耕而食，不织而衣，游手好闲，毫无恒业，挟其欺诈伎俩，横行市肆之间，遇事生风，无恶不作”，原因是“内地城乡无巡捕往来弹压，故敢肆无忌惮”，所以“除根之道莫要于仿照西法，设立巡捕。……藉以防患于未然，杜乱于无形”。③ 陈炽也有此论。他指出中国京都设有各级官吏管理街道，“棋布星罗，十羊九牧，其责不可谓不重，

① 《危言·京路》。

② 《庸书·巡捕》，《陈炽集》，第 98—99 页。

③ 《盛世危言·巡捕》，《郑观应集》（上册），第 512—513 页。

其虑不可谓不周。而百弊丛生，徒糜帑项，无一能举其职者”，原因与“事无专属，废弛已久，经理之不得其人”有关，所以应该改弦更张，从京师开始酌增练勇数名，参仿巡捕章程，调用华人充当巡捕，“编立门牌，疏通渠道，街衢必洁，稽察必严”，维护社会治安。①

以上议论可以看出，对道路建设问题的认识，陈、郑、汤三氏之间差别不大，对于城市治安的管理，陈炽与郑观应的设想也基本相似，而汤寿潜则无此议论。不过，陈炽还有高出郑观应、汤寿潜的地方，他不仅仅注意到城市路政问题，就其他基础设施的配置，如供水、消防、照明、保险等，也表达了自己的想法。他认为水火“为用至切”、“为物至多”，但是一些偏僻街巷，取水太远，或水用不足，应仿照西人在深谷高山、名泉洁水处铺置自来水管，引入居民家中。鉴于城中火灾不断，特别是都中太和门、祁年殿、户部等处，屡遭火灾，民间回禄之殃，也是指不胜举，从而主张在新开商埠及都会各区修举火政，设立水会。古人用木取火照明，不仅易引火灾，且浪费严重，应仿照西人在城镇之旁掘地燃煤，铺以铁管，将煤气送至利用之处以之燃火，或用汽机磨电，晶莹似月，照映街衢。通商大埠，地基昂贵，住房栉此鳞比，居民通用煤油，容易引起火灾，所以应保火险；商民之间贫富不等，如果遇到死亡疾疫之事，素无积蓄，妻子不免饥害，于是保人寿险。也就是说在城市中应该设立保险公司，以“通万姓之有无多寡，以抚恤被难之穷民”。

当然，汤寿潜提出了仿照泰西之制，“就沟置水管，内外

① 《庸书·巡捕》，《陈炽集》，第99页。

城各引自来水遍布于国中，饮甘淑芳，和气汜沟”等与城市近代化相关的建议，但皆没有陈炽认识的全面和深刻。

作为早期维新派的代表人物，陈炽发展经济的主张与郑观应、汤寿潜等人有着共同的时代特征。这说明面临西方资本主义的经济入侵，陈炽、汤寿潜、郑观应等人不甘于中国的落伍而与外国争利的爱国热忱。不过由于他们的经历不尽相同，对某些问题的认识也是有差别的。通过三人之间的经济思想的比较，我们可以看到，陈炽与郑观应是同中有异，与汤寿潜是异中有同。陈炽与郑观应的经济思想中所表现的相似性，一方面是互相影响的作用，一方面是两人所任官职皆与经济问题有关。两人之间多次通信往来探讨时局，陈炽曾为郑观应参定《盛世危言》并为之作序，这决定了两人的经济思想中有一致的地方。陈炽的《庸书》即受郑观应的《盛世危言》的影响较大，对一些问题的见解几乎完全一致。当然，陈炽与郑观应相差13岁，当郑观应在上海洋行谋职时，陈炽在科举仕途上挣扎。年龄上的差别，职业的不同，对内忧外患的感受也有所差异，这种差异将在每个人的思想历程中留下烙印。郑观应出生在沿海省份，又曾出过国，懂英语，“日与彼都人士交接，察其习尚，访其政教，考其风俗利病得失盛衰之由。乃知其治乱之源，富强之本”，① 而陈炽出生于内陆省份，终生未曾跨出国门半步，他对西方经济事物的了解主要是通过报纸和西书译本，所以郑观应对西学的了解在一定程度上超过他是不足为奇的。相对汤寿潜而言，陈炽的官职与他不同，接触的事物比他

① 《〈盛世危言〉自序》，《郑观应集》（上册），第233页。

广，但是汤寿潜出生在浙江，受西学熏陶比陈炽早，又对仕途、名利看得非常淡漠（曾两次辞官），所以对一些问题的认识比陈炽更大胆，为陈炽所不及。从写作时间上考虑，汤寿潜的《危言》在1890年即已问世，而陈炽还未酝酿《庸书》的写作，不排除陈炽曾受到他的影响。不过，每个思想家因所受教育、出身、秉性、个人经历等主客观因素的制约，人人有自己的思想创造，应该有区别于别人的地方。应该说，汤寿潜、郑观应、陈炽的经济思想互相交融而又各有特点。

结　语

晚清以降，清王朝面临前所未有的危机。为了大清王朝的前途，士大夫做出了不同的反映。倭仁、刘锡鸿等人代表着传统而保守的势力，反对学习西方，而主张用中国的纲常名教去对付西方的挑战。从林则徐、魏源开始的师夷思想到洋务派的付诸实践，到康有为、梁启超等领导的戊戌变法，再至孙中山的辛亥革命代表着向西方学习的进步社会思潮。在晚清社会大变局面前，陈炽深究天下利病，承继儒家经世致用之学，广泛研究农政、兵政、漕政等有关国计民生的实际问题，把国家的富强作为毕生追求的事业，成为近代向西方寻求真理的先进人物之一。

从 1855 年至 1900 年，陈炽走过了 46 个年头。他生在硝烟弥漫的战争时期，走的是科举正途之路，经历并不算突出。12 岁中秀才，19 岁选拔贡，20 岁开始在户部任职，后又考取军机章京，入值总理衙门。通过广读西书译本、游历、结交友朋而走上维新之路。时人对其或褒或贬，称赞他的人说其为“国士”、“奇士”（翁同龢语），“异才”（梁启超语），“谙亏时务，秉通中西，明亏治法”，① 可与汉代贾谊、王符比肩；毁

① 刘立夫为《续富国策》所写识语，见 1898 年中江刘氏鸩鹊室刻本。

者说其“叔孙通之流”（汪大燮语）、“善于揣摩者”（王伯恭语）。他在有生之年写就的三十多万言，虽与同时代的王韬、薛福成、郑观应、梁启超、严复等人相比有点微不足道，但是“位卑未敢忘忧国”，这些关心国事的论著反映了陈炽毕生追求救国真理的艰辛历程。

陈炽在甲午战争前后撰写的《庸书》和《续富国策》两本著作以及所上条陈，曾被广泛传播，引起思想界的普遍关注，不仅在维新运动中被多次翻印刊刻，而且当时较有影响的各类经世文编收录了其中的许多文章。翁同龢曾将尚未公开出版的《庸书》呈交光绪皇帝御览。王韬晚年编辑的《自强斋保富兴国论初编》中收录了陈炽等人撰写的有关改革的论文。① 1897年自强学斋主人编辑的《自强学斋治平十议》，收录了陈炽的《庸书》与冯桂芬、马建忠、陈虬、薛福成、宋育仁、许楣、王守基等人论新政变法的著作。同年7月29日，《湘学新报》在“商学书目提要”中简介了陈炽的《续富国策》。1898年麦仲华编的《皇朝经世文新编》（上海书局石印）中收录了陈炽的《仿设巡捕说》、《修举火政说》、《种树富民说》等10篇文章。这些书成为当时国人研习时务的重要参考书。1898年5月，维新运动如火如荼，陈炽亲自将《庸书》“上之当道”，虽“勿售”，不过其书还是受到热烈欢迎，“至是渐有求其书者。天下好奇之士，莫不攘臂奋兴，思出其言若艺，以应天子之求”。②

按照清朝制度规定，郎中并没权利直接向皇帝上条陈。但

① ［美］柯文著，雷颐、罗检秋译：《在传统与现代性之间：王韬与晚清改革》，第210页。

② 胡思敬：《戊戌履霜录》，《戊戌变法》（一），第362页。

甲午战争以后的危机形势使皇帝被迫下诏求言，寻求富强之术。陈炽在维新运动期间上了三个条陈，分别是《上清帝万言书》、《茶务条陈》、《铸银条陈》。其中《上清帝万言书》与张百熙、胡燏棻、徐桐、康有为等9个奏折被光绪帝留用，后发给各大臣，要他们“悉心妥筹，酌度办法”①。陈炽的条陈得到了朝臣的重视。如刘坤一在1895年（光绪二十一年八月初七日）的《遵议廷臣条陈时务折》中作了回应，其中谈到了陈炽的《上清帝万言书》，“至陈炽所奏分途防边之说，将来察看情形别筹方略”、“西学诸书，应照陈炽所请，广为翻译，颁发各省书院，掌教于诸生经义外，不令学习八股、试帖、词赋，而令其各就资性所近，兼习西学”②。1896年陈炽所上《茶务条陈》曾请翁同龢代为呈递，也受到清廷重视，着令“下户部议奏”③。同年3月1日户部将讨论结果上奏朝廷，指出陈炽与内阁中书刘铎所陈的茶务积弊，“可谓深切著明”，所拟的办法，皆有可采之处，只是茶业公所、茶商公栈究竟“应如何设立，制茶机器运茶小轮究应如何购制，以及茶照可否颁行，茶政局可否创设，事隶产茶各省，臣部无从遥度……请旨饬下湖广、两江、江西、安徽、浙江、福建、广东各督抚……悉心核议，切实覆奏，分别举行，俟试办一、二年，如果确有把握，即将各该省所收茶厘数目奏请核减”，不久得旨：“如所议行。”④《铸银条陈》曾署名“京师来稿”发表于《时务报》第12册（1896年11月25日），1897年问世于上海的《集成报》

① 《光绪朝东华录》（四），第3631页。

② 《刘坤一遗集》（二）奏疏卷24，第892—893页。

③ 《光绪朝东华录》（四），第3708页。

④ 《光绪朝东华录》（四），第3736—3738页。

第29册曾以“陈枢曹炽请代奏金银钱币疏”为名转载。1897年扫叶山房校印的《皇朝经世文三编》（增附时事洋务）卷17，1898年三鱼书局校印的《富强新书》，也曾收录此文。谭嗣同也曾在《时务报》上读到过该条陈，并误以为是宋育仁所写。① 郑观应的《盛世危言》中也吸收了《铸银条陈》中的一些知识作为自己理论的依据。如陈炽的《铸银条陈》中有“盖人贵我贱，人重我轻，必为人制。我贵人贱，我重人轻，必为制人。人贵我亦贵，人重我亦重，则虽不能制人，而亦可以自立”等语，而在《盛世危言·圜法》（1900年八卷本所增写）中有几乎完全相同的词句。这些都说明了陈炽的条陈得到了朝野的重视，有一定的社会影响力。

戊戌变法失败后，陈炽的论著仍然受到知识界的关注。1901年，清廷为维护摇摇欲坠的封建统治，被迫下令实行“新政”。同年，废八股，改试策论。为适应“应试”的需要，上海县令汪某组织元和顾厚焜编写鉴定了《新政应试必读》六卷四百篇文章（1902年求己斋出版石印本）。该书第六种卷六《五经义》中收录了陈炽的中举试卷。另外，清末新政时期出版的各类经世文编收录了多篇陈炽的论著，以适应知识界对新政的需要。1901年宜今室主人编辑的《皇朝经济文新编》中收录了陈炽的《论病论药说》、《血去无咎说》、《请开艺学科说》等；1902年上海求是斋主人编纂的《皇朝经世文编五集》（宜今室石印本）收录了陈炽《庸书》百篇文章中的95篇（具体篇目可参见附录二）。

---

① 他在给汪康年的信中说：“去年十二册报《铸银条陈》亦未署名，语气颇似宋芸子，是否？并望示悉。”宋芸子即宋育仁。见《汪康年师友书札》（四），第3248页。

陈炽的论著，对一些思想家，如康有为、梁启超等也有所影响。甲午战争后陈炽所上皇帝万言书（《中倭苟且行成，后忧方大，敬陈管见折》），提出战后十条应急措施，而康有为在百日维新中所提出的派游学、设商部、办译书、修铁路等诸多新政措施，都可以原封不动地在陈炽的条陈中找到。[①] 康有为在京师开设强学会与倡议教育从小学做起的主张，都是参考了陈炽的意见。1898 年他所上的《条陈商务折》即是参考了陈炽的《续富国策·商书》中的论点与论据，虽然康有为没有指明（见附录一）。梁启超对陈炽的著作也给予了高度评价，他在《西学书目表》中收录了《庸书》和《续富国策》两书，并在《读西学书法》一文中介绍说："中国人所著言西事之书，所见者……陈次亮之《庸书》、《续富国策》……皆佳者也。"梁启超将陈炽的著作列为"言西事之书"的杰作，呼吁国人认真阅读。1897 年梁启超编辑了"专言西国政治"、"知西人富强之本原"的"近译切要之书"的西政丛书，[②] 其中包括陈炽的《庸书》和《续富国策》。他在《〈史记·货殖列传〉今义》中接受了陈炽对西方经济学的划分法，并与陈炽共同对司马迁的名言"善者因之，其次利导之，其次整齐之，最下者与之争"作了新的解释。

陈炽主要活动在洋务运动和维新变法时期。这段时期，中国一方面加深了半殖民地半封建社会程度，另一方面是推进近代化，发展资本主义，成为知识界的心声。王韬、薛福成、马建忠等人在批评洋务运动弊端的基础上提出了变革思想，成为

---

① 孔祥吉：《晚清史探微》，第 126 页。

② 《申报》（光绪二十三年三月初八日广告）。

中法战争之前呼吁改革的翘楚。当时陈炽只是一个默默无闻的户部小京官，也没有提出有影响的见解，不过他同样孜孜以求国家富强，1894 年成就了《庸书》，与他们表达了同样的见解，被后人列入早期维新思想家的行列。在维新运动中，陈炽不仅是“坐而言”的思想家，而且是“起而行”的政治家。相比在他之前即已成名的马建忠、郑观应、王韬却没有如此的表现。王韬会见过正在筹划上海强学会的康有为，赞赏康氏的改革主张，帮助孙中山润色过上李鸿章书，但并没有参加变法运动的实践。马建忠拜见过翁同龢，列举了当时包括陈炽在内的“通西法者”，但自己可能因作为李鸿章的得意幕僚，而李鸿章已经失势，故在维新运动中基本上没有发表过议论，也没有参加运动的实践。郑观应在维新运动中持观望态度。1898 年 6 月光绪帝召见康有为前，康有为曾当面请教郑观应对实行变法的看法，郑观应答复说:“事速则不达，恐于大局有损无益”,①表现了其对变法的悲观看法，从而持旁观态度。陈炽却不同，他积极参加实践活动，担任了强学会会长，为《时务报》撰稿，与康有为、梁启超商谈变法事宜，其许多思想认识比之康、梁毫不逊色。其实，陈炽与康有为、梁启超、谭嗣同等人的许多认识是相同的。如对妇女缠足与国家富强关系问题的认识、对中日两国在前进道路上的差距。② 对甲午战争以后朝局

① 郑观应：《致经君莲珊书》，《盛世危言后编》卷 15，《郑观应集》（下册），第 1165 页。

② 陈炽在《续富国策·军械之工说》中说：“十五年前，德相毕思马克之言曰，华人之至德者，必询何式之船最坚也，何项之枪炮最精利也。日本不然，专考化、重、光、电诸学及工艺商务之本原，回国之后，皆自能制造。”梁启超在《变法通议·论变法不知本原之害》、康有为在《日本书目志》皆有类似的见解。

的认识，陈炽也有独特的一面。当时严复认为西方社会的富强归功于高素质的国民，“国之强弱贫富治乱者，其民力、民智、民德三者之征验也”；[①] 梁启超发表《变法通议》强调变官制、育人才，“救时之政治主张，归结于变科举、兴学校”，“救时之学术主张，归结于中西学并重”；[②] 而陈炽看到的则主要是经济改革的问题。在改革大潮中能够注意到经济问题是非常难得的，但是对政治问题的畏首畏尾，在一定程度上阻碍了他的思想的进步。

陈炽处在一种“学问饥荒”的环境中，“固有之旧思想，既深根固蒂，而外来之新思想，又来源浅觳，汲而易竭，其支绌灭裂，固亦然矣”。[③] 陈炽虽对当时社会矛盾时弊作了许多论述，其中对一些问题的认识也“已经达到了相当的深度”[④]。不过，陈炽作为清政府内部的一名官僚，接受过多年的封建正统教育，自然把自己的政治命运与清廷紧密地联系在一起。1892 年他即说过，“后嗣子孙，为善读书，勿忝先绪，其服官于外者，亦时时以忠君爱国、利人济物为心”。[⑤] 自己做官时即躬行实践之。维新运动时对皇帝忠心耿耿，如在康有为创立保国会时，他告诉康有为“皇上实英明通达，过于群臣”，被康有为认为是“颂圣之言”[⑥]。近代中西文化碰撞之际，他与许多先进之士一样，对中国的富强进行了种种探索，不过他又

① 严复：《原强修订稿》，《严复集》（一），第 25 页。

② 杨复礼：《梁启超年谱》，《戊戌变法》（四），第 171—172 页。

③ 梁启超：《清代学术概论》，第 97 页。

④ 王宪明等：《戊戌变法史述论稿》，清华大学出版社 2001 年版，第 55 页。

⑤ 陈炽：《宁都州城内白溪陈氏俊卿祠堂记》，《陈炽集》，第 300 页。

⑥ 黄章健：《戊戌变法史研究》，台北中央研究院历史语言研究所 1970 年版，第 2 页。

不能摆脱封建束缚，中体西用思想明显，如提倡兴办新式学校，但又要求学生所学内容应“体用兼备”，即既懂“孔孟之道”，又学有专长。这并没有超出当时的“中学为体，西学为用”的文化指导原则。他对封建礼教津津乐道，与康有为、谭嗣同、何启、胡礼垣的批判三纲五常相比有点落后。王韬曾疾呼“时文不废，天下不治”，郑观应也猛烈批评科举制的弊端，而陈炽不主张废除科举制度，认为科举制度“深合于古人敷奏以言之义，此郡县之天下至当不易之良规”，为国家培养了大批人才，所以“科目之制，变而通之，推而广之，可也，因而废之，不可也”。另外，为了减轻办西学教育的阻力，他打着“礼失求诸野”的旗号，从儒家颂扬的三代中去寻找依据，穿凿附会。对于这一点，美国学者列文森在剖析中国近代知识分子的思想状态时曾提及，中国知识分子在思想转变过程中有一个理智与情感的分离，即在理智上他们毫无疑问地承认西方价值，但在情感上便免不了对儒家旧说缱绻不舍。① 这同样适合陈炽的教育思想。不过，我们不能求全责备。冯友兰指出：“历史学家知人论世，对于历史人物的评价应该着重在超过他的前人之处，不应该纠缠在他不及他的后人之处。历史的发展日新月异，特别在近代尤为迅速，前人不及后人又何待言。”② 陈炽的教育思想因时代和阶级的局限，其缺陷明显可见，但相对当时的社会，仍然是比较进步的，并为戊戌维新运动提供了丰富资料。由于时代局限性，陈炽的经济言论也存在着不少不切实际的东西，实行起来有一定困难。皮锡瑞在 1897 年 9 月

① 转引自张海林：《王韬评传》，南京大学出版社 1993 年版，第 349 页。

② 冯友兰：《中国哲学史新编》第 6 册，人民出版社 1989 年版，第 149 页。

20日日记中曾说过．“阅‘庸书’、‘富国策’，多可行者，然统筹全局，权其先后缓急之序，一一如指诸掌，终以南海之四上书为最。”①

陈炽去世后，其生前好友赵炳麟作《陈农部传》，对陈炽一生作了简单的总结，并在结尾评价道，“世之将治也，豪杰有志之士，率皆云兴霞起，敷赞嘉猷，求志达道，各遂其欲而去。及将乱也，豪杰志士，往往抑塞穷途，冤结郁轸，以至于老且死。呜呼！十余年来，吾同心同志若江标、陈炽之徒，或隐或死，或寒心远蹈，不知其几十百矣。神州陆沉，伊于何底，述其梗概，不胜惨然！”既是对时事的感慨，也是对陈炽等好友未酬其志的悲伤。后来由于社会动荡，义和团运动，八国联军侵华，唐才常领导的自立军起义，孙中山领导的民主革命，此起彼伏。清廷在动荡之机被迫拾起了前期所绞杀的维新派的大旗，开始实行“新政”。但清王朝再也不能担负起改革的历史使命，在辛亥革命一役中，皇冠被革命军的炮火打翻在地，验证了陈炽十几年前在上皇帝万言书中所指出的若不及时改革，国家将会有四分五裂的危险的预言。此后，陈炽毕生呼吁的发展经济的设想也暂被放在了一边，不过其价值犹存。正如毛泽东所说：“在一个半殖民地的、半封建的、分裂的中国里，要想发展工业，建设国防，福利人民，求得国家的富强，多少年来多少人做过这种梦，但是一概幻灭了。……这是好消息，这种幼稚的梦的幻灭，正是中国富强的起点。”② 陈炽对

① 皮锡瑞：《师伏堂未刊日记》，《湖南历史资料》1958年4月。

② 毛泽东：《论联合政府》，《毛泽东选集》第3卷，人民出版社1991年版，第1080页。

中国近代化的探索虽没能在当时实现，但是这种“梦”中的留学教育思想，注重农业生态保护，发展农矿工商业等思想是一笔宝贵的财富，对中国经济的发展和现实有着借鉴意义。

主要参考文献

一、史料

1. 赵树贵、曾丽雅编：《陈炽集》，中华书局 1997 年版。

2. 陈炽：《上清帝万言书》，载孔祥吉：《晚清史探微》，巴蜀书社 2001 年版。

3. 陈炽：《褭春林屋诗》，清刻本。

4. 陈炽：《云簃词录》，清抄本。

5. 陈炽：《簪笔集》，清抄本。

6. 胡珠生编：《宋恕集》，中华书局 1993 年版。

7. 胡珠生编：《陈虬集》，浙江人民出版社 1992 年版。

8. 汪叔子编：《文廷式集》，中华书局 1993 年版。

9. 夏东元编：《郑观应集》（上、下），上海人民出版社 1982、1988 年版。

10. 冯桂芬：《校邠庐抗议》，辽宁人民出版社 1994 年版。

11. 汤震：《危言》，光绪十六年石印本。

12. 汤震：《危言》，光绪二十一年石印本。

13. 宋育仁：《泰西各国采风记》，光绪二十一年袖海山房石印本。

14. 宋育仁：《哀怨集》，宣统庚申年印本。

15. 陈三立：《散原精舍诗》，上海商务印书馆 1926 年版。

16. 陈三立：《散原精舍文集》，辽宁教育出版社 1998 年版。

17. 刘锡鸿：《刘锡鸿遗著》，台湾文海出版社 1972 年版。

18. 刘锡鸿：《英轺私记》，岳麓书社 1986 年版。

19. 邵作舟：《邵氏危言》，清光绪二十四年上海商务印书馆本。

20. 丁凤麟编：《薛福成选集》，上海人民出版社 1987 年版。

21. 薛福成：《出使英法义比四国日记》，岳麓书社 1985 年版。

22. 王韬：《弢园文录外编》，中州古籍出版社 1998 年版。

23. 王韬：《弢园尺牍》，光绪十九年淞隐庐铅印本。

24. 马建忠：《适可斋记言》，辽宁人民出版社 1994 年版。

25. 何启、胡礼垣：《新政真诠》，辽宁人民出版社 1994 年版。

26. 李圭：《环游地球新录》，岳麓书社 1985 年版。

27. 孙宝瑄：《忘山庐日记》，上海古籍出版社 1983 年版。

28. 郑孝胥：《郑孝胥日记》，中华书局 1993 年版。

29. 陈义杰整理：《翁同龢日记》，中华书局 1989－1998 年版。

30. 梁启超：《饮冰室合集》，中华书局 1989 年版。

31. 汪凤藻译：《富国策》，光绪六年同文馆聚珍版。

32. 傅兰雅：《富国须知》，光绪十八年镌刻本。

33. 江标：《经济实学考》，光绪二十三年上海博济书局石印本。

34. 王伯恭:《蜷庐随笔》,无冰阁铅印本(时间未详)。

35. 中国史学会主编:《洋务运动》,上海人民出版社1961年版。

36. 中国史学会主编:《戊戌变法》,上海人民出版社1957年版。

37. 朱寿朋编:《光绪朝东华录》(全五册),中华书局1958年版。

38. 赵靖、易梦虹:《中国近代经济思想资料选辑》,中华书局1982年版。

39. 孙毓棠:《中国近代工业史资料》(1840—1895)第1辑,中华书局1962年版。

40. 彭泽益:《中国近代手工业史资料》(1840—1949),中华书局1962年版。

41. 姚贤镐:《中国近代对外贸易史资料》(1840—1895),中华书局1962年版。

42. 李文治:《中国近代农业史资料》(1840—1911),北京三联书店1957年版。

43. 李允俊:《晚清经济史编年》,上海古籍出版社2000年版。

44. 徐世昌:《晚晴簃诗汇》(4册),中国书店1988年影印本。

45. 陈绍闻:《中国近代经济文选》,上海人民出版社1984年版。

46. 麦孟华:《皇朝经世文新编》,光绪二十八年上海古香阁石印本。

47. 陈忠倚:《皇朝经世文三编》,光绪二十七年上海书局石印本。

48.《汪康年师友书札》(1—4 册),上海古籍出版社 1986—1989 年版。

49. 朱有瓛:《中国近代学制史料》,第 1 辑(上册),华东师范大学出版社 1983 年版。

50. 高时良:《中国近代教育史资料汇编·洋务运动时期的教育》,上海教育出版社 1992 年版。

51. [英] 亚当·斯密著,郭大力、王亚南译:《国民财富的性质和原因的研究》(上、下),商务印书馆 1972—1974 年版。

52. [英] 亚当·斯密著,严复译:《原富》,商务印书馆 1981 年版。

53. Hon. Henry Fawcett : manual of political economy, London, 1883.

二、报纸

《万国公报》、《时务报》、《申报》、《知新报》、《新学月报》、《湘报》、《无锡白话报》、《集成报》、《经济学季刊》

三、近人论著

1. 李双璧:《从经世到启蒙:中国近代变革思想演进的历史考察》,中国展望出版社 1992 年版。

2. 胡寄窗:《政治经济学前史》,辽宁人民出版社 1988 年版。

3. 唐庆增:《中国经济思想史》上卷,商务印书馆 1936 年版。

4. 胡寄窗：《中国经济思想史》（三卷本），上海人民出版社 1962—1981 年版。

5. 赵靖主编：《中国经济思想通史》（1—4），北京大学出版社 1991—1998 年版。

6. 赵靖、易梦虹：《中国近代经济思想史》，中华书局 1963—1981 年版。

7. 叶世昌：《近代中国经济思想史》，上海人民出版社 1998 年版。

8. 叶世昌、施正康：《中国近代市场经济思想》，复旦大学出版社 1998 年版。

9. 侯厚吉、吴其敬主编：《中国近代经济思想史稿》，黑龙江人民出版社 1982—1984 年版。

10. 许涤新、吴承明主编：《中国资本主义发展史》（三卷），人民出版社 1985、1990、1993 年版。

11. 赵丰田：《晚清五十年经济思想史》，哈佛燕京学社 1939 年版。

12. 孙健：《中国经济史——近代部分》，中国人民大学出版社 1989 年版。

13. 吴易风：《英国古典经济理论》，商务印书馆 1988 年版。

14. 周好：《中国近代经世派与经世思潮研究》，广东人民出版社 1999 年版。

15. 郝侠君等：《中西五百年比较》（增订本），中国工人出版社 1996 年版。

16. 孙广德：《晚清传统与西化的争论》，台湾商务印书馆 1982 年版。

17. 汪敬虞:《十九世纪西方资本主义对中国的经济侵略》,人民出版社 1983 年版。

18. 谈敏:《法国重农学派学说的中国渊源》,上海人民出版社 1992 年版。

19. 张鸿翼:《儒家经济伦理》,湖南教育出版社 1989 年版。

20. [法] 涂尔干著,渠东译:《社会分工论》,三联书店 2000 年版。

21. [德] M·韦伯著,林荣远译:《经济与社会》,商务印书馆 1997 年版。

22. [英] 大卫·李嘉图:《政治经济学及赋税原理》(中译本),商务印书馆 1962 年版。

23. [英] 斯坦利·杰文斯:《政治经济学理论》(中译本),商务印书馆 1984 年版。

24. [英] 约翰·穆勒:《政治经济学原理及其在社会哲学上的若干应用》(中译本),商务印书馆 1991 年版。

25. 熊月之:《西学东渐与晚清社会》,上海人民出版社 1994 年版。

26. 熊月之:《中国近代民主思想史》,上海人民出版社 1986 年版。

27. 乔洪武:《正谊谋利》,商务印书馆 2000 年版。

28. 周建波:《洋务运动与中国早期现代化思想》,山东人民出版社 2001 年版。

29. 林家有:《孙中山和中国近代化道路研究》,广东教育出版社 1999 年版。

30. 丁凤麟:《薛福成评传》,南京大学出版社 1998 年版。

31. 厉以宁：《经济学的伦理问题》，北京三联书店 1995 年版。

32. 田涛：《国际法输入与晚清中国》，济南出版社 2001 年版。

33. 许大龄：《清代捐纳制度》，燕京大学出版社 1950 年版。

34. 沈兼士：《中国考铨制度论丛》，台湾商务印书馆 1990 年版。

35. 王立新：《美国传教士与晚清中国现代化》，天津人民出版社 1997 年版。

36. 王大庆：《古代中国经济思想中的“本”、“末”观》，北京师范大学 2001 届博士论文未刊本。

37. 郑海麟：《黄遵宪与近代中国》，生活·读书·新知三联书店 1988 年版。

38. 王树槐：《外人与戊戌变法》，上海书店 1998 年版。

39. 廖梅：《汪康年：从民权论到文化保守主义》，上海古籍出版社 2001 年版。

40. 李泽厚：《中国近代思想史论》，人民出版社 1979 年版。

41. 汤志钧：《戊戌变法史》，人民出版社 1984 年版。

42. 汤志钧：《戊戌变法人物传稿》（增订本），中华书局 1982 年版。

43. 李少军：《魏源与冯桂芬》，湖北教育出版社 2000 年版。

44. 郭廷以：《近代中国的变局》，台北联经出版事业公司 1987 年版。

45. 汪荣祖:《晚清变法思想论丛》，台北联经出版事业公司 1983 年版。

46. 吴廷嘉:《戊戌思潮纵横谈》，中国人民大学出版社 1988 年版。

47. 邹振环:《影响中国近代社会的一百种译作》，中国对外翻译出版公司 1996 年版。

48. 萧公权:《中国政治思想史》，辽宁教育出版社 2000 年版。

49. 萧公权:《近代中国与新世界:康有为变法与大同思想研究》，江苏人民出版社 1997 年版。

50. 李玉:《晚清公司制度建设研究》，人民出版社 2002 年版。

51. 周志初:《晚清财政经济研究》，齐鲁书社 2002 年版。

52. 朱英:《晚清经济政策与改革措施》，华中师范大学出版社 1996 年版。

53. 费正清等编:《剑桥中国晚清史》(中译本)，中国社会科学出版社 1985 年版。

54. 龚书铎主编:《中国近代文化概论》，中华书局 1997 年版。

55. 王晓秋主编:《戊戌维新与近代中国的改革》，社会科学文献出版社 2000 年版。

56. 胡寄窗主编:《西方经济学说史》，立信会计图书用品社 1991 年版。

57.《集雨窖文丛——中国经济思想史学会成立 20 周年纪念文集》，北京大学出版社 2000 年版。

58. 戴金珊:《中国近代资产阶级经济发展思想》，福建人民出版社 1998 年版。

59. 施永康、陈文亮：《中国近代改革开放经济思想史》，福建教育出版社 2000 年版。

60. 阎广芬：《经商与办学——近代商人教育研究》，河北教育出版社 2001 年版。

61. ［日］三石善吉著，李遇玫译：《中国的千年王国》，上海三联书店 1997 年版。

62. ［日］小野川秀美著，林明德、黄福庆译：《晚清政治思想研究》，台北时报文化出版事业有限公司 1982 年版。

附录一

《条陈商务折》与《续富国策·商书》对照表

《条陈商务折》（康有为）	《续富国策·商书》（陈炽）
商之源在矿，商之本在农，商之用在工，商之气在路。	商之本在农……商之源在矿……商之体用在工……（《创立商部说》）
湖南、山西一省之煤，可敌一英国。	湖南、山西，一省之煤，均可敌英国一国。（《分塥采煤说》）
金沙江两岸，流泉滴沥，并是煤油，四川火井，皆油井也，地不爱宝，吾自有而弃之。	金沙江两岸，流泉滴沥，半系煤油，华人不知取用。四川盐井，熬盐所用之火井，即油井也。中国自有煤油，不知开采，而甘以白金二千万，岁畀诸异国之人。（《石油石盐说》）
西南各省有金刚钻，和阗、西藏、川、滇有白玉、翠玉、碧霞、玛瑙、水晶、五色宝石，其他砚石、纹石、大理石、像石、浮石，何在不可加以精工，易彼金银。	西人考金刚钻石为最古煤层之坚木所成……此物中国西南各省均有之……白玉、翠玉、碧霞玼、玛瑙、水晶及五色宝石之类，产于和阗、西藏、川、滇各省……至于砺石、砚石、泥石、沙石、云石、纹石、桃花石、大理石、磨石、碑石、像石、浮石之属……各有专工……易彼金银。（《攻金之工说》）

续表

《条陈商务折》(康有为)	《续富国策·商书》(陈炽)
粤之龙眼，闽之荔枝，新会之橙，温福之橘，洞庭之柑，江浙之枇杷杨梅，燕齐之梨枣，岁销皆百十万。	中国广东之龙眼，闽省之荔枝，新会之橙，温州福州之橘，洞庭之柑，江浙之枇杷、杨梅，山东之梨枣，直隶之葡萄、苹果，每岁所获之利，皆以数十万百万计。(《种果宜人说》)
樟脑施之于药，可增力五千倍，故鱼雷、地雷、水雷各炸药，非樟脑不为功。	西人所制炸药，无论用何物配制，其涨力大至二千五百倍而止，后有化学师搀入樟脑，而涨力陡增至五千倍，故鱼雷、地雷、水雷等各炸药，非樟脑不为功。(《种樟熬脑说》)
天津出口之羊毛骆驼绒，价廉物贱，因不谙收储剪剔，故西人运归织造毡绒，售我重价，岁销大呢羽毛洋毡法兰绒二千万金。若能于天津、山海关、漠河、七厅、蒙古等处，设立围场，驼绒羊毛，如法收剪，购机设厂，织造毡绒，务与俄、英同美，中国食贱物廉，又有转运，必可销售。	天津出口之羊毛骆驼绒，价廉物贱，因不谙收储剪剔而然。西人运归本国，织造毡绒，售我重价，岁销大呢、羽毛洋毡、法兰绒等项，不下二千万金。……苟于辽沈、山海关、天津等近海之处，筹集股本，设立围场，驼绒羊毛如法收剪，购机设厂，织造毡绒，务与俄英同其精美，中国食物既贱，人工更廉，又省数万里转运之费，较西洋货价必可减半销售。(《畜牧养民说》)

续表

《条陈商务折》(康有为)	《续富国策·商书》(陈炽)
大抵中国之土产、矿产、工作三事，患我无货，不患不销；患我不运售，不患彼不收买；患我不精良，不患彼不好尚。	土产、矿金、工作三事，患我无货，不患不销，患我之不能运售，不患彼之不能收买。(《遍驶轮舟说》)
西人商务皆本于学，驾驶则有水师学堂，轮车则有铁路学堂，电报则有电报学堂，丝业则有蚕桑学堂，制茶、制糖、制磁、制酒、开煤、炼钢、纺纱、织布，无不有学堂，每创一业，必立一学堂，故一材一艺之微，万事万物之赜，皆由于学，故能精新。	西人……人才之众多则皆出于商学……如轮船公司，则有管轮学堂也，驾驶学堂也……轮车则有铁路学堂也，电报则有电报学堂也，丝业则有蚕桑学堂也，制茶、制糖、制磁、制酒、制一切食用各物，无不有学堂，开煤炼钢则有煤铁学堂也，纺纱织布则有织作学堂也。每创一业必立学堂……一材一艺之微，万事万物之赜，无不考求整顿，精益求精，遂能创开大利之源。(《分建学堂说》)
宜开局讲求，自内国之中，外国之情，土产若何，矿质若何，工艺制造若何，及税则之轻重，价值之低昂，转运之难易，天时之寒暖，地利之险彝，何道而浮费可省，何法而利源可兴，何经营而贸易可旺，何物可畅销，何物可自制，何方之货物最多，何国之措施最善，荟萃诸法，草定章程，行之各省埠。	中外各国之土产若何，矿质若何，工艺制造若何……价值之低昂，转运之难易，天时之寒暖，地利之险夷……何道而费可省，应用何法而利可兴，应作何整顿经营而贸易可旺……税则之制或重或轻……何方之货物最多，何国之措施最善，然后荟萃诸法……奏定章程，通行天下。(《考察商途说》)

附录二

各类经世（经济）文编收录陈炽文章表

叙例作者	文编编辑者、文编名及辑书年代、出版地	陈炽文章篇名
	甘韩 《皇朝经世文新增续编》 光绪二十三年（1897年） 上海扫叶山房石印本	中日之战六国皆失算论
	麦仲华 《皇朝经世文新编》 光绪二十四年（1898年） 上海大同译书局石印本	仿设巡捕说、修举火政说、种树富民说、葡萄制酒说、种竹造纸说、种樟熬脑说、种木成材说、畜牧养民说、劝工强国说、艺成于学说、工艺养民说、创立商部说、酌增领事说、通用金镑说、铸银条陈、种果（原书误为“菜”）宜人说、拓（原书误为“柘”）充渔务说
陈忠倚（字香隐，江苏人）	陈忠倚 《皇朝经世文三编》 光绪戊戌年（1898年） 宝文书局石印本	铸银条陈、上善后事宜疏、中日之战六国皆失算论、贵私贵虚论

续表

叙例作者	文编编辑者、文编名及辑书年代、出版地	陈炽文章篇名
汤寿潜	邵之棠 《皇朝经世文统编》 光绪二十七年（1901年） 上海慎记书庄石印本	种樟熬脑说、种竹造纸说、葡萄制酒说、畜牧养民说
	宜今室主人 《皇朝经济文新编》 光绪二十七年五月 （1901年6月） 上海宜今室石印本	讲求农学说、种茶制茗说、种烟加非说、水利富国说、种树富民说、种木成材说、种橡制胶说、种果宜人说、种竹造纸说、种樟熬脑说、柘充鱼务说、种棉轧花说、治道之工说、制机之工说、军械之工说、器用之工说、饮食之工说、织工之工说、攻木之工说、攻金之工说、艺成于学说、劝工强国说、急修铁路说、商改税则说、博物开会说、酌增领事说、通用金榜说、纠集公司说、考察商途说、创立商部说、取土制磁说、炼石陶砖说、大兴铁政说、就银铸钱说、石油石盐说、开山伐石说、披沙拣金说、分塥采煤说、精究地学说、维持矿政说、开矿禁铜说、论病论药说、血去无咎说、铸银条陈、请开艺学科说、俄人国势酷类强秦论、精技艺以致富说（存疑）、蚕桑

续表

叙例作者	文编编辑者、文编名及辑书年代、出版地	陈炽文章篇名
	求自强斋主人 《皇朝经济文编》 光绪二十七年（1901 年）秋 上海慎记书庄石印本	古今工程异同说（存疑） 上善后事宜疏
	求是斋主人 《皇朝经世文编五集》 光绪二十八年（1902 年） 上海宜今室石印本	自强、妇学、育才、西书、西法、图籍、海图、学校、太学、书院、议院、名实、考绩、停捐、三署、公法、使才、刑法、保甲、巡捕、养廉、行取、乡官、翰林、例案、胥役、勇营、民兵、额兵、炮台、慎战、水利、河防、海口、税则、税司、厘金、烟税、农政、蚕桑、渠树、艺科、天文、电学、西医、格致、铁政、卝人、铁路、商务、商部、利源、圜法、交钞、轮船、公司、报馆、驿传、边防、龙江、奉吉、朝鲜、东海、屯田、金山、新疆、河源、青海、西藏、三省、八旗、蒙古、暹罗、台湾、南洋、合纵、法美、葱岭、养民、教养、教民、仓储、和籴、游历、虞衡、赛会、编审、善堂、旅人、渔团、自立、审机、圣道、自叙、重译富国策叙、总论、三要、人功、资本、分合、铸银条陈

续表

叙例作者	文编编辑者、文编名及辑书年代、出版地	陈炽文章篇名
	《经济通考续集》 光绪二十九年（1903 年） 啸儒书斋刻本	算学天学说、化学重学说、光学电学说
张之洞 宋育仁	于宝轩 《皇朝蓄艾文编》 光绪二十九年（1903 年） 上海官书局铅印本	呈请代奏振兴茶务疏（即陈炽的《茶务条陈》）、重译富国策叙、种桑育蚕说、种橡制胶说、种棉轧花说、石油石盐说、攻金之工说、取土制磁说、精究地学说

注：《种桑育蚕说》、《蚕桑》两文在《皇朝经济文新编·农政》中署名为孔昭朗和程潽，皆误（经世文编中许多文章的作者署名有误，需要仔细分辨）。另外陈炽的《上善后事宜疏》曾载曲阜鲁阳生孔广德编《普天忠愤集》卷二，光绪二十一年（1895 年）孟冬刻本；《酌增领事说》载张煜南《海国公辑录》卷四，光绪二十四年（1898 年）刻本。《中日之战六国皆失算论》收录在《中日战争资料》（台北文海出版社 1967 年版）、《近代中国对西方列强认识资料汇编》（第 4 辑第 2 册，台北中央研究院近代史所 1987 年刊本）、《中日甲午战争研究论著索引》（齐鲁书社 1994 年版，第 125 页将该文误认为为汪康年所写）。《学校》等收编在中国近代史资料丛刊《戊戌变法》，《名实》、《自强》、《教养》、《学校》、《太学》、《书院》、《西书》、《艺科》、《格致》、《妇学》，载陈景磐、陈学恂主编《清代后期教育论著选》上册（人民教育出版社 1997 年版）。

附录三

《陈炽集》编误举例

一、点校错误

（一）《庸书》外篇卷下中的《使才》，见《陈炽集》第112页载："夫子曰：'行己有耻，使于四方，不辱君命，可谓士矣。'又曰：'诵诗三百，授之以政不达，使于四方不能，专对虽多，亦奚以为知。'"

按此两句引文均出自《论语·子路》，前一句没有疑问，而第二句编者却点校错了，原文本义是能够把诗经三百篇背诵下来，叫他管理政事却搞不明白；叫他出使四方却不能独立地应对；这样，背诵的虽然多，又有何用处呢？所以本句的正确点校应为"诵诗三百，授之以政，不达；使于四方，不能专对；虽多，亦奚以为？"而"知"字应为下一句的首字，即"知行人一职"。

（二）《庸书》外篇卷下《刑法》篇，《陈炽集》116页载："《周礼》有罪者坐诸嘉石，役诸司空，重罪旬有三日坐期，役其次，九月，七月，五月，三月使州里任之，则囿而舍之。"按该句之意出自《周礼·秋官·司寇》，其中嘉石为有文理的石头之意；坐即跪；期，此处为服一年之役，与古代《墨子·公孟》中"伯父叔父兄弟期"的"期"有相同之意。全句意思为据《周礼》载，让有罪之人跪在嘉石上示众然后交给司空罚作劳役。情节严重的，在嘉石上跪十三天，再服一年劳役；该句正确校点为："有罪者坐诸嘉石，役诸司空。重罪，旬有三日坐，期役；其次，九月，七月，五月，三月；使州里任之，则囿而舍之。”

二、编纂错误列表

页码	错误之处内容	正确修改后	引证史料
5	《庸书》目次中外篇卷下《海国》	《海国》应为《海图》（《陈炽集》119页写为“海图”）	光绪间文茂山房刊本
19	汲汲然以教养为先，务治天下如国（《庸书·教养》）	应为“教养为先务，治天下如国”	
21	“军兴而后，淮勇公驻津沽”（《庸书·水利》）	应为“淮勇分驻津沽”	光绪间文茂山房刊本
24	“自刘石构乱，历十六国”（《庸书·和籴》）	“刘石”不能连写，应分开：“刘、石”，原因是所指两人：刘渊与石勒	
147	“而我猜而防之也”，“上下一心，讲术而得”（《续富国策·自叙》）	“猜”应为“猜”，“术”字应改为“求”	
203	“我圣祖仁皇帝学贯天人，御制历象，考成数理，精蕴诸书”（《续富国策·算学天学说》）	应为“御制《历象考成》、《数理精蕴》诸书”	
275	“天下事知之非艰，行之维难。……加以读佛经之法读之”（《重译富国策·叙》）	“行之维艰”；“加”字应改为“如”	《时务报》第15册（1896年12月25日）

续表

页码	错误之处内容	正确修改后	引证史料
276	“遗地十余里”（《重译富国策·总论》）	“遗”字应改为“迁”	《时务报》第15册
277	“自然之机，不竭之源”（《重译富国策·三要》）	“机”字应改为“利”	同上
282	“澳大利亚之草旧”、“农人读书识书”（《重译富国策·分合》）	“旧”字应改为“田”，“书”字应改为“字”	《时务报》第16册
286	“英国揶佛一郡”、“遂举国上腴”（《重译富国策·损益》）	“揶”应改为“挪”，后一句“遂”字后漏一“为”字	《时务报》第19册
293	“木工之勤，过于煤矿”（《重译富国策·工价》）	“矿”字应改为“工”	《时务报》第25册
318	“而且后瞠快枪、陆路快炮，克虏伯厂之名号”（《美德宜力保大局说》）	“后瞠快枪”中的“瞠”字应是“膛”	《知新报》第20册（1897年5月31日）
333	“招满举人、恩拔副岁优贡生”（《请开艺学科学》）	应为“招满、举人，恩、拔、副、岁、优”	《筹办夷务始末》（同治朝）卷46
355	“自上上下下无一不揣摩迎合”（《致汪康年书》）	“自上下下无一不揣摩迎合”，去掉一“上”字	《陈炽集》插页《陈炽致汪康年书》（二）
361	“远忆将向益，孤飞病未能”（《偶作呈元侠》）	“向”字应改为“何”	徐世昌《晚晴簃诗汇》（四）卷174
366	“避哉怀古心，太息竟如何”（《感事》）	“避”应是“遐”字之误	同上

续表

页码	错误之处内容	正确修改后	引证史料
384	“计偕三上，仍不策……县故假万山中”	“策”应为“第”，“假”应是“僻”	《散原精舍文集》卷4，辽宁教育出版社1998年版
385	“旧著《庸书》内外百篇……仅复于古今盛衰之故”（《陈农部传》）	“旧”字应改为“归”，“仅”字应改为“反”	《赵伯岩集》（三）《伯岩文存》，台湾文海出版社1969年版
389	“昔陈郎中次亮与其友人在江西开制纸局，赢利二十万”	“赢利二十万”应为“赢利二十余万”	康有为《中国商务公司缘起》载《康有为与保皇会》，上海人民出版社1982年版，第276页
396	“内有涉翁氏名者八句”	“八”字应改为“一”	《翁同龢日记》（六），第3015页

附录四

陈炽年谱简编[①]

咸丰五年（1855 年）　　　一岁

5 月 22 日（农历四月初七日），生于江西瑞金县瑞林乡禾塘村。原名家瑶，后改为炽，字克昌，号次亮，又号用挈、褒中居士、通正斋生、瑶林馆主。

曾祖，岁贡生，例赐举人，世称陶轩先生，曾有诗文若干卷问世。父陈惟楫，字蔚堂，清同治癸酉科举人；母某，赠恭人。弟焘，拔贡生，曾任候选知县。

同治十二年（1873 年）　　　十九岁

参加省试合格，选作拔贡。同年，黄遵宪考取“拔贡生”。

梁启超生。

同治十三年（1874 年）　　　二十岁

赴京朝考获得一等第四名，钦点七品小京官，签分户部山东清吏司。

在京师结识江西新建人陶福祖。

日本侵略台湾事件发生。清廷海防大讨论。

光绪元年（1875 年）　　　二十一岁

与江西丰城欧阳元斋结识。为萍乡文韫山题写条屏。

光绪帝承嗣帝位。

---

① 该年谱的编写参考赵树贵撰《陈炽年谱简编》。

薛福成上《应诏陈言疏》。

光绪四年（1878 年）　　　　二十四岁

休假在家。为里坑族人陈氏四修族谱撰写序文。

光绪五年（1879 年）　　　　二十五岁

仍在家休假。

薛福成撰《筹洋刍议》。

严复从英国学成归国，在马江船政学堂担任教员。

日本吞并琉球，改为冲绳县。

光绪七年（1881 年）　　　　二十七岁

是年夏季，为济助应考生员秀才，与邑人钟小溪、杨云樵等筹款倡设宾兴会。同时，为乾隆年间瑞金先哲罗有高《尊闻居士集》撰跋。后因事到省城，与江西新建人勒深之、陶福祝一起开办诗会。

光绪八年（1882 年）　　　　二十八岁

应乡试中举，作《三江既入义》卷。

光绪十年（1884 年）　　　　三十岁

游历四方。

薛福成授宁绍台道，奔赴浙东抗法前线。

光绪十一年（1885 年）　　　　三十一岁

以户部山东司七品京官之职上书李鸿章，谈论朝鲜内乱问题。

在京与文廷式、盛昱、张孝谦、杨锐、沈曾植兄弟交游。

薛福成《筹洋刍议》刻印出版。

光绪十二年（1886 年）　　　　三十二岁

参加军机章京考试，名列八人首位。任户部额外司员。

与郑孝胥、文廷式等在义胜居聚会。

翁同龢由工部尚书改任户部尚书。

光绪十三年（1887 年）　　　　三十三岁

是年黄河从郑州决口，灾及三省，朝野震惊。陈炽呈送翁同龢议河说帖，管陈已见。

光绪十四年（1888 年）　　　　三十四岁

康有为第一次上书皇帝请求变法，提出“变成法，通下情，慎左右”三事。

光绪十五年（1889 年）　　　　三十五岁

慈禧太后“归政”，光绪帝“亲政”，奖擢有劳人员，陈炽即在此列，并以户部主事即补。

在京师结识黄遵宪。

光绪十六年（1890 年）　　　　三十六岁

与毛实君、陈竹香、刘镐仲、文廷式诸友交游。冬，就铁路、朝鲜问题上书陈宝箴。

光绪十七年（1891 年）　　　　三十七岁

二月，翁同龢因滑跌致伤而卧，陈炽曾送其跌打药方。

三月，陈炽就筹饷之事致翁同龢说帖。

秋，任职户部四川司员外郎兼值军机章京汉头班。

冬，因父丧请假回到原籍。

光绪十八年（1892 年）　　　　三十八岁

春，为广东香山郑观应参订《盛世危言》一书。

夏，为宁都州城内白溪陈氏俊卿祠堂撰记，为瑞金合邑宾兴谱撰序。

秋，在籍为父营葬，曾致书陈三立为其父撰墓志铭。参与筹建瑞林禾塘宗祠，并为之题写“天马山庄”匾额。

冬，为其父友陈为理撰写墓志铭。

是年，康有为开始在广州长兴里讲学，不久其所撰《新学伪经考》梓行。

光绪十九年（1893年）　　　　三十九岁

为郑观应《盛世危言》撰序，同时开始撰写《庸书》。

光绪二十年（1894年）　　　　四十岁

春，与好友陈三立游览庐山，并相约卜筑偕隐事。为九江烟水亭题写“胜迹表宫亭，况恰当庐阜南横，大江东去；平湖满烟月，谁补种四围杨柳，十里荷花”的联语。

秋，上书刘坤一，陈言军国大计。

是年秋，中日甲午战争爆发。

光绪二十一年（1895年）　　　　四十一岁

一月，在上海就发给翁同龢论时事电，翁氏阅后称其“通才”。三月，所著《庸书》为翁同龢呈送光绪帝御览，不久上呈翁同龢封事八条，为翁氏所称赞。

以服阕返京复官，仍供职户部兼任军机章京。

结交康有为、梁启超等维新志士。

三月，清政府派李鸿章与日本签订《马关条约》。康有为、梁启超等鼓动广东、福建举人上书拒和。俄、德、法三国干涉日本割占中国的辽东半岛。

四月，康有为联合各省举人发起“公车上书”，请求“下诏鼓天下之气”、“迁都定天下之本”、“练兵强天下之势”、“变法成天下之治”。

五月，光绪帝下诏求言，陈炽上万言书，提出七项善后措施。受甲午战争失败的刺激，翁同龢倾向于变法，当他与康有为讨论变法之事时，先由陈炽起草了十二条新政措施。康有为因翁氏对变法逡巡未有所应而屡函促责时，陈炽奉翁氏之命拜访康有为，代致谢答。

七月，与康有为、文廷式等在京师成立强学会，被举为提调。曾致函翁同龢，责其因循，言辞痛切。

八月，因强学会和报纸议论引起守旧者诽谤，谣传将有弹劾康有为之举，于是告诉康有为，让其离京暂避。因康有为即将南归，偕同沈曾植、文廷式等公饯唱戏，以为康氏饯行，并为之送行，赠其盘缠。

九月，为英国传教士李提摩太起草《新政策》。

秋，王伯恭、康有为先后到其西珠氏口寓所造访。

冬，京师强学书局开局，以“总董”、“正董”总摄局务，多次赴书局集众议事。曾连日致函翁同龢，并将所撰《茶务条陈》呈请翁氏代递上达。

光绪二十二年（1896 年） 四十二岁

春，京师强学书局因御史杨崇伊弹劾“植党营私”而遭封禁。经翁同龢、胡孚宸等力争，强学书局改为官书局，由孙家鼐负责管理，陈炽仍留任事。

夏，升迁户部福建司郎中，仍兼任军机章京。

七月，《时务报》在沪创刊，与李岳瑞同为京城代收捐款者。

八月，受郑观应之托，将郑著《盛世危言》增订版十本送交盛宣怀。

九月，因母病拟南下省亲，并向翁同龢处辞行，甚抑郁。

十月，分别以“瑶林馆主”和“京师来稿”之名在《时务报》上发表《中日之战六国皆失算论》和《铸银条陈》两文。

是月，曾三次与汪康年通信，谈论《时务报》篇首论说、重译富国策问题及京师官僚体制状况，并打算与之相晤亦未有果。

十一月，所译《重译富国策》以“通正斋生”之名在《时务报》第15册首次刊载。

是年，所著《庸书》和《续富国策》分别梓行。

光绪二十三年（1897年）　　四十三岁

一月，以“瑶林馆主来稿”之名在《时务报》第18册上同时发表《俄人国势酷类强秦论》及《贵私贵虚论》两文。

三月，在上海与李盛铎劝说梁启超在《时务报》之外，再开日报。

四月，抵达京师后，致函翁同龢告知中国总银行即将开办之信息。

五月，《美德宜竭力保大局说》文在《知新报》第20册上刊出。

六月，《英日宜竭力保中说》文在《知新报》第23册上刊出。上翁同龢折。

七月，因参与纂修《平定陕甘新疆回匪方略》、《平定贵州苗匪纪略》等书有功受褒奖。

八月，《论农会书》文在《农学报》第9册上刊出。

九月，黄遵宪奉旨入京，曾规劝其少谈民权。

冬，杨锐曾致函陈炽催请清理《时务报》款，不复。因《时务报》馆拟将《重译富国策》单刊出版，曾致函汪康年可将书名改为《重订富国策》，署名可从“裒中居士”或“通正斋生”两者择其一。

光绪二十四年（1898年）　　四十四岁

四月，光绪帝下“定国是诏”，宣布变法，百日维新开始。

是月，管学大臣孙家鼐曾请康有为为大学堂总教习，康面辞之，陈炽等曾劝其就任。

五月，陈炽曾以《庸书》上之当道。

八月初六日，戊戌政变发生。陈炽深感痛苦，酒前灯下往往高歌痛哭，若痴若狂。

光绪二十六年（1900 年）　　四十六岁

五月十三日，卒于京都赣宁新馆。1903 年，灵柩由族人护送回乡，葬于瑞金县莲塘底塘尾。

后　记

2000 年 9 月，我有幸考入北京师范大学历史系，师从龚书铎先生攻读中国近现代史专业博士学位。在三年的求学生涯中，我们同窗三人相互砥砺，在先生的谆谆教诲下，学业取得很大进步。

关于选择陈炽作为博士论文，有一个过程。1997 年，我在山东师范大学作硕士论文时，即对陈炽有所了解，并在孙占元教授的指导下对陈炽进行了初步的研究。但当时限于时间和学识，对陈炽的研究尚不够充分。在博士论文选题过程中，先生认为对陈炽还有继续研究的必要，所以我就决定继续做下去。不过，说实话当时我自己真不知道应再如何下手突破，写出来的开题报告还是沿用以前的思路。先生看过后，说这样做不好创新，并从几个方面对我进行了启发。有段时间，我不想做这个题目，总觉得研究陈炽个人显得有些单薄，思想斗争非常激烈。先生在上课问及论文进展时，我也只是说仅仅能够写四五万字。先生说你这仅仅是估计，还没开始写，怎么会知道写多少呢。同时，先生语重心长地告诉我，思路要开阔些，并非是要研究陈炽一个人，而是要研究陈炽及其所处的时代；如果就人论人，则很难写成一篇博士论文，题目本身无所谓好坏大小，重要的是要有深度和工夫。先生在给我们上课时，也不止一次地说过，写论文主要是写问题，抓重点，一篇文章中不可能全是你自己的东西，别人说得多的地方咱们可少说些，别人说得少的地方咱们可多说些，也就是要略其所详，详其所略。先生的谆谆教导，坚定了我继续做下去的信心。适逢那段时间牙疼，每天早上 5 点多钟我就到校医院口腔科排队挂号。在瑟瑟的秋风中，我强忍着牙齿的疼痛，结合导师的指点和自己的思考，想出了开题的具体提纲，并且顺利地通过了开题报告会。

值此论文即将付梓之际，我首先感谢两位恩师龚书铎教授和孙占元教授多年来的教育和培养。在我三年博士求学生涯中，龚先生耳提面命，使我深受莫大教益。论文的研究从写作提纲、开题报告到行文定稿，每一个具体环节都凝聚了先生的心血。我每完成一章，龚先生都认真阅读，仔细修改，提出修改意见。毕业以后，先生始终关注着我的论文的出版事宜。当论文有幸列入齐鲁书社的出版计划而向先生请序时，先生欣然应允。先生对学生的关怀，是我以后从事教学和学术研究的极大动力。另外，孙占元教授则是把我领进学术领域的指路人。他不仅在攻读硕士学位中给予认真指导，并且在我撰写博士论文期间，一如既往地关注着写作进程。

论文在写作、评阅、答辩过程中，中国人民大学李文海教授、杨东梁教授，北京大学历史系房德邻教授，中国社会科学院近代史研究所郑大华研究员，北京师范大学吴怀祺教授、郑师渠教授、史革新教授、王开玺教授、李帆副教授、张昭军副教授，他们或参加我的开题报告会，或是我的论文评阅人，或参加我的论文答辩会，都提出了中肯的意见和建议。本书在修改时，我已尽可能地吸收了先生们的意见。在求学生涯中，我还得到了山东师范大学历史系李宏生教授、郭大松教授、田海林教授，山东社会科学院历史所戚其章研究员、王如绘研究员和苏州铁道师范学院（现苏州科技学院）历史系陈晓东副教授，江西社会科学院赵树贵等人的帮助。另外，我的妻子宋均荣女士，多年来一直默默无闻地支持我的学习和工作。这本书能够完成并出版，与她的支持是分不开的。

本书能够列入出版计划，并得以较快地印行，责任编辑赵发国博士费力尤多，在此谨表谢意。

由于学力和学识所限，书中难免有疏漏和不当之处，敬请专家学者批评指正。

张登德

2004年10月15日于山东师范大学

图书在版编目(CIP)数据

寻求近代富国之道的思想先驱——陈炽研究/张登德著.
济南：齐鲁书社，2005.4
ISBN 7-5333-1490-5

Ⅰ.寻... Ⅱ.张... Ⅲ.陈炽（1855—1900）—人物研究
Ⅳ.K827＝52

中国版本图书馆 CIP 数据核字（2005）第 025088 号

寻求近代富国之道的思想先驱

——陈炽研究

张登德　著

齐鲁书社出版发行

（地址:济南经九路胜利大街 39 号　邮编:250001）

E-mail:qlss@sdpress.com.cn

日照报业印刷有限公司印刷

850×1168 毫米　32 开本　11.375 印张　2 插页　250 千字

2005 年 4 月第 1 版　2005 年 4 月第 1 次印刷

ISBN 7-5333-1490-5
K·462　定价:23.00 元